旅順博物館学苑
LUSHUN MUSEUM

（2023）

王振芬　主编

上海古籍出版社

图书在版编目(CIP)数据

旅顺博物馆学苑.2023 / 王振芬主编.—上海：上海古籍出版社,2024.5
ISBN 978-7-5732-1144-6

Ⅰ.①旅… Ⅱ.①王… Ⅲ.①博物馆学-文集 Ⅳ.①G260-53

中国国家版本馆CIP数据核字(2024)第089824号

旅顺博物馆学苑·2023
王振芬　主编
上海古籍出版社出版发行
(上海市闵行区号景路159弄1-5号A座5F　邮政编码201101)
(1) 网址：www.guji.com.cn
(2) E-mail：guji1@guji.com.cn
(3) 易文网网址：www.ewen.co
启东市人民印刷有限公司印刷
开本787×1092　1/16　印张15.5　插页2　字数322,000
2024年5月第1版　2024年5月第1次印刷
ISBN 978-7-5732-1144-6
K·3590　定价：98.00元
如有质量问题，请与承印公司联系

编辑委员会

主　　编：王振芬

执行主编：刘立丽

编　　委：（以姓氏笔画为序）

王　梅　王振芬　王卫平　刘立丽

刘兆程　刘宝卫　刘冠缨　闫建科

孙传波　杨雪飞　杨　煜　宋艳秋

徐媛媛　郭永军　韩晓洁

目　录

地方历史与考古研究

再说大连出土汉代青铜器及相关问题……………………………………刘俊勇 / 3
辽文化的阐释与教学
　　——以出土石刻为中心……………………………………………齐　伟 / 15
说辽宁大连出土的汉代陶炉……………………………………………刘　一 / 22
明代大连地区的教育与科举……………………………王文轶　任美楠　鹿　城 / 30
唐代崔忻题刻"井两口"地名考
　　——兼论唐代遣使官员摩崖题刻…………………………………王德亮 / 41
黄河三角洲现存明清建筑乡土风格研究……………赵　金　陈　鹏　燕晴山 / 52
略评耶律乙辛……………………………………………………………张兴国 / 60

典藏研究

弘治皇帝敕谕邓原碑由来及影响…………………………………………刘　涛 / 69
《清·孙氏绘〈红楼梦〉画册》的递藏与流转之谜………………………许军杰 / 79
旅顺博物馆藏《新刊古列女传》研究初探………………………………杨　煜 / 95
从文献看中国古代坐墩的等级观念………………………………王　梅　朱月仁 / 101
旅顺博物馆藏梵文大钟的来龙去脉………………………………………刘立丽 / 106
神圣的一生
　　——从佛故事浮雕中的佛陀图像谈起……………………………徐媛媛 / 112
葫芦岛市博物馆藏"屯留"戈铭文考释和年代再商榷……………张大鹏　崔　蕾 / 124
《阳羡帖》流传考述………………………………………………………何泽豪 / 128

近代学术与文物收藏研究

旅顺口海防营务处工程局人物史料三则…………………………………孙海鹏 / 139

西域文物与历史研究

吐鲁番出土白叠布及相关文物的探究 ············· 徐东良　邓永红 / 149

汉唐时期刘向《列女传》中"妇女观"的流传
　　——由旅顺博物馆本《列女传》谈起 ················· 王卫平 / 155

文物科技保护

养性殿唐卡《持国天王画像》背衬的物理清洁方法研究
　　················· 王　猷　方小济　张　蕊　张国庆 / 163
基于计算机技术的超景深文物图像合成技术 ········· 时丹丹　韩一夫 / 170

博物馆工作与研究

如何实现博物馆的社会价值
　　——关于"此中有真意——齐白石及其师友书画作品展"的几点思考 ······ 宋艳秋 / 179
"胸中元自有丘壑——中国古代山水画展"策展思路介绍 ········· 闫建科 / 187
关于引进展览再传播的几点思考
　　——从《唐风妙彩——唐长沙窑瓷器精品展》策展解读说起 ········· 韩晓洁 / 196
体验式参与互动
　　——对旅顺博物馆明清女性绘画展的设计 ················· 刘冠缨 / 202
旅顺博物馆"青州龙兴寺佛教造像展"策展札记 ······ 张　岩　高　玉　阎　雯 / 209
博物馆热现象下文博场馆公共文化服务的冷思考 ················· 王业鑫 / 221
遗址博物馆融入乡村文旅发展的思考 ······· 钮珊珊　冯　周　张与东　张立佳 / 228
关于探索博物馆课程研发的新思考
　　——以旅顺博物馆为例 ····················· 麻丽楠 / 234

《旅顺博物馆学苑》征稿启事 ························· 241

地方历史与考古研究

再说大连出土汉代青铜器及相关问题

刘俊勇

辽宁师范大学

内容提要：汉代青铜器已走进民间，大连汉墓中常见镜、带钩等实用青铜器，而随葬鼎、樽、承旋等青铜容器的墓主人，显然是有地位的富有人家。大连与中原地区始终同频共振，出土的青铜器见证了二者的经济文化交流和汉代的大一统。究其原因，汉代大连位于辽东半岛最南端，是与隔海相望的山东半岛产生经济文化往来的前哨；加之海洋经济的发展，其遂成辽东郡的经济中心。

关键词：大连　汉代　青铜器　概说

最早对大连出土汉代青铜器进行综合研究的是《大连出土汉代青铜器略说》[①]一文。该文首次对截至2010年大连出土的汉代青铜器进行了综合研究，代表了当时的研究水平。随着近年来姜屯汉墓等发掘，出土汉代青铜器的增多和研究的深入，有必要对大连出土的汉代青铜器作进一步的研究。

综合既往考古发现，可知大连出土的汉代青铜器主要集中在大连普兰店区姜屯和甘井子区营城子一带，其他地区偶有发现。

一、营城子第二地点76号墓出土汉代青铜器

营城子第二地点是大连出土汉代青铜器最多的墓地，尤以76号墓为最。

76号墓出土青铜器有鼎、樽、承旋、盘、印共5件，同出的还有龙纹金带扣、玉剑璏和陶罐、壶、洗、仓、井、灶、白陶瓮等，是迄今为止大连发现青铜器最多的汉墓。

鼎（图1），近球形，素面，由盖和身两部分组成，鼎盖呈弧形，其上有三个环状钮，因钮上均有平头柱，似可做盘使用；鼎身作子母口，以便与盖相扣吻合，腹上部有对称的横出环状耳，其下出棱，圜底，下接三蹄足。通高19.8厘米。

鼎在商和西周时期是最重要的礼器，随着春秋、战国传统礼制的崩坏，西汉初还可见到用鼎的残余，西汉中期以后的鼎基本上是作为盛食器。此鼎符合西汉常见

[①] 唐子尧：《大连出土汉代青铜器略说》，《旅顺博物馆学苑》，吉林文史出版社，2011年，第44—46页。

图1　营城子第二地点76号墓出土铜鼎

的铜鼎造型。

樽（图2），呈筒状，口略侈，直壁平底，口沿下和近底部有略凸的固箍，平底，下接三蹄足，腹部两侧有对称兽面衔环铺首。口径20.9厘米，通高15.7厘米。

图2　营城子第二地点76号墓出土铜樽

樽是汉代最常见的盛酒器，在壁画、画像石上均可见到，此樽为汉代常见的筒形尊。樽在此前很长一段时间被称为奁，1962年山西右玉出土的筒形樽有"中陵胡傅铜温酒樽，重二十四斤，河平三年造"铭文[1]，据自铭可知此器为樽。河平为西汉成帝年号，河平三年即公元前26年，属西汉后期。

承旋（图3），圆形，折沿，浅盘，平底，下接三个人面兽身足。口沿和内底阴刻繁缛图案，据铜承旋线图[2]（图4），口沿一周为相连菱形纹，内底中心是柿蒂纹，龙、虎和瑞鸟环绕其间；其外三层依次为锯齿纹、雷纹、锯齿纹，此可谓之内区；外区主图案大略包括虎、龙、瑞鸟、飞马、鹿、野猪和人物等，其外是与内区相同的一周雷纹和锯齿纹。口径42.8厘米，底径39.4厘米，通高9厘米。

图3　营城子第二地点76号墓出土铜承旋

图4　铜承旋线图

---

[1]　郭勇：《山西省右玉县出土的西汉铜器》，《文物》1963年第11期，第4—12页。
[2]　大连市文物考古研究所：《大连汉墓博物馆藏文物图录》，辽宁美术出版社，2016年，第13页。

图5　铜樽和承旋及勺示意图（河南洛阳西工区东汉晚期壁画墓"夫妇宴饮图"）

承旋，《说文解字》谓："镟，圜炉也。"孙机先生解释："圜案之名旋，亦犹圜炉之名镟。圜案即圆案，即椱，承旋正作圆案形。"①简言之，承旋即圆案，更确切地说是三足圆案，圆形无足者，仍称之案。故宫博物院藏鎏金筩形尊，其承旋上铭文为"建武廿一年，蜀郡西工造乘舆一斛承旋，雕蹲熊足，青碧闵瑰饰"。此为称蹲熊足圆案为承旋之证。建武为东汉光武帝年号，建武廿一年即公元45年，为东汉前期。目前发现的承旋均为带有三足的圆案，在壁画和画像砖上可见承旋使用情况，如1981年清理的河南洛阳西工区东汉晚期壁画墓"夫妇宴饮图"（图5），可见侍女面前的三足承旋，其上置三足筩形尊。侍女左手端一卷云纹圆盘，盘中有耳杯。右手持一长柄勺，自尊中酌酒②。

同一题材的"夫妇宴饮图"还见于1991年洛阳市东北郊朱村清理的东汉晚期壁画墓BM2"夫妇宴饮图"，图中所见承旋也是三足，上置三足筩形尊③。四川成都羊子山出土东汉画像砖上所见两件承旋均有三足，上置三足筩形尊④。广西合浦出土的数件承旋亦均有三足。

承旋通常是与三足筩形尊搭配使用的，但这是两件器物，并不是将承旋和三足筩形尊统称承旋。汉代有身份的人因坐于榻上，承旋三足加上筩形尊三足，是为了便于取酒。

盘（图6），折沿，浅腹内收，圜底。腹部有对称兽面衔环铺首。口径38.2厘米，底径16.5厘米，高8厘米。

一般说来，洗的腹较深，盘的腹较

---

① 孙机：《汉代物质文化资料图说》，文物出版社，1991年，第315页。
② 见王绣等：《洛阳两汉彩画》，文物出版社，2015年，第128—134页。
③ 见马学曾：《古都洛阳》，朝华出版社，1999年，第74页。
④ 现藏中国国家博物馆，见中国国家博物馆"古代中国"基本陈列。

图6 营城子第二地点76号墓出土铜盘

浅,故此器称为盘较妥。

印,方形,因锈蚀较重,出土后较长时间无法辨别印文。边长1.2厘米,高1.7厘米。2021年,此印经中国科学院高能物理研究所工业CT扫描,印文为"邵党私印",印钮为辟邪钮[1],现代科技最终解决了多年的困惑。

二、营城子第二地点3号墓出土汉代青铜器

营城子第二地点3号墓出土青铜器3件[2]。

鋞镂(图7),由盖和身组成,盖呈钟形,弧顶,上有三个环状柱头钮,下突出,身呈直口,长颈,垂腹,肩部出双耳连接套环龙首提梁,圜底,下接三蹄足,腹上部腹径15.2厘米,通高17.5厘米。

鋞镂在考古报告、简报中一般称提梁壶,为盛酒器。孙机先生列举辽宁大连、山东莱西、安徽芜湖、湖北光化、江西南昌、湖南长沙、重庆等地汉墓多次发现的

图7 营城子第二地点3号墓出土铜鋞镂

提梁壶,指出以上所举各例之大小相近,腹径皆在12—22厘米之间,有三足,然而器颈较高,盖顶隆起,颇为挺出。与文献对照,考证这类提梁壶即文献所记鋞镂[3]。这件铜鋞镂是大连出土的盖与身俱全的一件,年代当在西汉武帝至宣帝时期,即西汉中期。

勺(图8),椭圆形口,连以内凹长柄,柄端呈弧形,有一圆孔。长30厘米。

勺为尊等盛酒器酌酒所用。营城子第

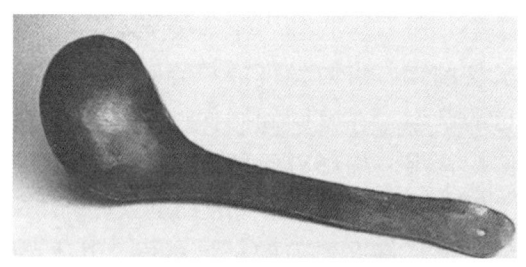

图8 营城子第二地点3号墓出土铜勺

---

[1] 张翠敏:《营城子汉墓金带扣主人原来姓"邵"名"党"》,《大连日报》2021年8月6日第A06版。
[2] 大连市文物考古研究所:《大连汉墓博物馆馆藏文物图录》,辽宁美术出版社,2016年,第16页。按:据大连营城子民俗博物馆原馆长、该墓的抢救发掘者赵贤立先生告知,此铜鋞镂出自贝墓,还有铜长柄勺等,该墓被统编为营城子第二地点3号墓。
[3] 孙机:《汉代物质文化资料图说》,文物出版社,1991年,第326页。

二地点3号墓出土的銗镂和勺是一套盛酒与酌酒器。勺又称斗，有自铭"斗"之例，见于安徽阜阳西汉汝阴侯墓[1]和陕西茂陵一号冢一号从葬坑[2]。前者长46厘米，自铭"女阴侯斗，重一斤八两"；后者长16厘米，自铭"霍平湿家斗，重二斤"。《仪礼·士冠礼》郑注："勺，尊斗，所以𣂏酒也。"亦可证勺又可称斗。

三、其他地区出土的汉代青铜器

除营城子第二地点76号墓、3号墓出土汉代青铜器外，其他出土青铜器主要包括容器、镜、带钩、印、车马具模型、漆器饰件等。

铜容器计有：

簋（图9），营城子第二地点5号墓出土[3]。口略侈，深腹且上部略敛，腹中部有凸弦纹，其下腹略鼓下收接高圈足，腹中部有对称兽面衔环铺首。口径25.4厘米，通高15.2厘米，足径15.2厘米。

銗镂，2件。其一（图10）出土于旅顺口区鲁家村西汉窖藏[4]，失盖，器身作小口，有颈，垂腹，肩部出耳连接套环龙首弓形提梁，圜底，下接三蹄足，器身高12.5厘米，口径8.1厘米，腹径16厘米。其二（图11）征集于普兰店区太平街道和尚村[5]，失盖，器身作直口，长颈，垂腹，

图10　鲁家村窖藏出土铜銗镂

图9　营城子第二地点5号墓出土铜簋

图11　和尚村征集铜銗镂

---

[1]　安徽省文物工作队等：《阜阳双古堆西汉汝阴侯墓发掘简报》，《文物》1978年第8期，第12—31页。
[2]　咸阳地区文管会、茂陵博物馆：《陕西茂陵一号无名冢一号从葬坑的发掘》，《文物》1982年第9期，第1—17页。
[3]　大连市文物考古研究所：《大连汉墓博物馆馆藏文物图录》，辽宁美术出版社，2016年，第15页。按：此铜簋系施工时掘出，后将已被破坏的这座墓编为营城子第二地点5号墓。
[4]　刘俊勇：《旅顺鲁家村发现一处汉代窖藏》，《文物资料丛刊》（4），文物出版社，1981年，第233—236页。
[5]　大连市第一次全国可移动文物普查领导小组办公室：《大连市第一次全国可移动文物普查成果选编》，大连出版社，2019年，第38页。按：经咨询普兰店区博物馆馆长付文才先生，知此地未发现汉代遗存，具体情况不详。

肩部出环耳连接扭丝套环弓形提梁，圜底，下接三蹄足，口径9.7厘米，腹径22.7厘米，高21厘米。

鲁家村窖藏出土的铜鉝镂，据窖藏中的铜镜，特别是五铢，推定该窖藏的年代为西汉武帝时期。和尚村征集的铜鉝镂具备以往发现的同类器特征，年代当为西汉中期。

镌，2件。其一（图12）出土于新金县后元台（今地属瓦房店市）西汉墓地①。有盖，上有带环小钮，器身小口，扁圆腹，前有作鸟首形流，流盖似龟首，可开合，一侧有方形中空长柄，圜底，下接三蹄足。口径8.5厘米，腹径16.5厘米，通高16厘米。其二（图13）出土于新金县花儿山（今普兰店区铁西街道）乔家屯5号墓（贝砖墓）②，形制与后元台所出略同，口径8.1厘米，腹径15.6厘米，柄长10.5厘米，通高14.5厘米。

图13　花儿山乔家屯5号墓出土铜镌

镌在考古报告、简报中一般称盉。据山西太原东太堡发现的铜镌自铭"缾阴主镌，第二，容参（叁），重六斤五两。孙氏家"，作者考证此镌为西汉缾侯孙单家之物。其埋藏年代为西汉武帝时期③。孙机先生根据该器自铭和文献记载考证镌为温酒器，可见出土物中有放置在炉上的铜镌④。

杅，旅顺口区北海李家沟贝墓出土⑤（图14）。展沿，深腹，腹中部有对称衔环铺首，平底。口径24.3厘米，底径13.3厘米，高12.9厘米。旅顺口区大潘家村西汉贝墓出土的一件铜洗⑥（图15）也应是杅，杅口略侈，深腹，腹中部有三周凹弦纹和对称衔环铺首，平底，口径27.2厘米，底径13.6厘米，高13.2厘米，与前者大略相同。

杅在以往考古报告、简报中称为洗，孙机先生据出土的这类铜器自铭为"杅"，指出汉代铜器中并无所谓洗，杅是用以盛

图12　后元台西汉墓地出土铜镌

---

① 许明纲、于临祥：《辽宁新金县后元台发现铜器》，《考古》1980年第5期，第478—479页。
② 旅顺博物馆、新金县文化馆发掘资料。
③ 戴尊德：《太原东太堡发现西汉孙氏家铜镌》，《考古》1982年第5期，第474—475页。
④ 孙机：《汉代物质文化资料图说》，文物出版社，1991年，第325页。
⑤ 于临祥：《旅顺李家沟西汉贝墓》，《考古》1965年第3期，第154—156页。
⑥ 刘俊勇：《辽宁大连大潘家村西汉墓》，《考古》1995年第7期，第661—665页。

图14　李家沟贝墓出土铜杆

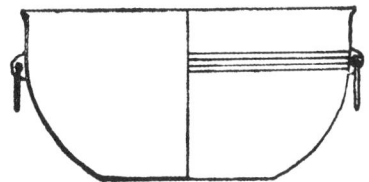

图15　大潘家村贝墓出土铜杆

图16　大潘家村贝墓出土铜盆

酒或汤浆[1]。

盆，大潘家、营城子、姜屯、李家沟等地西汉贝墓中屡有出土，但因壁极薄大多无法修复。大潘家村西汉贝墓出土的2件铜盆（图16）形制相同，胎较薄，平沿，收腹，上部有一周凹弦纹，平底。一件口径27.7厘米，底径13厘米，高9.7厘米，盛有鸡骨；另一件口径29厘米，底径13.5厘米，高10.8厘米。

盆在大连出土数量较多，但大多因壁极薄而不能复原，从铜盆中盛装鸡骨等看，应是盛器无疑。那些壁极薄的铜盆当是作为明器随葬。

泥筩（图17），出土于营城子第二地点12号墓[2]，链丢失，圆筒状，体小，有盖，盖顶饰凹弦纹，有钮用于穿铜链连接填泥所用铜杵（链为复制）。口径4厘米，通高10.4厘米。

图17　营城子第二地点12号墓出土泥筩

泥筩是用于盛装封检之泥。汉代写于竹简、木简的文书需要以绳和封泥缄封，故出土封泥背面都有缄封之绳的痕迹。最为完整者见于陕西华阴东汉刘崎墓[3]，所出铜泥筩盖钮上铜链连接有用于填泥的铜杵。营城子第二地点12号墓出土铜泥筩之铜链是据刘崎墓所出复原。

药量（图18），出土于营城子第二地点贝墓，墓号不详[4]。椭圆形勺口，连接由宽渐窄的扁平长柄，末端为环首。长10.6厘米。

---

① 孙机：《汉代物质文化资料图说》，文物出版社，1991年，第326页。
② 大连市文物考古研究所：《大连汉墓博物馆馆藏文物图录》，辽宁美术出版社，2016年，第19页。
③ 杜葆仁、夏振英、呼林贵：《东汉司徒刘崎及其家族墓的清理》，《考古与文物》1986年第5期，第45—56页。
④ 大连市文物考古研究所：《大连汉墓博物馆馆藏文物图录》，辽宁美术出版社，2016年，第26页。

图18　营城子第二地点贝墓出土铜药量

药量在大连地区是首次出土，可以测量其容积，为深入研究提供确切资料。

镜，出土数量较多，其中鲁家村汉代窖藏出土10面①，包括直径17厘米的减字清白镜3面、直径9.3—10.6厘米的减字清白镜3面、直径6.6厘米的日光镜4面；截至2009年12月，营城子第二地点汉墓出土10面②，从出土文物图集和《大连汉墓博物馆馆藏文物图录》公布的铜镜图片，可知包括四乳四虺昭明镜2面③、减字昭明镜1面、减字清白镜1面、日光镜1面、四乳"家常富贵"镜1面、四神博局镜1面、四乳四神镜1面④。姜屯汉墓出土13面，镜类主要分为蟠螭纹镜、四乳四花瓣镜、草叶纹镜、日光镜、四乳四虺镜、四蝠形座连弧纹镜、"位至三公"镜、禽鸟纹镜，以蟠螭纹镜、日光镜和草叶纹镜为多⑤。1954年发掘的营城子贝墓出土5面⑥，即日光镜2面、昭明镜1面、四乳镜1面、凤鸟纹镜1面。其他铜镜有1955年旅顺口区三涧堡土城村西南2号贝墓出土的昭明镜1面⑦、1977年新金县花儿山乡西北山1号贝墓出土日光镜1面⑧、1952年旅顺口区铁山尹家村小学院内汉墓出土四乳四鸟镜1面⑨、1987年金州区中长街道红塔村和旅顺口区江西街道大潘家村以及瓦房店市太阳街道闫家沟各出土"家常富贵"镜1面⑩、1977年新金县花儿山乡张店村出土四乳四螭镜1面⑪、1980年营城子前牧城驿802号墓（单室砖墓）出土四乳三鸟纹镜1面⑫、旅顺口区南山里刁家村五室砖墓出土"位至三公"镜1面⑬、1959年营城子第46号墓（石板墓）出土"长宜子孙"镜1面⑭、1988年营城子

---

① 刘俊勇：《旅顺鲁家村发现一处汉代窖藏》，《文物资料丛刊》（4），文物出版社，1981年，第233—236页。
② 吴青云：《大连营城子汉代墓群发掘简报》，《大连文物》（内部资料）2010年总第29期，第3—8页。
③ 《大连汉墓博物馆馆藏文物图录》33页铜镜照片说明"日光镜"应为"昭明镜"。
④ 此为《大连汉墓博物馆馆藏文物图录》公布的8面铜镜，《大连文物》（内部资料）2010年总第29期公布的是9面。
⑤ 辽宁省文物考古研究所：《姜屯汉墓》，文物出版社，2013年，第522—523页。
⑥ 于临祥：《营城子贝墓》，《考古学报》1958年第4期，第71—89页。
⑦ 于临祥：《旅顺市三涧区墓葬清理简报》，《考古通讯》1957年第3期，第25—27页。
⑧ 据新金县文化馆文物干部戴廷德抢救发掘资料。
⑨ 许明纲：《大连地区出土铜镜》，《大连文物》（内部资料）1995年第1期，第21、23—30页。
⑩ 许明纲：《大连地区出土铜镜》，《大连文物》（内部资料）1995年第1期，第21、23—30页。
⑪ 据新金县文化馆文物干部戴廷德记录。
⑫ 旅顺博物馆：《辽宁大连前牧城驿东汉墓》，《考古》1986年第5期，第397—403页。按：因出土时锈蚀较重，整理简报时误为四乳禽兽镜，今从许明纲先生四乳三鸟镜。
⑬ （日）东亚考古学会：《南山裡——南满洲老铁山麓の汉代甎墓》，东方考古学丛刊甲种第三册，1933年，图版第二四：4。
⑭ 许明纲：《旅大市营城子古墓清理》，《考古》1959年第6期，第278—280页。按：简报中称"长生富贵"镜，后作者改为"长宜子孙"镜。

沙岗子村2号墓（单室砖墓双室）出土八乳博局镜1面①、瓦房店市永宁杨树底村出土四神博局镜1面②、2006年营城子沙岗子第一号墓（双室砖墓）出土四蝠镜1面③。

截至目前，大连至少出土汉代铜镜50面。许明纲先生1995年对当时出土的铜镜作了分期，将其分为西汉镜和东汉镜，其中清白镜、昭明镜、日光镜、凤鸟纹镜、四乳四鸟纹镜、四乳八鸟纹镜、四乳四魑镜、"家常富贵"镜为西汉镜；四乳三鸟纹镜、六乳鸟兽纹镜、四神博局镜、八乳博局镜、八乳四神博局镜、"长宜子孙"镜、"位至三公"镜等为东汉镜④。笔者总结了大连地区西汉时期贝墓多出日光镜、清白镜、昭明镜、凤鸟镜、"家常富贵"铭文镜等。其中清白镜、昭明镜一般较大，日光镜多较小，新莽和东汉时期砖室墓出土铜镜，多为博局镜、四神博局镜、多乳鸟纹镜、"长宜子孙""位至三公"铭文镜等。其发展变化与中原地区汉代铜镜变化脉络相同，但发展相对滞后，体现出其与中原地区文化交流的过程⑤。《姜屯汉墓》作者据墓葬形制、随葬器物组合与铜钱，对汉墓中出土铜镜做了分期，为大连地区出土汉代铜镜年代树立了标尺，即四乳四花瓣镜为西汉文帝—武帝早中期，蟠螭纹镜、草叶纹镜虽出在武帝中期—宣帝晚期墓中，但铜镜本身的年代在西汉早中期，只是逐渐被日光镜、昭明镜取代；四乳四虺镜的年代应在新莽至东汉初期；四蝠形座连弧纹镜、"长宜子孙"镜、"位至三公"镜的年代为东汉中晚期⑥。《姜屯汉墓》作者对铜镜的分期、年代的研究是有坚实的考古学基础的，所得出的结论无疑是准确的。

带钩，大连汉墓中常见铜带钩，出土时出自死者腰部，1954年营城子贝墓出土9件；营城子第二地点汉墓出土带钩已公布3件⑦，当不止此数；姜屯汉墓出土27件。此外，在其他汉墓中也多有出土。上述带钩一般呈琵琶形，前端作蛇首状，稍后部或中部为圆形钮。姜屯61号墓出土的错银铜带钩⑧（图19）属于带钩中的精品。带钩作为人们系腰带的挂钩，与镜等属常用之物。

印，大连出土汉代铜印主要集中在营城子和普兰店区张店城周围的汉墓中，其

图19　姜屯61号墓出土错银铜带钩

---

① 许明纲、吴青云：《大连沙岗子东汉墓清理》，《大连文物》（内部资料）1990年第2期，第9—13页。
② 见许明纲：《大连地区出土铜镜》，《大连文物》（内部资料）1995年第1期，第24页。
③ 大连市文物考古研究所：《大连土羊高速公路发掘报告集·沙岗子汉墓发掘报告》，科学出版社，2010年，第64—71页。
④ 许明纲：《大连地区出土铜镜》，《大连文物》（内部资料）1995年第1期，第21、23—30页。
⑤ 刘俊勇、刘婷婷：《大连地区汉代物质文化研究》，《辽宁师范大学学报》2012年第1期，第126—134页。
⑥ 辽宁省文物考古研究所：《姜屯汉墓》，文物出版社，2013年，第534—539页。
⑦ 吴青云：《大连营城子汉代墓群发掘简报》，《大连文物》（内部资料）2010年总第29期，第14—15页。
⑧ 辽宁省文物考古研究所：《姜屯汉墓》，文物出版社，2013年，第199页图一五七：3，彩版一〇六：2。

中1954年营城子38号墓（分室合葬贝墓）出土"公孙䜣印"，方形，边长1.9厘米，瓦钮；42号墓出土（分室合葬贝墓）"文胜之印"，方形，边长1.9厘米，龟钮[1]。2003—2010年营城子第二地点43号墓（单室砖墓）出土"绵鸿"印，边长1厘米，龟钮；76号墓（贝、砖、瓦、石混筑单室墓）出土"邵党私印"，鎏金，边长1.2厘米，辟邪钮。1975年新金县花儿山8号墓（单室贝墓）出土"射襄之印"，方形，边长1.4厘米，龟钮；6号墓（双室合葬贝墓）出土"卫人始印"[2]，边长1.4厘米，钮残；13号墓（单室贝墓）出土"田钊"印[3]，鎏金，方形，龟钮，边长1.3厘米；另征集到花儿山贝墓出土"唐长秋印"[4]，近方形，龟钮，长1.6厘米，宽1.56厘米。1957年李家沟贝墓出土"宋郯信印"[5]，方形，边长1.5厘米，桥钮。2010年姜屯156号墓（单室石圹墓）出土"张马童"印[6]，此印有别于其他的印，方形，扁平状，双面印文，均为"张马童"，侧面有一方穿用以穿带，边长1.7厘米。

大连出土的汉代铜印均为私印。除"绵鸿"印出于东汉砖室墓，其余均出自西汉贝墓或贝与其他材料混筑墓中。汉代是我国印章的成熟时期，随葬私印现象较多。私印不像官印那样有着严格的制度，其钮制、尺寸、字体和读法等均不受限制，其中印面施十字界格者年代相对较早，如"文胜之印"印文间加入了十字界格，界格的线条和文字融为一体，龟背纹饰清晰可辨。

车马具，均为模型。主要见于营城子和姜屯汉墓，多数鎏金。姜屯41号墓（单室贝墓）和45号墓（单室小砖墓）各出土一套完整的铜鎏金车马具（图20），包括车具軎、辕承、轴、盖弓帽等和马具当卢、衔镳、节约、带扣等。营城子第二地点等也出土有鎏金铜车马具。

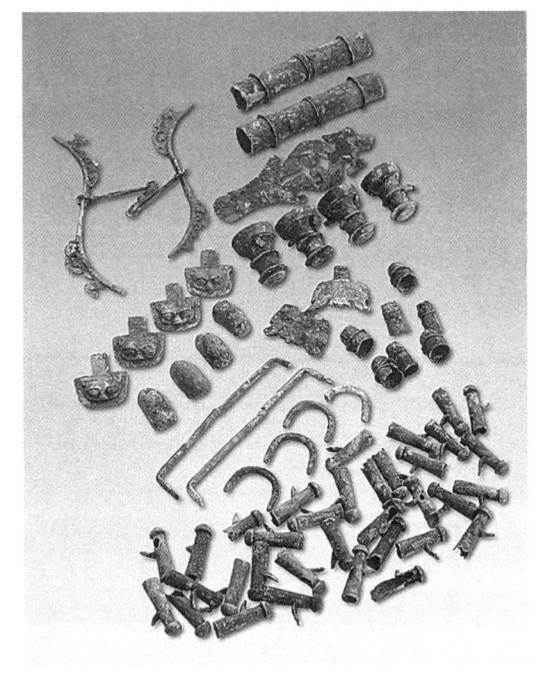

图20　姜屯41号墓出土铜车马具

---

[1] 于临祥：《营城子贝墓》，《考古学报》1958年第4期，第71—89页。
[2] 旅顺博物馆、新金县文化馆：《辽宁新金县花儿山汉代贝墓第一次发掘》，《文物资料丛刊》(4)，文物出版社，1981年，第75—85页。
[3] 新金县文化馆清理资料。
[4] 新金县文化馆清理资料。
[5] 于临祥：《旅顺李家沟西汉贝墓》，《考古》1965年第3期，第154—156页。
[6] 辽宁省文物考古研究所：《姜屯汉墓》，文物出版社，2013年，第524页，彩版二五七：1—7。

汉代除皇帝、诸侯王等死后随葬真车马，其他有一定地位或富有人家往往以随葬车马具模型来显示其地位和财富。

漆器铜饰件，大连部分汉墓中也有出土。花儿山7号墓随葬的漆器，均为木胎，可看出器形的有案、樽、盘、钫等。漆樽饰件是一对铜鎏金衔环兽面大铺首和一个铜制大环。钫的饰件包括嵌在壶肩上的四个规矩形铜鎏金饰、三个蹄形足和作为盖钮的铜鎏金朱雀。8号墓出土的漆樽有一对铜衔环兽面铺首和三个蹄形足。这类漆器铜附件在营城子等地汉墓中也屡有出土。姜屯汉墓41号墓、45号墓出土的铜鎏金饰件分别是数件漆器的装饰，同样包括作为盖钮的朱雀和带环的柿蒂、两侧的成对铺首及三个蹲熊足等。

汉代的漆器制作精巧，装饰精致，是当时最为珍贵的日用器物之一。它不像青铜器那样笨重，同时又富有颜色上的变化，较之青铜器更加得到贵族们的青睐。花儿山7号墓出土的素面漆樽直径达70厘米左右。《盐铁论·散不足》中说："今富者银口黄耳，金罍玉钟。"银口黄耳便是指漆器。汉代为漆器制造业的黄金时代，在大连也体现出这种繁荣，只是因为漆器对保存的条件要求较高，出土时多已腐朽，只留下了这些铜饰件，但我们仍可以从残存的铜饰件想象出其当年的华美。

鹿镇，铜与贝壳制作的复合器物当属1975年花儿山7号墓和2010年姜屯41号墓各出土的4只鹿镇。鹿镇是由铜和贝壳制成，先以铜铸出鹿身，并经过鎏金处理，然后再嵌上南海所产的虎斑贝壳，贝壳和铸铜鹿身之间填以细砂增加重量。鹿镇出土时贝壳上的虎斑已大多不见。花儿山7号墓出土的4只鹿镇，鹿作卧伏状，雄、雌各2，雄者背上嵌以铜制鹿角，并以红彩勾画；雌者仅以红彩勾画；姜屯41号墓出土的4只鹿镇（图21），形制相同，鹿亦作卧伏状，所嵌虎斑贝壳腐蚀较重，已不见斑纹。

这种镇是席镇，是用来压席子四角的，不是一般人家所拥有的。花儿山7号墓和姜屯41号墓都是规模较大，随葬品丰厚的墓，由此可见一斑。

图21　姜屯41号墓出土铜贝鹿镇

四、结　语

历经商周，汉代青铜器中礼器大减，生活用品的种类和数量增多。除皇宫和诸侯王等贵族家中仍有花纹繁缛的各种工艺制作的青铜器，其他青铜器基本为素面，较之战国青铜器显得更加轻巧。青铜器走进民间，在大连汉墓中常见镜、带钩等实用青铜器。盆一部分是实用器，但大连出土的铜盆绝大多数壁厚仅0.1厘米，故而出土时仅存口沿，盆壁腐朽或散碎，均不可复原。而能够随葬鼎、樽、承旋、簠、鈢镂、镳等青铜器的墓主人，显然是有地位的富有人家。

大连出土的两套铜贝鹿镇和承旋等见证了汉代大一统。来自南海的虎斑贝壳用于制作鹿身，巧妙地再现了梅花鹿身斑纹，可谓物尽其材，使席镇充满了灵动之气。铜贝鹿镇在汉王朝域内屡有出土，足见汉代经济文化交流的广泛。

大连出土的汉代青铜器，绝大多数均出自大连市区，换言之，出自汉代边郡——辽东郡最南端沓氏县（沓县）域内。铜镜、铜钱等表明大连与中原地区始终同频共振。毋庸讳言，大连汉墓中出土的汉代青铜器远多于辽东郡其他地区汉墓，在汉代沓氏县（沓县）一县域内发现如此众多且精美的青铜器，这在东北同时期遗存中目前仅见，尤其是营城子第二地点76号墓出土的这批青铜器和龙纹金带扣、玉剑璏等，是迄今东北最重要的汉代考古发现之一。究其原因，汉代沓氏县（沓县）位于辽东半岛最南端，是与隔海相望的山东半岛产生经济文化往来的前哨；加之海洋经济的发展，其遂成辽东郡的经济中心。

附记：感谢付文才、赵贤立、杨煜的友情帮助。

辽文化的阐释与教学
——以出土石刻为中心*

齐　伟

辽宁大学历史学部

内容提要：本文以辽代石刻资料为中心，以阐释辽文化的深刻内涵为宗旨，在论述辽代石刻基本情况基础之上，进一步探讨如何将考古、收藏、研究和教学相结合，如何利用石刻资料进行辽史教学和研究，以及利用石刻资料进行教学的方式和途径。通过教学实践说明辽代石刻资源也是历史学科教学所应包含的重要内容，以石刻为代表的辽文化等诸文化因素对传承中国古代文明所具有的意义。

关键词：辽代石刻　考古　教学　博物馆

契丹族起源于古代中国东北地区的西拉木伦河和老哈河流域，自北魏登国三年（388）见于史书，至公元14世纪初消失，在中外史籍中存在了上千年，尤其是公元10世纪到公元13世纪由契丹族建立的辽和西辽政权，在古代中原、东北亚、北方草原、中亚、西亚地区产生了重大而深远的影响。虽然辉煌已逝，但其所创造的丰富的辽文化依然绽放着独特的魅力。20世纪70年代以来，国内辽代考古成果取得长足进展，在内蒙古、辽宁、京津、河北和山西北部等地的辽代文化遗存当中出土了无数的珍贵遗物，在考古学上将其分为陶瓷器、金银器、石刻、玉器、壁画、铜器等类别。众多的辽代考古文物蕴含着丰富的历史信息，它们虽质地不同、形态各异、用途有别，但都是辽代社会各阶层人民用以表达思想情感的物质载体，是中国古代文明和文化艺术的重要成果之一。

据此，本文以辽代考古文物中具有代表性的石刻为切入点，着重分析辽文化在中国古代文化中占据的重要地位，以及设立系统完善的辽代石刻研究课题对中国古代历史学科体系的完善、课程设置、教学改革以及师资队伍建设所具有的理论和应用价值。

---

* 本文为2022年辽宁大学本科教学改革课程思政项目《"辽代考古与文物赏析"思政理论、内容和方法》研究成果。项目编号：JG2022KCSZ015。

一、辽代石刻概况与历史价值

石刻，是人类表达思想意识最早的载体之一，契丹族受汉文化影响，早在辽早期就已有勒石纪功的行为。《辽史》记载，神册元年（916）八月，"拔朔州，擒节度使李嗣本。勒石纪功于青冢南"①，天赞三年（924），阿保机举兵西征诸部，九月"次古回鹘城，勒石纪功"②，辽太祖去世后，后人于天显二年（927）在祖山用契丹字和汉字为其建纪功碑③，天显三年（928）八月"庚辰，诏建应天皇太后诞圣碑于仪坤州"④，《辽史·耶律唐古传》载重熙四年（1035）耶律唐古致仕，"乞勒其父屋质功于石，帝命耶律庶成制文，勒石上京崇孝寺"⑤，这些都是契丹族与汉族在长期的交往中受汉文化影响的具体表现。

1. 辽代石刻的主要代表

截至目前，辽代石刻文字已发表800余篇，种类丰富。按用途可分为碑铭、塔铭、哀册、墓志、石幢、刻经、地券、石函、摩崖等类；若按文字划分，又可分为汉文石刻、契丹文石刻、梵文石刻，但以汉文石刻居多。从地域上分析，石刻所具有的地域性特征也很明显。内蒙古赤峰地区是契丹族的发源地，祖陵、怀陵、庆陵分别位于巴林左旗和巴林右旗，陪葬墓和贵族墓地众多，帝陵陪葬墓和契丹皇族家族墓地出土的大贵族墓志最具代表性，多双语墓志。辽宁地区出土的墓志以阜新、朝阳、锦州、沈阳等地最为突出，多契丹贵族墓志，包括契丹文墓志，除此之外，朝阳地区还是早期入辽汉人家族的聚居地，在朝阳地区出土很多辽代著名汉官家族墓志，佛教石刻也比较丰富。而在今京津地区、河北和山西部分地区，即原辽南京和西京地区，主要以出土汉人墓志和佛教石刻为主。

不同种类的石刻具有不同的功能，本文仅以碑和墓志为例进行简要阐述。

（1）辽代的碑多与佛教有关。有立于寺庙或塔前的功德碑，如应历十五年（965）《重修云居寺一千人邑会之碑》⑥，大安八年（1092）《觉花岛海云寺空通山悟寂院塔记》⑦；还有记载高僧大德的遗行碑，如大安七年（1091）《法均大师遗行碑铭》⑧，乾统八年（1108）《大昊天寺建寺功德主传菩萨戒妙行大师行状碑》⑨；为办

---

① 《辽史》卷1《太祖纪上》，中华书局，2016年，第11页。
② 《辽史》卷2《太祖纪下》，第22页。
③ 董新林、康鹏、汪盈：《辽太祖纪功碑初步整理与研究》，《隋唐辽宋金元史论丛》第十二辑，上海古籍出版社，2022年，第75—103页。
④ 《辽史》卷2《太祖纪下》，第31页。
⑤ 《辽史》卷91《耶律唐古传》，第1501页。
⑥ 北京辽金城垣博物馆编：《北京辽金元拓片集》，北京燕山出版社，2012年，第25页。
⑦ 向南：《辽代石刻文编》，河北教育出版社，1995年，第451页。
⑧ 向南：《辽代石刻文编》，第437—439页。
⑨ 妙行大师行状碑文为辽乾统八年（1108）由门人即满撰写，但立碑却在金大定二十年（1180）。参见郝武华：《金昊天寺妙行大师行状碑考》，辽宁省辽金契丹女真史研究会编：《辽金历史与考古》（第二辑），辽宁教育出版社，2010年，第380页。

佛事所立的碑，如重熙三年（1034）《秦王发愿纪事碑》①，清宁十年（1064）《王延福办佛会发愿碑》②。同时也有记载某地某事的功德碑，如天显二年（927）契丹大字辽太祖纪功碑、重熙年间《阜新懿州记事碑》③，等等。

（2）墓志铭是记载墓志主人生平德行的一种悼念性文体，墓志的级别根据墓主身份而有相应的差异。首先是辽庆陵出土的帝后哀册，哀册是辽代皇帝和皇后去世之后为其所写的最后一篇悼文，刻于志石之上，埋入墓穴。目前庆陵出土哀册（包括哀册盖）共有15方，分别为辽圣宗与其两位皇后（即仁德皇后和钦爱皇后）的哀册、辽兴宗仁懿皇后哀册盖④、辽道宗与宣懿皇后的汉文和契丹文哀册，这些册石藏于辽宁省博物馆。其次是契丹大贵族墓志，以帝陵陪葬墓或后族家族墓地出土的王公级别的大贵族墓志为代表，如乾统十年（1110）《义和仁寿皇太叔祖哀册》和《义和仁寿皇太叔祖妃萧氏墓志》⑤，以契丹小字和汉字分别镌刻，前者并以哀册著称。还有赤峰阿鲁科尔沁旗耶律羽之家族墓地出土的耶律羽之墓志、耶律元宁墓志、耶律道清墓志和契丹大字多罗里本墓志等⑥。萧继远和秦晋国大长公主家族墓地出土的秦晋国大长公主墓志、萧绍宗墓志、秦国长公主墓志、萧阊墓志、萧阐墓志等11方可确认身份的墓志⑦。辽宁阜新蒙古族自治县萧和家族墓地出土的秦国太妃墓志、契丹小字梁国王墓志和梁国太妃墓志等6方墓志⑧。辽宁朝阳北票莲花山耶律仁先家族墓地出土的契丹小字和汉文耶律仁先墓志、耶律智先墓志，耶律庆嗣墓志⑨。辽宁北镇帝陵陪葬墓出土耶律宗政、耶律宗允、耶律隆运等墓志⑩。还有一类契丹贵族墓志，志主是被赐姓耶律的汉人和被冠以"萧"姓的北方其他部族⑪，如赤峰市巴林左旗白音罕山韩匡嗣家族墓地出土的耶律隆祐墓志、耶律遂正墓志、

---

① 梅宁华主编：《北京辽金史迹图志》（下），北京燕山出版社，2004年，第6页。
② 盖之庸编著：《内蒙古辽代石刻文研究》（增订本），内蒙古大学出版社，2007年，第654—655页。
③ 向南、张国庆、李宇峰辑注：《辽代石刻文续编》，辽宁人民出版社，2010年，第103—108页。
④ 兴宗仁懿皇后哀册石已散佚，但其哀册文有存于世，见向南《辽代石刻文编》第375页。
⑤ 盖之庸编著：《内蒙古辽代石刻文研究》（增订本），第552、561页。
⑥ 盖之庸编著：《内蒙古辽代石刻文研究》（增订本），第3、28、37页。
⑦ 盖之庸编著：《内蒙古辽代石刻文研究》（增订本），第319、329、339、349页；赤峰市博物馆、宁城县文物局：《赤峰宁城县福峰山辽代墓葬》，《草原文物》2018年第1期；河北省文物保护中心等：《河北平泉八王沟辽代贵族墓地调查清理报告》，《文物春秋》2019年第4期。
⑧ 辽宁省文物考古研究所编著：《关山辽墓》，文物出版社，2011年。
⑨ 赤峰文博院编著：《石墨芳华——刘凤翥李春敏收藏辽金碑刻拓本集》，文物出版社，2021年，第176、260页；向南：《辽代石刻文编》，第456页。
⑩ 赤峰文博院编著：《石墨芳华——刘凤翥李春敏收藏辽金碑刻拓本集》，第148、154页；万雄飞、司伟伟：《辽代韩德让墓志考释》，《考古》2020年第5期。
⑪ 康鹏在《辽代五京体制研究》之"辽朝二元性再认识"一文中认为，在汉字文化圈当中，"萧"姓其实不仅包含契丹族，其统治下的北方部族也以"萧"为姓。而在契丹人内部，姓氏则以其他面目出现，不同支系、部族采用的姓氏完全不同。（参见《辽代五京体制研究》，中国社会科学出版社，2023年，第210—212页。）

契丹小字耶律高十墓志等①，该家族因韩德让被赐姓耶律而出宫籍，位列皇族。而大安八年（1092）《萧京墓志》，志主萧京虽然姓"萧"，但他并非契丹族，而是出自辽朝奚王家族②。此外，汉人高官墓志也是辽代墓志的重要组成部分，多集中于北京和辽宁省朝阳地区，韩延徽、刘六符、耿崇美、赵思温等家族的墓志多有出土。

以上墓志资料代表了辽代墓志的基本特点，也是辽代社会多民族共存的一个重要体现。

2. 辽代石刻资料的作用和价值

众所周知，辽史研究主要的问题在于史料匮乏。元人所修《辽史》记录了辽朝300多年的兴衰历史，然而其内容却粗制滥造，错讹百出；加之辽朝"书禁甚严"，所印书籍不允许流出境外；辽末又兵火不断，所涉书籍散佚殆尽，这些都给后世辽史研究带来了极大的困难。几代学者筚路蓝缕，通过不懈努力，逐渐探索出适合当下辽史研究的途径和方法，即历史与考古相结合。

石刻资料无疑在这一漫长的探索过程中起到了不可替代的作用。一方面，石刻所承载的历史信息非常宏富，涉及辽代社会的政治、经济、军事、文化、外交的所有方面，为研究辽朝的典章制度、行政建置、宗教礼制、军事外交、自然地理等问题提供了重要的参考资料，大大弥补了《辽史》和其他传统史料的不足。同时作为重要出土文献，辽代石刻资料本身也成为被整理和研究的对象，并取得了显著的成果③。另一方面，石刻所体现的内涵不仅仅是辽代本身的历史，它还体现了辽朝视域下，契丹、汉、渤海、党项、回鹘、女真、阻卜等中国古代多民族互相交流的历史。契丹从公元4世纪出现于史籍，直到14世纪初灭亡，其在中外史籍中存在上千年，尤其是公元10到13世纪建立的辽和西辽政权，其间来往民族和政权之多，活动地域之广，对传统中原地区、东北亚、北方草原及中亚地区所带来的影响之大，在中国历史上都是鲜见的。仅仅依靠残缺的《辽史》和少有的传世文献显然是不够的。目前出土的辽代石刻多集中于中国境内原辽统治的内蒙古东部、辽宁省、京津地区、河北和山西部分地区，以上地区本身就是古代中国各民族交流频繁的地区，南下中原建立政权的民族也多出自现在的东北地区，东胡、鲜卑、契丹、女真、蒙古及后来建立大清的建州女真。

辽代石刻研究丰富了辽史研究的方法。它不仅继承传统考古学、历史学、文献学、校勘学、文字学等石刻研究的方法，还促进辽史研究积极吸收社会学、民族学、心理史学、地理学、人类学等学科的理论和方法，促进辽史学科进一步纵深发展。

二、利用辽代石刻资源进行教学实践

2023年6月2日，习近平在北京出席

---

① 刘凤翥、唐彩兰、青格勒编著：《辽上京地区出土的辽代碑刻汇辑》，社会科学文献出版社，2009年，第7—18页。
② 任爱君：《辽代奚王萧京墓志铭文释读》，《辽宁师范大学学报（社会科学版）》2020年第5期。
③ 齐伟：《辽代石刻研究现状与前瞻》，《辽金历史与考古》（第十三辑），科学出版社，2022年，第353—362页。

文化传承发展座谈会上强调："中华优秀传统文化有很多重要元素。"诚然，辽文化就是这样一个重要元素，以契丹族、汉族、奚族、渤海族等为活动主体的辽朝创造了丰富的辽文化，前辈学者已经就辽文化的性质和内涵做了丰富的探讨①，正如习近平指出的，中华文明具有突出的创新性和包容性，辽文化的形成和发展突出地体现了这一要义，通过众多的辽代文化遗存我们可知，辽文化内涵非常宏富庞杂，其形成又何其错综复杂，但多元发展的特质正体现了它的创新和包容。如今，在原矗立于辽宁、赤峰及京津冀等地区的巍峨辽塔，隐匿于大山深处的座座墓葬（群）和遍布于荒野之上的断壁残垣中发现的众多辽代石刻，正是诠释辽文化、传承中华文明悠久历史的最好见证。

石刻好比辽文化精美乐章中的一个音符，将辽代历史演绎得更加完美。如前所述，辽代石刻资料承载着重要的历史和文化信息，作为一名史学工作者，除传统的教学内容外，石刻也是一个很好的切入点。如何将内容相对晦涩的石刻资料以更加简明化、体系化的方式传授给学生，是教师讲授辽金史时无法回避的课题，也是义不容辞的责任。对此，笔者曾以石刻为授课内容做过些尝试。

1. 将辽代石刻作为授课内容

让各地区收藏的辽代石刻资源走进课堂，以更加直观的方式进行教学。针对本科生，《辽代考古与文物赏析》课程围绕包括辽代石刻在内的辽代文物进行系统教学。在诸多的辽代石刻资料中挑选最具代表性的帝后哀册，讲授庆陵的发现、被盗、哀册入藏辽宁省博物馆的经过，进而引出契丹文的发现与研究，并适当植入辽代帝陵和最新考古发掘成果，考古与历史相结合，结合哀册文字，讲授辽代富有特色的政治、经济、文化制度等。同时，利用翻转课堂，以课上讨论、课后作业、制定科学考评制度等形式，让学生亲自讲授感兴趣的辽史知识，参与到查找整理资料、撰写论文和讲授课程的氛围之中，深刻了解石刻对于拓宽辽史研究的重要性。深入探究契丹族的千年历史、辽文化的丰富内涵，从而使学生更加了解家乡历史、东北历史与中国历史的紧密联系，逐渐在考古和文物的知识海洋里加深对历史的理解，增强对社会的责任感和使命感，让"小流逐渐成为江海，跬步逐渐跨越千里"。

---

① 关于辽文化的定义学界论述不一，孙进己对这些争议进行了归纳，即魏特夫、冯家昇在《中国社会史——辽（907—1125）总论》中认为，辽文化是由契丹文化和汉文化组合而成，并在此基础上产生的第三种文化；蔡美彪在《中国通史》（第六册）中则认为契丹和汉族共同创造了以汉文化为核心又带有契丹民族特色和时代特色的辽文化；杨树森在《辽史简编》中认为辽文化是各族人民共同创造的文化，其中契丹族和汉民族起了主导作用。在此基础上，孙进己又阐明自己对辽文化的认识，辽文化是一种复合文化，各族文化各有差别，必须弄清每一种文化，不能将其混为一谈。详见孙进己：《论辽文化——兼评所谓"第三文化"》，孙进己、孙泓：《契丹民族史》，广西师范大学出版社，2010年，第288—295页。此外，宋德金在《辽文化的特点、成就和地位》一文中，也强调辽文化是"由契丹文化、汉和其他民族文化，以及契丹吸收汉和其他族文化后形成的新质文化等几种成分构成"，参见辽上京契丹·辽文化研究学会编：《首届辽上京契丹·辽文化学术研讨会论文集》，内蒙古文化出版社，2009年，第1—3页。

而《辽金史研究》课程的授课对象为中国古代史辽金史方向的研究生。课程讲授的内容为辽代石刻资料。课程的教学目标有二，一是能够掌握石刻研究的方法，利用石刻资料进行辽史研究；二是通过石刻资料的学习逐渐培养学生的问题意识，并能够利用科学的史学研究方法解决问题。课程授课方式的最大特点是充分调动学生的参与度，形成"课前预习（石刻文字录入、释读、校勘、对相关历史问题的关切）、课上学生讲述（预习、提问）、教师点评（纠错、答疑、问题梳理）、就相关问题进行深入探讨、课后撰写石刻论文"的授课模式。通过课程的学习，首先使学生较为系统全面地掌握辽代石刻的相关知识和石刻研究中存在的问题，如现有石刻汇编资料中存在的最大问题就是石刻录文未按原石录入，且录文错误较多，现有石刻研究也存在诸多错误，利用石刻资料研究尚有很大空间，等等。其次，通过课程的学习，也使学生对石刻研究有更加深刻的认识和了解，较为熟练地掌握石刻研究和历史研究的方法，奠定扎实的史学功底。最后，学生在课堂上通过多种方式去讲授自己学习石刻资料的切身体验，表达他们的学术观点，从中能够发现存在的历史疑问和现实问题，进而激励他们利用所学方法分析问题，从而提升解决问题的思辨能力。

2. 利用多种方式进行辽代石刻的讲授

笔者曾以石刻为题材做过些许尝试。2022年4月，笔者为辽宁大学在校学生在线做"辽宁省博物馆藏辽代石刻"的公益讲座，主要围绕辽宁省博物馆所藏的15方庆陵哀册，将辽庆陵的发现、被盗、契丹文的发现与研究以及哀册辗转入藏辽博的历史经过做了叙述，并围绕辽圣宗哀册的部分内容引申出历史学习过程中常见的一些基本概念（如年号、尊号、庙号、谥号等）及其相关问题。让更多非历史专业的学生去了解历史研究的意义。2022年5月，应沈阳市大东区文化遗产保护协会的邀请，以"身播国迁：石刻所记的石敬瑭后人"为题，讲述了在辽宁省朝阳地区发现的石敬瑭后人的四方墓志，结合前人研究成果和相关历史，将石晋灭国后石氏后人北迁辽地的经过做了阐述。使听众从整体上了解辽宁地区与中原地区历史上的来往、历史的沿革，充分了解辽宁的历史。2023年7月14日，为大同博物馆做"石不能言最可人——墓志背后的契丹社会与历史"讲座，以契丹族的起源、辽与中原地区的关系史、辽代社会家族史为例，讲述石刻所蕴含的历史信息对研究辽史的重要参考作用。除此之外，也让学生离开课堂，走进博物馆，身临其境感知历史。2023年3月22日，辽宁大学2022级研究生来到辽宁省博物馆参观"中国历代碑志展"，与实物相结合现场教学，让学生了解石刻文字对于古人的重要性和对文化传承的重要意义，学习石刻背后丰富的历史，感受中国悠久的文化，产生对历史的敬畏感，从而激发学生的求知欲望和探索精神。

3. 做到教学相长

最后，教育工作者本身要努力提高学识修养和教学方式方法，践行教育理念。第一个重要的前提就是教授者要在思想上提高认识，认识到教学改革和学科建设的重要意义，认识到教育的宗旨就是促进学生的全面发展，提升学生的综合素质，培养具有社会责任感和美好情怀的社会型人才。而如何提高教学质量是教育工作者需要不断探索的又一个问题。一方面，教授者应在自己的领域里多渠道不断提升自身的文化修养，更新和增加知识储备，使自己的研学更加精进，以更加科学的态度和方法促进教学。同时在教学中不断发现问题并及时解决，达到教学相长。"精学"之外也要博学慎思，广泛涉猎与历史相关的学科领域，积极运用多种学科方法进行教学和科研，这也是学科发展的一个重要环节和内容。另一方面，教学方式上运用OEB教育理念，打造教学个性化平台，通过能力、目标和需求导向的科学培养，使学生真正掌握运用知识解决实际问题的能力，拥有运用科学服务社会的动力。

三、结　语

辽代石刻资料是辽史学界研究利用的主要学术资源，而目前还有很多分散的石刻资料尚未整理，如2010年之后发表在各类学术刊物的石刻文，给学界查找和利用带来很大的不便。据笔者多年观察发现，无论是学界研究参考引用，还是本、硕、博相关毕业论文的撰写，对这部分石刻资料的利用都极其有限。因此，从不同角度设置多种石刻研究课题，不仅可以促进辽史的研究，也可以促进相关的教学改革。

首先，设立石刻研究课题有助于教学单位根据历史教学领域的需要制定合理的学科体系，满足辽金史领域专业人才培养的需求。辽金史方向的研究型人员所具备的素质之一就是掌握石刻资料的研究方法，利用石刻研究相关历史问题。其次，设立辽代石刻的课题也会促进课程改革发展，丰富辽金史课程的专业教学资源，提高教学质量。再次，促进辽金史师资队伍建设，通过分工合作合理分配师资力量，提升教师的职业和专业素质，以提高教师队伍的核心竞争力和创新能力，适应教学改革的变化。

说辽宁大连出土的汉代陶炉

刘 一

大连海洋大学

内容提要：辽宁大连发现的陶炉，集中在营城子和姜屯两地汉墓。西汉后期开始出现，流行于东汉。陶炉作为用于烧烤的模型，揭示出两汉时期烤炉的形制主要是长方形和一端呈椭圆形及圆形等。大连汉墓陶炉的发现表明，至迟在两汉时期大连先民就已经使用炉具烧烤各种肉类，作为盛产海鲜的大连，各种鱼类和牡蛎等自然是先民们烧烤的主要食材。两汉时期，大连先民吃海鲜烧烤应是不争的史实。

关键词：汉代陶炉　陶炉功用　海鲜烧烤

进入21世纪以来，位于辽东半岛南端的大连营城子第二地点汉墓的发掘[①]，特别是姜屯汉墓发掘[②]取得的重要考古成果，为深入研究大连汉代社会生活提供了实物资料。陶炉是近年来在大连汉墓中发现较多的明器之一，对于研究两汉陶炉的形制、用途与社会生活等提供了重要的资料。

一、陶炉发现概况

陶炉在大连最早发现于1931年。是年，在修建旅顺至大连北路工程时，于大连市甘井子区营城子街道沙岗子村南公路北侧发现并发掘了两座东汉砖室墓，其中编为2号墓的即著名的营城子壁画墓[③]。墓中出土绘有白彩的樽、长方套盒、方案、圆案、盆、洗、魁、耳杯、五枝灯、房、灶、井、虎子、俑、猪、狗等一批陶器。彩绘陶炉就是其中的一件。这件陶炉平面呈长方形，口略侈，底部有5条长方孔，以表示5根炉算，底接四个柱足（图1）。

1954年在旅大市（今大连市）营城子45号墓出土陶炭炉1件。炉平面呈长方形，其身四面都有长方孔和圆孔，底接四足，

---

① 吴青云：《大连营城子汉代墓群发掘简报》，《大连文物》（内部资料），2010年。
② 辽宁省文物考古研究所：《姜屯汉墓》，文物出版社，2013年。
③ ［日］内藤宽、森修：《营城子——前牧城驿附近的汉代壁画砖墓》，东亚考古学会，1934年。

地方历史与考古研究

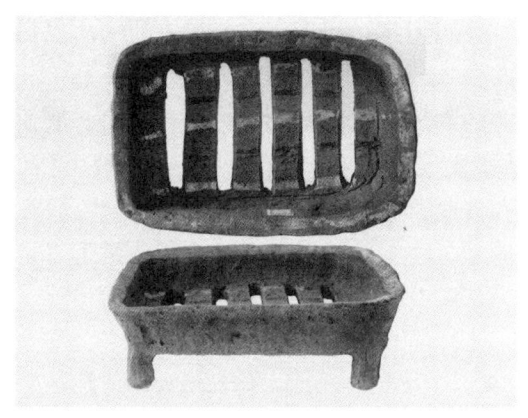

图1　沙岗子2号墓随葬彩绘陶炉

图2　营城子第二地点M74随葬陶炉

图3　营城子第二地点M35随葬陶炉

图4　营城子第二地点M164随葬陶炉

虽未提到底部是否有孔，但简报称"此器与日人劫掘的营城子二号汉墓中出土的相同"①，可知底部应有数个长方孔。此墓为贝壳与砖混筑墓室，即贝砖墓，有墓门和墓道，随葬品除陶器外，还有五铢92枚，报告作者将此墓年代定为西汉后期。

近年来出土的陶炉集中在大连市甘井子区营城子和普兰店区姜屯两地汉墓。

2003—2009年营城子第二地点汉墓出土数件陶炉。

M74随葬陶炉，平面呈椭圆长方形，底部前后两端各有两个便于挪移的捏手。炉身一面有5条纵向长孔，另一侧为7孔，底部有3条长孔，底接四个柱足。长27.7厘米，宽13.2厘米，高7.9厘米（图2）。编者将该墓的年代定为西汉②。

M35随葬陶炉，平面呈长方形，平底，炉身两端各有两个便于挪移的捏手。两侧面各有3个长孔，底接四个梯形足。长24.6厘米，宽13.9厘米，高13.6厘米（图3）。编者将该墓定为西汉末至东汉初③。

M164随葬陶炉，平面呈长方形，平底，两侧面各有3个长孔，底部有"L"形孔，底接四足。长25.4厘米，宽12.8厘米，高10厘米（图4）。编者将该墓定为东汉④。

---

① 于临祥：《营城子贝墓》，《考古学报》1958年第4期，第71—89页。
② 大连市文物考古研究所：《大连汉墓博物馆藏文物图录》，辽宁美术出版社，2016年，第87页说明与图。
③ 大连市文物考古研究所：《大连汉墓博物馆藏文物图录》，第88页说明与图。
④ 大连市文物考古研究所：《大连汉墓博物馆藏文物图录》，第89页说明与图。

2003—2005年营城子第二地点汉墓还出土另外2件陶炉,未公布具体出自何墓。据观察,一件作敞口,一端呈弧形,另一端平直,两侧面各有3个长孔,从照片观察底部当有3条长孔,底接4个蹄足①(图5);另一件陶炉平面呈长方形,两侧面各有3条长孔,底部当有3条长孔,底接4个柱足②(图6)。

2006年,大连市文物考古研究所发掘的营城子沙岗子M4(双室绳纹砖墓)随葬的陶炉一端近圆形,另一端平直,底面略凸,分别有4个圆孔,纵、横各有3条长孔,底部有4个小柱足。长25厘米,宽7厘米,高7.8厘米③(图7)。报告编著者定为东汉中后期。

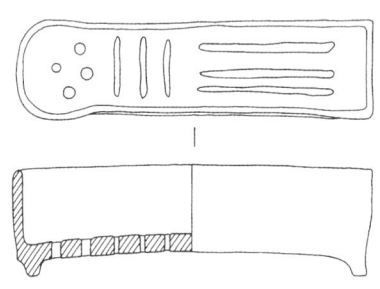

图7 沙岗子M4随葬陶炉

2006年,大连市文物考古研究所发掘的营城子沙岗子M5(双室绳纹砖墓)随葬的陶炉形制与M4基本相同。长25.3厘米,宽6.2厘米,高7.2厘米(图8)④。墓中还

图5 营城子第二地点汉墓随葬陶炉之一

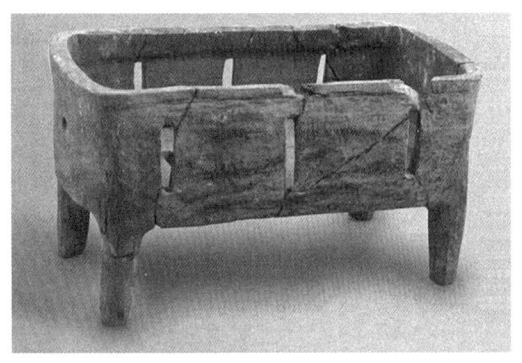

图6 营城子第二地点汉墓随葬陶炉之二

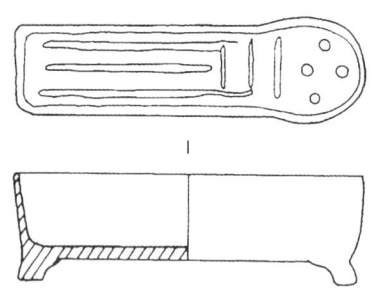

图8 沙岗子M5随葬陶炉

---

① 大连文物编辑部:《营城子汉墓出土文物图集》,《大连文物》(内部资料)2010年,第37页上图。
② 大连文物编辑部:《营城子汉墓出土文物图集》,《大连文物》(内部资料)2010年,第37页下图。
③ 大连市文物考古研究所:《大连土羊高速公路发掘报告集·沙岗子汉墓发掘报告》,科学出版社,2010年,第86页图一八:6。
④ 大连市文物考古研究所:《大连土羊高速公路发掘报告集·沙岗子汉墓发掘报告》,第90页图二一:8;图版五五:4、6。

出土东汉五铢9枚,报告编著者定为东汉中后期。

2010年,辽宁省文物考古研究所发掘的大连市普兰店区姜屯墓地出土陶炉5件,分别出自M33、M45、M64、M106、M134。

M33(单室绳纹砖墓)随葬的陶炉平面呈圆角长方形,直口,口下有两周凹弦纹和对称竖耳,弧腹,圜底,底部有3个长条状孔,下接4个蹄足。口部长23.2厘米,宽19.2厘米,底部长21.1厘米,宽18.3厘米,高11.3厘米,壁厚0.4—0.6厘米①(图9)。报告编著者定为东汉初早期。

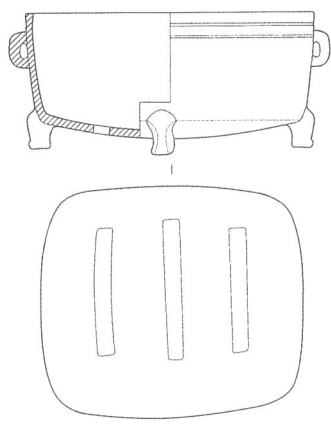

图9 姜屯墓地M33随葬陶炉

M45(双室素面砖墓)随葬的陶炉平面呈圆形,口微敛,腹略弧,饰有两组4条凹弦纹和12条纵向长孔,平底,正中为"×"形孔,四周环绕4条长孔,底接3个蹄足。口径22.1厘米,高16.2厘米,壁厚0.9—1.1厘米②(图10)。该墓随葬品丰厚,计有陶器69件,日光镜2面,漆器2件(仅存鎏金铜附饰),鎏金车马具模型2套,铁剑1件,玉覆面和玉祭器各一套,西汉五铢12枚。报告编著者定为新莽至东汉初期。

图10 姜屯墓地M45随葬陶炉

M134(双室绳纹砖墓)随葬的陶炉平面近马蹄形,前方后圆,束腰,内壁上部附有三个锥状乳突,四壁各有3条纵向长孔,底部前有2条纵向长孔,后有3条横向长孔,底部四足已残。长20.9厘米,最宽14.0厘米,残高6.9厘米,壁厚0.6—0.8厘米③(图11)。该墓随葬陶器20件,铜簪1件,五铢1枚。报告编著者定为东汉初早期。

---

① 辽宁省文物考古研究所:《姜屯汉墓》,图六六:4。
② 辽宁省文物考古研究所:《姜屯汉墓》,图一〇二:6;彩版六五:5。
③ 辽宁省文物考古研究所:《姜屯汉墓》,图二七六:9;彩版一七〇:2。

图11　姜屯墓地M134随葬陶炉

M106（三室绳纹砖墓）填土中发现的陶炉平面呈长方形，敞口，斜直腹，平底，底部有四个柱足。腹部两侧面分别有2个椭圆形孔。长19.4厘米，宽12.1厘米，高5.8厘米，足高2.2厘米，壁厚0.7厘米[①]（图12）。报告编著者定为东汉初早期。

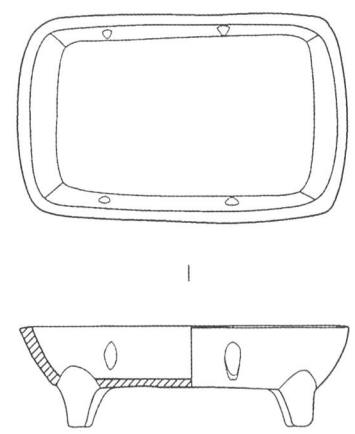

图12　姜屯墓地M106填土出土陶炉

另外，M64（双室花纹砖墓）出土有陶炉残片，当为长方形，可见一侧面有3个圆孔，底接2个蹄足。长21.3厘米，高7厘米[②]。报告编著者定为东汉中晚期。

二、陶炉的分型和年代

考古发现表明，汉墓中随葬的陶器除了部分是实用器外，有相当一部分是明器，这与人们把生养死葬看作是一生大事的观念密不可分，即"事死如生，事亡如存"，"具生器以适墓，象徙道也"（《荀子·礼论》），就是把死者生前所用搬到地下。汉墓中除了随葬日常生活中的饮食器皿，如鼎、盒、壶、罐、樽、案、耳杯等，还有水缸、灶、釜、甑、魁、勺、俎等厨房设施和用具模型，甚至连屋、楼、仓、水井、厕所、猪圈和猪、狗等也制成模型即明器埋入墓中。陶炉也是作为明器埋入墓中的。

截至目前，大连汉墓中随葬的陶炉基本上可分为四型：

A型　平面呈长方形，底部有数条长条状孔即炉箅，下接四足。四足或呈蹄足，或呈柱足（见图1—4、6）。

B型　一端呈弧形，一端呈平直，底面略凸，弧端有圆孔，另一端有长条孔，下接有4个小柱足（见图5、7、8）。

C型　平面近马蹄形，底部两端有长方形孔，下接4个蹄足（图11）。

D型　平面呈圆形，炉身环有纵向长条形孔，底部正中为"×"形孔，四周环绕长条孔，底接3个蹄足（图10）。

从中原等地和大连汉墓随葬的陶炉观

---

① 辽宁省文物考古研究所：《姜屯汉墓》，图二二九：4。
② 辽宁省文物考古研究所：《姜屯汉墓》，图一六六：5。

察，长方形陶炉数量最多，是陶炉的基本型。长方形炉便于对面人同时烧烤，故今天仍然流行着长方形烤炉。为便于烤炉挪移，部分烤炉在两端设置有捉手，如图2、图3。一端呈弧形，一端呈平直的烤炉和马蹄形烤炉应是长方形烤炉的演变形制。相较于长方形陶炉，圆形陶炉炉身均较深，数量也少。

图13 大连营城子民俗博物馆展出的贝砖墓出土陶炉

大连汉墓中随葬的陶炉最早出现在西汉后期，如1954年在旅大市（今大连市）营城子45号墓中出土陶炉；2003—2009年营城子第二地点M74随葬陶炉定为西汉，因尚未公布该墓的构材、形制、随葬器物等，不能确定为西汉某一具体时期。笔者在大连营城子民俗博物馆看到展出营城子村汉墓出土的两件陶炉（图13），咨询该馆首任馆长赵贤立先生后，获悉当时两座贝砖墓几乎被破坏殆尽，从该馆有承担当地文物保护的责任出发，赵贤立先生等抢救清理了这两座贝砖墓残存部分，出土了一批陶器，主要包括罐、壶、洗、熏炉等。这两座贝砖墓各出土一件陶炉，其中一件平面呈长方形，四壁有10个长条形孔，底有3个长条形孔，下接4个柱足；另一件平面近椭圆形，周壁无孔，底有3个较宽的长条形孔，底接4个蹄足。据墓的形制和出土陶器，结合以往的考古发掘和研究，可以判定该墓的年代为西汉后期，亦可佐证大连汉墓随葬的陶炉最早出现在西汉后期。东汉时期的陶炉均出自砖室墓和花纹砖室墓，年代均为东汉中后期。此时陶炉数量不但较多，形制也有变化，是陶炉的流行时期。

三、陶炉的功用

陶炉，作为墓中随葬的明器，同样是两汉人"事死如生，事亡如存"观念的真实反映。大连汉墓随葬的陶炉，均为现实生活中的铁炉或铜炉的模型，而铁炉或铜炉是用于烧烤的器具，即炙炉亦即烤炉。东汉《释名》："炙，炙也。炙于火上也。"《说文解字》"炙，炙肉也。从肉在火上"，段注："有弗（音产，烤肉的铁钎），贯之加火上也。"上述文献表明，"炙"是将肉等用铁钎串好，置于火上烤的一种烹饪方法。

烤炉即为用于烧烤之用的炉具。山东诸城凉台东汉墓画像石上有庖厨图[①]，厨房中人数最多、最忙碌的当属烧烤肉串的仆人们。画面上的仆人或手持装有肉的托盘，或正在穿肉串，或在长方炉前边烤肉串，并持扇助燃，一派忙碌的景象（图14）。

---

① 任日新：《山东诸城汉墓画像石》，《文物》1981年第10期，第14—21页。

图 14　山东诸城凉台东汉墓画像石庖厨图局部

嘉峪关东汉后期一号墓的一方画像砖（图15），画的是一仆人在圆形的炉子上烤肉，另一仆人在案上切肉，两仆人之间上悬4条肉，地上是盛有肉的双耳锅[①]。

图 15　嘉峪关东汉后期一号墓画像砖上的烤肉图

烤炉主要是烧烤肉串。河南济源莲东电解锌工地7号墓随葬的长方釉陶炉，炉沿并列的两排烤棒上分别放着4条鱼和3只褪去羽毛的鹌鹑[②]（图16）；济源沁北电厂工地出土的汉代长方复釉陶炉炉沿的两排烤棒上分别放着4只和5只已拔去翅膀的蝉[③]（图17）。由此可知，在中原地区，烧烤的对象除了肉类，还有鱼、蝉等。

图 16　河南济源莲东电解锌工地M7随葬釉陶炉

图 17　济源沁北电厂工地出土的复釉陶炉与局部

笔者认为，大连出土的两汉明器陶炉均为用于烧烤的炉具。

考古发现的两汉陶质炉具均为明器。实用炉具有铁和铜质两类，铁质炉具以河

[①] 嘉峪关市文物清理小组：《嘉峪关汉画像砖墓》，《文物》1972年第12期，第24—41页。
[②] 杨艳军：《从济源地区出土文物看汉代的烧烤文化》图1，《济源职业技术学院学报》2018年第3期，第24—28页。
[③] 杨艳军：《从济源地区出土文物看汉代的烧烤文化》图2，《济源职业技术学院学报》2018年第3期，第24—28页。

南洛阳金谷园东汉墓（IM337）随葬铁炉为例，炉呈方鼎状，四扁平足。器内底部和四壁均用铁条间隔构成窗棂状，正面有花瓣铺首，侧面有一铁链，出土时内有木炭痕迹。通高20厘米，炉身长24厘米，宽22厘米。作者认为是取暖用炉具[①]。铜质炉具以陕西西安延兴门村出土的铜炉[②]为例，炉呈长方形，分上、下两层，上层为长槽形炉身，底部有两排各12条长条形孔即炉箅，下接4个蹄足；下层为用来盛灰烬的长方盘，4个蹄足。上层炉身的平沿錾有"上林荣宫，初元三年受。弘农宫铜方炉，广尺，长二尺，下有承灰，重卅六斤。甘露二年，工常绹造，守属顺临，第二"等四十二字铭文。铭文为两次刻成，"上林荣宫，初元三年受"九字为初元三年（前46）刻。以下三十三字为汉宣帝甘露二年（前52）铸炉时所刻。据此可知，此件铜炉始为弘农宫之物。初元三年（前46年）被征调至上林荣宫使用。上林宫与弘农宫均为西汉首都——长安城内的皇家宫殿，可以窥见西汉皇宫所用炉具之一斑。上林荣宫·弘农宫铜炉具有承灰功用，是最高等级烤炉。河南密县打虎亭汉墓壁画[③]中烤肉的画面更明确地揭示了长方形烤炉下层底座即承灰，是用来放炭烧火并盛装灰烬的。大连随葬陶炉的两汉墓中是否有承灰，还需要对随葬的陶器进行比对研究。

四、小　结

截至目前，大连发现陶炉的营城子、姜屯均位于临海地区，这里自古以来就是渔业经济发达地区，两汉时期更是如此。因临近设置铁官、盐官的平郭，大连成为辽东半岛与山东半岛和中原产生文化、经贸交流的前沿，故而成为两汉时期辽东郡的经济中心，不仅汉墓发现数量多，而且规模和随葬品普遍高于辽东郡其他地区。

毋庸讳言，自人类发明用火以来，烧烤即成为人们制作熟食的重要方式和品尝美味的首选。大连地处黄、渤海沿岸，海产品丰厚，是先民们重要的食物来源，就目前大连考古发现来看，尚未发现西汉前期和中期的烧烤用具或模型，西汉后期墓中始发现烧烤的陶炉模型。

大连两汉墓葬常见随葬的海产鱼类，一般盛装在陶盆之内，更有陶洗内底和陶俎案面刻有鱼的图案，还曾发现随葬的螃蟹、海胆遗骸，可以证明上述海鲜和猪肉、鸡等都是当时人们的美味佳肴。大连汉墓陶炉的发现表明，至迟在西汉时期大连先民就已经使用炉具烧烤各种肉类，作为盛产海鲜的大连，各种鱼类和牡蛎等自然是先民们烧烤的主要食材。两汉时期，大连先民们吃海鲜烧烤应是不争的史实。

附记：大连营城子民俗博物馆原馆长赵贤立先生提供了相关资料，谨致谢忱！

[①] 洛阳市第二文物工作队：《洛阳金谷园东汉墓（IM337）发掘简报》，《文物》1992年第12期，第9—14页。
[②] 王仲殊：《汉代考古学概说》，中华书局，1994年，第57页图五六。
[③] 河南省文化局文物工作队：《河南密县打虎亭发现大型汉代壁画墓和画象石墓》，《文物》1960年第4期，第51—52页。详见河南省文物研究所：《密县打虎亭汉墓》，文物出版社，1993年。

明代大连地区的教育与科举[*]

王文轶　任美楠　鹿　城
大连大学历史学院

内容提要：明代是大连地区传统教育事业兴起和发展的重要历史时期。明初大连地区的卫所建置和统治者对辽东地区传统教育的重视，为大连地区教育的兴起奠定了基础。有明一代，大连地区以卫学和社学教育为载体，通过科举和岁贡为国家选拔和输送了一定数量的人才，但与同时期教育发达地区相比，也存在教育体系不够健全、整体教育水平不高的问题。

关键词：明代　大连　教育　学校　科举

明代是大连地区传统教育事业兴起和发展的重要历史时期。早在战国燕昭王拓土辽东后，大连地区即为燕国辽东郡所辖。秦汉时期，随着辽东地区郡、县二级制的发展和完善，大连地区开始被正式纳入中原王朝的行政管理体制当中。然而，自汉魏以降至辽金元时期，大连乃至辽东地区要么为地方割据势力所辖，要么为北方民族王朝所统治，与中原地区的联系交流受到较大程度的限制，致使大连地区的传统教育事业长期处于发展缓慢和相对滞后的状态。元朝末年，由于各地起义战争频仍，中国北方地区的教育基础破坏尤为严重，"北方自丧乱以来，经籍残缺，学者虽有美质，无所讲明"[①]。大连地区自然也难以"独善其身"。直至明朝平定辽东，完成对东北的统一之后，辽东地区的传统教育事业才得以逐步恢复，并取得前所未有的发展，而大连地区的传统教育事业也随之有了较为长足的进步。

一、明代大连地区传统教育事业兴起的背景

明代大连地区传统教育事业得以兴起的背景或者说原因，主要有两点：

其一，明初大连地区的卫所建置奠定了教育发展的基础。元末明初之际，辽东

---

[*] 本文为2022年度辽宁省大学生创新创业训练计划项目：《明代大连地方史资料的整理与研究——以辽东方志和档案为对象》研究成果。项目编号：S202211258061。

[①] 金毓黻主编：《奉天通志》卷一百四十九《教育一》，辽海出版社，2002年，第3530页。

地区为故元勋贵势力所盘踞。为了剪除隐患和完成统一大业，明太祖在辽东问题上最初采取怀柔为主的"招谕"策略，并初见成效。洪武四年（1371）二月，据有大连地区的故元辽阳行省平章刘益"奉表朝献"，明朝遂以得利嬴城（今瓦房店市得利寺龙潭山城）置辽东卫，任刘益为辽东卫指挥同知。然而，仅三个月后，刘益即为叛军所杀，辽东卫的建置随之形同虚设。招谕之策的夭折，迫使明朝只得改以武力方式解决。当年七月，叶旺、马云奉命率10万大军经"登莱海道"顺利进至大连地区，明廷遂置定辽都卫（卫治金州城），以保障运输交通线和控扼战略前沿。同时，明军又以此为"根据地"渐次向北推进，于次年在辽东半岛地区设立了金、复、海、盖四州。之后，随着局势变化和战略重心北移，定辽都卫又于洪武六年（1373）被迁至辽阳，并在两年后升为"辽东都司"，而原辽东卫也于洪武八年（1375）被移治辽阳，改称"定辽后卫"①。取而代之的是，明庭又先后于洪武八年和洪武十四年（1381），在大连地区补设"金州卫"和"复州卫"，隶属于辽东都司。到洪武二十八年（1395），又裁撤金、复、海、盖四州而专行卫所制，后成定制。金州卫和复州卫也就成为终明一代在大连地区的最主要建置。

辽东地区的卫所制虽然偏重军事职能，但亦兼理民政，尤其是军户的驻防与屯田，很大程度上促进了明代辽东地区人口的增长和经济的恢复。按明代的军籍制度，卫所军士及其后代均纳入军户，不得变动，军士妻子亦随丈夫屯戍生活。据《全辽志》卷二《兵政》所载，明代金复地区在籍人数44587人，共有军士22729人，加上其配偶和子女，则军户占金复地区人口的绝大部分。而军户中所包含的大量学龄儿童，也成为接受教育的主体之一。因此，金州卫和复州卫的建置，在根本上为明初大连地区传统教育事业的复兴奠定了重要基础。

其二，是得益于明初对辽东地区教育事业的重视。明朝初年，随着政局日趋稳定，朱元璋也认识到"兵变以来，人习战争，惟知干戈，莫识俎豆""朕惟治国以教化为先，教化以学校为本"，于是提出"宜令郡县皆立学校，延师儒，授生徒，讲论圣道使人日渐月化，以复先王之旧"②。全国各地的教育事业由此得以逐步恢复。而对于东北边疆核心的辽东地区，朱元璋同样给予了高度的关注与重视。尤其针对朝内某些关于辽东边地不必发展教育的声音，朱元璋给予了专门的诏示："近命辽东立学校，或言边境不必建立。""况武臣子弟久居边境，鲜闻礼教，恐渐移其性，今使之诵诗书、习礼义，非但可以造就其才，他日亦可资用。"③进而在中央和国家战略层面推动了明代辽东地区教育事业的发展。具体措施，主要通过兴办学校和开科取士，以加强礼教训导，稳定社会发展，并为国家培养与选拔

---

① 参见《大连通史》编纂委员会编：《大连通史》（古代卷），人民出版社，2007年，第399页。
② 金毓黻主编：《奉天通志》卷一百四十九《教育一》，第3520页。
③ 金毓黻主编：《奉天通志》卷一百四十九《教育一》，第3520页。

人才。当然，明代大连地区传统教育事业兴办的举措和目的也莫过于此，但在某些方面与辽东其他地区相比，也存在一定的差异。

二、明代大连地区的学校与传统文化教育

辽东地区的学校主要包括卫学、社学、书院3种，其中卫学、社学属于典型的官学，而书院具有别于其他地区的私学性质，兼有官学与私学的特点。

1. 卫学教育

洪武二年（1369）十月，朱元璋"诏天下府、州、县皆立学"，但由于此时辽东地区尚未平定，也就无从谈及学校的开办。辽东地区的第一所官学机构——辽东都司学，设立于洪武十四年（1381）前后①。此后又陆续设立了14所卫学、1所自在州学和1所永宁监学，卫学数量居明代北方九镇之首。这些官办学校大多伴随地方行政区一起建立，属于地方性的办学机构。其中，大连地区的卫学有金州卫学和复州卫学两所（见表1），据考均设于洪武十七年（1384）。

表1 明代大连地区卫学设置统计表

学校名称	设置时间	设 置 地 点	教员配置	备 注
复州卫学	洪武十七年②	旧在城东南隅，正统元年迁于城西北隅，备御都指挥李通建指挥靳通重修。明季移于山东③。	儒学教授一员 训导一员 阴阳正术一员 医学正科一员④	原为复州儒学，洪武十四年（1381）四月复州设卫所，后改复州儒学为复州卫学。
金州卫学	洪武十七年⑤	洪武十七年创建于卫治西南，正统二年，指挥左让迁于城东南隅。明季移于山东。	同复州卫学	原为金州儒学，洪武八年（1375）四月金州设卫所，后改金州儒学为金州卫学。

---

① 对于辽东都司学的建立时间，（明）李辅：《全辽志》卷一《图考》（金毓黻主编：《辽海丛书》，辽沈书社，1985年影印本，第501页）记载为"洪武辛酉（1381）开建"；《明太祖实录》记载，辽东都司学建立于洪武十七年（1384）；张东冬《明代辽东卫学初探》（东北师范大学2009年硕士学位论文）对此做出分析，认为明代辽东都司学兴建时间应为洪武十四年（1381），开学时间为洪武十七年（1384）。
② 关于复州卫学的建立时间，《辽东志》卷二《建置》第379页记载为"洪武二十八年开设"；《奉天通志》卷一百四十九《教育一》第3525页记载为"洪武十八年建"；据蔡嘉麟《明代的卫学教育》（台北：明史研究小组，2002年，第41—42页）考证，复州儒学的建立时间应为洪武十七年。
③ ［清］阿桂等纂修：《盛京通志》卷三十五《学校一》，辽海出版社，1997年，第143页。
④ ［明］任洛：《辽东志》卷三《职官》，金毓黻主编：《辽海丛书》，第590页。
⑤ 参见金毓黻主编：《奉天通志》卷一百四十九《教育一》，第3525页；［明］任洛：《辽东志》卷二《建置》，金毓黻主编：《辽海丛书》，第378页。

金州卫学和复州卫学在师资编制上与辽东都司内其他学校大致相同，设有儒学教授一员、训导一员、阴阳正术一员、医学正科一员。据《辽东志》《全辽志》可知，金、复地区教师以辽东地区岁贡于本地任教者为主，另有部分来自于北直隶、山东等地区的监生。

卫学作为官学，其办学目的主要为官府服务，并由官府保障其正常教学工作。卫学办学经费主要依靠地方卫所司库和政府给予的"学田"①。在教学内容方面，与其他地区的官学一样，主要学习儒家经典，但也有一定区别。由于明代大连地区军户子弟数量庞大，所以与其他地区相比，在金、复州卫学就读的武学生员数量居多。武学生在教学内容上与文学生不同，文学生须学习"四书"及"五经"中的一经②，而武学生在文化上只需任选《小学》《论语》《孟子》《大学》中的一种，并在《武经七书》《百将传》内选择一本修读即可。除文化教育外，武学生还需要定期参加骑射练习。不过，无论是文化教育还是武学教育，其根本在于为国家培养人才，均起到了教化民众和稳定社会的作用。

2. 社学教育

为了普及民间教育，朱元璋曾于洪武八年（1375）诏令天下立"社学"③。至明孝宗弘治年间，辽东地区"兴社学，择民间子弟，每卫立教读以教之，至今社学不废"④。社学自此在辽东地区逐渐发展起来。社学属于地方基层教育机构，各社学"随卫而建"，面向本地招收15岁以下的儿童，主要讲授"御制大诰及本朝律令"以及"冠、婚、丧、祭之礼"等基本的日常礼仪和行为规范，辽东地区的社学亦由官府出资筹建，成为官学的重要组成部分，也是官学向基层普及的一种方式。有明一代，辽东地区共设置有25处社学，但只有10处有明确的史料记载。关于大连地区的社学设置情况，通过《全辽志》卷一《图考》以及"其余各卫社学，随卫而建"⑤可知，共有2所，均设于卫城内，其筹建与教授情况应与辽东其他地区的社学出入不大。

格外需要说明的是，明代的卫学与社学，除了由官府负责筹建之外，也要接受官府的监督和管理。明代主管全国教育的部门是六部之一的礼部，地方上由分管教育的地方官员负责，正统元年设置"提学官"专管地方教育。辽东地区的提学官由辽东巡按御史（也称"山东巡按"，但不负责山东地区事务⑥）兼任，主要负责监督各地卫学、儒学的开展，定期巡查主管地

---

① 辽东地区的学田于嘉靖四十四年（1565），由巡按御史李辅创设，学田作为学校的固定资产，以充教学之用。
② 根据辽宁省档案馆、辽宁省社会科学院历史研究所汇编：《明代辽东档案汇编》之《生员考试件六卷》，辽沈书社，1985年，第1030页，可知当时考试主要选用"四书""五经"作为命题依据，由此可推知辽东卫学的学业范围。
③ 金毓黻主编：《奉天通志》卷一百四十九《教育一》，第3525页。
④ ［明］李辅：《全辽志》卷四《宦业》，金毓黻主编：《辽海丛书》，第613页。
⑤ 金毓黻主编：《奉天通志》卷一百四十九《教育一》，第3526页。
⑥ 参见张士尊：《明代辽东都司与山东行省关系论析》，《东北师大学报（哲学社会科学版）》，2008年第2期，第30—34页。"山东巡按御史"一职在山东地区和辽东地区都有设立，但只负责各自的监察区，位于辽东地区的"山东巡按御史"只负责辽东事务，寄衔于山东。

区各级各类学校，组织开展科举考试的进行，辽东地区有关地方教育的诉讼案件也由巡按御史定夺。而明代大连地区的官学，除了受辽东巡按御史负责督查之外，原属地方军政长官的苑马寺卿也参与一定的管理。苑马寺设立于永乐四年（1406），原为马政机构，由苑马寺卿执掌，后来随着辽东地区局势的变化，苑马寺卿开始参与地方事务，其中即包括教育事业。在《辽东苑马寺为俯赐金州卫监生盘费事的呈文》《辽东苑马寺为复州卫生员余良心因丁父忧赴考误期请收学肄业事给巡按山东监察御史的呈文》两则档案中，便记录了苑马寺卿对大连地区教育事业的参与情况。据档案内容所记，凡涉教育事宜，苑马寺需呈报山东巡按定夺，"惟复别有定夺，本寺未敢擅便，拟合呈请"①。而这也同样印证了山东巡按在辽东地区教育体制中的主管地位。

3. 书院教育

辽东地区书院与社学的兴起大体同步。据史料记载，明代辽东最早的一所书院是弘治六年（1493）由巡按御史樊祉所建的辽右书院，后相继又兴办了正学书院、辽左习武书院、河西书院等6所书院。尽管如此，相比书院文化发达的江西（有书院183所）②、广东（有书院282所）③等地区，仍有很大差距。明代书院一般由私人或地方官员创办，官府并不提供资金筹措，故属于私学范畴。而辽东地区书院的兴建者多为辽东地区的巡按、巡抚御史，经费来源为官府"供给取诸赎刑钱谷"④及其他经费补贴，学习内容也多为官方书目，在兴办模式上与官学趋同。

表2　明代辽东地区书院设置统计表⑤

书院名称	办学地点	办学时间	办学人
正学书院	都司治所西南	弘治甲寅（1494）	巡按御史樊祉
辽左习武书院	都司治所西北	嘉靖戊子（1528）	巡按御史王重贤
辽右书院	锦州城	弘治癸丑（1493）	巡按御史樊祉
河西书院	广宁城	嘉靖己丑（1529）	巡抚潘珍
崇文书院	广宁城西二里	弘治年间	都御史张岫、副使李贡
蒲阳书院	沈阳城	嘉靖十三年（1534）	巡按御史常时平
挹清书院	铁岭卫	嘉靖辛丑（1541）	兵备黄云

---

① 选自辽宁省档案馆、辽宁省社会科学院历史研究所汇编：《明代辽东档案汇编》之《辽东苑马寺为复州卫生员余良心因丁父忧赴考误期清收学肄业事给巡按山东监察御史的呈文》，辽沈书社，1985年，第1067页。
② 详见魏佐国：《明代江西书院浅论》，《江西社会科学》1996年第5期，第75页。
③ 详见孔祥龙：《明代广东书院数量考》，《神州》2013年第21期，第27页。
④ ［明］李辅：《全辽志》卷五《艺文上》之《重修书院记》，金毓黻主编：《辽海丛书》，第646页。
⑤ 参见金毓黻主编：《奉天通志》卷一百四十九《教育一》，第3526—3529页。

从表2的统计来看，大连地区在明代并未出现过书院这一教学形式。爬梳史料也未见有其他私学的记载。换言之，明代大连地区的传统教育事业主要依赖于官学。

三、明代大连地区的科举与人才选拔

明代科举始于洪武三年（1370），但一度因取士效果不尽理想而在洪武六年（1373）停罢，直至洪武十五年（1382）才重新开科。明朝政府规定，凡参与科举者须是各级学校的生员①，生员参加由各省组织的三年一次的乡试，中举者方有资格赴京师参加此后的会试、殿试，以博取进士功名。其中，明代辽东地区的乡试与中原地区有所不同。据《明实录》记载，"国初旧制，山东、辽东原系一省"，故在地方乡试考点的设置上，明初辽东地区并没有专门设立乡试考点，辽东生员需前往山东济南府进行乡试。因两地隔海相望且路途遥远艰难，在嘉靖十年时，"生员徐潮等屡请附近"②，至嘉靖十三年（1534）"甲午科始改应试顺天府"，但终究没能获得单独开科取士的资格。有明一代，辽东地区通过科举，共产生208位举人和83位进士，另有通过岁贡制度产生贡生792人。总之，科举与岁贡制度为辽东地区的学子提供了获取功名和入仕的机会，激励普通学子通过科举改变自己的出身，同时也起到了教化民众、改善社会风气的积极作用。

1. 明代大连地区的举人统计

大连地区的卫学和社学等教育机构建立之后，科举也成为当地生员的奋斗目标。尤其乡试相比会试中式的几率更高，并可博取举人功名，因而成为大连地区生员最重要的出路。根据笔者对《奉天通志》中《选举志》的爬梳③，明代辽东地区共中举208人（见表3）。其中，复州卫中举4人，金州卫中举8人，中举人数在辽东地区占比不高，特别是与辽东教育较发达的广宁地区和定辽地区相比，存在较大差距。仅以中举人数为参考的话，明代大连地区的传统教育水平在整个辽东地区大致处于中等水平。

表3　明代辽东各地区中举人数④

地区	年份												合计
	永乐	正统	景泰	天顺	成化	弘治	正德	嘉靖	隆庆	万历	天启	崇祯	失考	
定辽地区			3	4	14	16	4	30				1	2	75
广宁地区	1		1	3	7	12	3	17	6		1		3	54

---

① 成为生员需要先参加童试，童试合格后才可以进入学校成为生员。童试作为科举考试的预备性考试，其面对的考生是尚未入学的童生。童试三年举行一次，每名童生入学前都要经过县试、府试、院试三次考试，三次考试都合格的人才可以进入学校成为生员。童试题与科举题相类，多源于儒家经典。
② ［明］李辅：《全辽志》卷三《选举》，金毓黻主编：《辽海丛书》，第595页。
③ 本文所指的辽东举人、进士是指"籍属辽东"，且在明朝政府规定辽东考试地区进行考试的生员。
④ 数据统计源自金毓黻主编：《奉天通志》卷一百五十五《选举二》，第3643—3649页。

续表

地区	年份													合计
	永乐	正统	景泰	天顺	成化	弘治	正德	嘉靖	隆庆	万历	天启	崇祯	失考	
义州卫		1	1	5	4	2	3						1	17
沈阳卫		1			1	1	2	4						9
金州卫			1					1			1		5	8
盖州卫		2						2	1				3	8
铁岭卫								3		1		1	1	6
复州卫								2		2				4
海州卫			1			1		1						3
锦州卫								1					2	3
东宁卫			1						1		1			2
宁远卫					1									1
辽海卫					1									1
三万卫					1									1

（除此表内容外还有11人地区注为辽东地区或奉天地区，另有1辽阳人注为原籍合肥。）

另外，明代辽东地区举人中有记载户籍类型的有46人，军籍23人，官籍21人，旗籍2人。其中大连地区有户籍记录者，金州卫军籍1人、官籍1人，复州卫军籍1人。前文提到的军户人口在金复地区占比很大，但从中举者的出身来看，不论大连地区还是整个辽东地区，军户的教育环境（家境、家学等）仍要逊于官籍者。同时，从表3的统计也不难看出，辽东地区的科考在万历至崇祯年间步入了低谷期，这一显著变化当与明朝后期辽东战事增多有着直接关系。

除了文举之外，明朝自天顺八年（1464）始亦设武举，"天下文武官举通晓兵法、谋勇出众者，各省抚按、三司、直隶巡按、御史考试"[①]。明朝辽东地区武举中举159人，其中大连地区仅复州卫中举1人，相较于文举和辽东其他地区的差距甚至更为显著（见表4）。

---

① 金毓黻主编：《奉天通志》卷一百五十九《选举志六》，第3737页。

表4　明代辽东各地区武举人数①

地区	年份			地区	年份		
	弘治	正德	嘉靖		弘治	正德	嘉靖
辽阳	3	23	44	锦州			5
海州卫		2	6	宁远			3
广宁卫	5		18	辽海			1
定辽			7	三万卫			2
义州卫		4	9	自在州			1
盖州卫		1	7	复州卫			1
东宁			2	金州卫			

2. 明代大连地区的进士统计

同样依据对《奉天通志·选举志》的统计，明代辽东地区共考中进士83人，所任官职中正二品4人，从二品3人，正三品5人，从三品4人，正四品及以下共64人，职位不明者3人。其中大连地区的进士只有4人，但是大连地区的进士所任官职处于较高水平，最高官职位居正四品（见表5）。

从进士人数来看，大连地区的金州卫和复州卫各2人，除与广宁和定辽这两处教育发达地区差距较大外，与其他地区大体处于同一水平。特别是万历年间进士刘国缙曾进言"以辽守辽"的北方防御策略，正统年间进士陈鉴编撰有《英宗实录》等，成为明代大连地区杰出人才的代表②。但也无庸讳言的是，上述数据也很大程度表明，明代大连地区和辽东大部分地区的整体教育水平不高。

表5　明代辽东各地区考中进士人数及所任官阶③

地区	年份									合计
	正德	天顺	成化	弘治	正德	嘉靖	隆庆	万历	天启	崇祯	
广宁地区			正二1 正三1 正四1	从二1 正三1 正五1	正三1 正四1	从二1 正三1 正五1	从三1	正二1 正四1 正六1		从五1 正六1	30

---

① 除此表数据外，另有科分不详者13人。
② 引自《大连通史》编纂委员会编：《大连通史》（古代卷），人民出版社，2007年，第460—463页。
③ 本表依据《奉天通志》卷一百五十四《选举一》（辽海出版社，2002年，第3620—3624页）所记内容统计；表中"正二1"即代表1名进士所任官阶为正二品。

续　表

地区	正德	天顺	成化	弘治	正德	嘉靖	隆庆	万历	天启	崇祯	合计
广宁地区			正五 1 从五 1 正六 1 正七 4 从七 1			正六 1 正七 2 正八 2					
广宁前屯卫						正七 1					1
定辽地区		正四 1 从五 2	从三 1 正四 1 从五 1 正六 1 正七 1	正五 2 正六 1 正七 1	正四 2 正五 1 正七 1	正四 2 正五 1 正五 1 从五 1 正六 1		正五 1			22
盖州卫	正二 1 正五 1									从四 1	3
沈阳卫				正七 1	正二 1 正七 2	从二 1 正七 1 正六 1 不详 1		从三 1 正七 1		不详 2	12
东宁卫		从四 1						正五 1	正六 1		3
义州卫		正五 1	正四 1								2
三万卫			从三 1								1
辽海卫				从五 1							1
海州卫				正三 1							1
铁岭卫						正五 1		正七 1			2
金州卫			正七 1			正五 1					2
复州卫								正四 1		正四 1	2

3. 明代大连地区的岁贡统计

由于明代辽东的大部分地区教育水平相对落后，所以正常的科考之路格外坎坷艰难，而岁贡制度①便为这些地区的生员

---

① 在各地选出一定数额的生员让其进入中央国子监，即岁贡。

提供了另一条重要出路。明代岁贡始于洪武十六年（1383），而辽东地区的岁贡始于成化年。都司学参照府学规格一年一贡，卫学参照州学规格两年一贡①。

明朝的岁贡生员选定有两个标准。首先是成绩，其次是品行，学校会先将生员划分出廪膳生、增广生、附生三个等级②，再举行岁试，依据考试成绩初步筛选入选者。在人选确定之后，地方官员和学校教官将生员的日常成绩和德行造册呈交给提学官，提学官再从中挑选品学兼优者定为贡生。辽东地区则稍有区别，在卫学设立之后直到正德朝之前没有发放廪食的规定，所以无法按照中原学校的形式分为廪膳、增广生，一直以优等生和次等生来区分，直到正德十年（1515）巡按御史刘成德因辽东人才渐盛上奏"以都司比府，广宁比州，各卫比县，其贡法遂与有司同"③，才与中原地区划分标准一样，但名称上有时仍沿用优、次等生④。

自辽东地区开岁贡以来，金、复州两所卫学在明朝共有岁贡121人。除定辽卫学、东宁卫学、广宁右屯卫、自在州卫学因资料缺失无法获知其岁贡生员年份外，其他卫学大多两年贡一人⑤，复州卫学和金州卫学的岁贡人数整体上处于平均水平。只有都司学因建置高于卫学，且辽阳地区教育水平素来位于辽东前列，所以在岁贡人数上远超诸卫学。

具体言之，金州卫学成化年间岁贡11人，正八品及以下6人、从六品1人、任职不明者4人；弘治年间岁贡11人，正八品及以下7人、教职1人、任职不明者3人；正德年间岁贡10人，正八品3人、正七品1人、典史1人、任职不明者5人；嘉靖年间岁贡23人，正八品及以下5人、从六品及以上2人、教职1人、任职不明者15人；嘉靖之后岁贡5人，正七品1人、教职3人、任职不明者1人。复州卫学在成化年间岁贡9人，正八品及以下8人、正七品1人；弘治年间岁贡10人，正八品及以下6人、正七品及以上3人、教职1人；正德年间岁贡7人，正八品5人、正七品及以上2人；嘉靖年间岁贡26人，正八品及以下9人、正七品及以上3人、教职1人、任职不明者13人；嘉靖之后岁贡5人，正七品1人、教职4人（其中1人可知任职复州卫学但职务不明）。

---

① 偶有例外，弘治九年至十二年、嘉靖十八年至二十一年都规定一年贡一人。
② 明初学校学生数量少，为促使更多人入学，明朝政府规定生员都可以享受学校提供的免费餐食，"洪武十五年四月初制'师生月廪食米人六斗，有司给以鱼肉'"，一年还可获得学校发放的十三两白银，称为廪膳生，之后生员数量不断增加，学校便固定了廪生的数额，剩余的生员称为增广生，不限人数，没有免费的餐食待遇，宣德年间因为生员数量过多同时也为了便于将生员划分出等级，增广生也实行定额制，其余多出来的生员则附于诸生之末，称为附生，是三种学生中最低的等级，无定额限制，增生定额后的初入学者，均为附学生员。
③ 金毓黻主编：《奉天通志》卷一百四十九《教育一》，第3530页。
④ 参见郭文安：《明代岁考制度及其社会流动功能》，《中南大学学报（社会科学版）》2017年第1期，第175—181页；吴恩荣：《科考、遗才与大收：明代乡试资格考试述论》，《安徽大学学报（哲学社会科学版）》2013年第5期，第96—103页。
⑤ 嘉靖年间广宁卫学岁贡人数多于两年一贡的数额。

从上述统计来看，大连地区岁贡者一般任职较低，且在嘉靖之后，岁贡生任教职的比例增大。究其原因大致有三：一是相较于岁贡，科举一直被视为正途，故明朝高阶职官多由科举出身者担任。二是正统朝以后出现"食粮年深者贡之"的问题，即贡生选拔方式逐渐从遴选优等生员，转变为按廪膳生员的资历推荐，导致国子监中纳贡人数增加且生员整体才学水平下降，与科举生员相比更无竞争力。三是到明朝后期，政府机构臃肿，人员冗杂，科举生员待业者尚且众多，至于国子监生员能够充任教职就已属不易。

结　语

综上所述，大连地区是明代辽东传统教育事业起步较早的地区之一，形成了以官学为主的教育格局，推动了地方的人才培养、文化传播和社会稳定，并通过科举和岁贡制度为国家输送了一定数量的人才，加强了大连地方与明朝中央政府的联系。然而，与教育发达地区相比，也存在一定的差距和不足。例如在教育体系方面书院教育缺乏，私学教育不振，科考中式者的总体人数不多，岁贡是生员进阶的主要途径等，反映出整体教育水平的薄弱，但相较于前代其传统教育的发展已具有突破性意义。

唐代崔忻题刻"井两口"地名考
——兼论唐代遣使官员摩崖题刻

王德亮

发现（大连）文化有限公司

内容提要：目前学界关于唐代崔忻题刻"井两口"的研究观点有"井两口凿井说"和"井两口象征物说"。目前多数学者基本认同"井两口凿井说"，故刻石称为"唐鸿胪井""唐鸿胪井碑"或"唐鸿胪井刻石"等。但该观点使题刻的句读晦涩不通，因此考证"井两口"具有重要的意义。有鉴于此，本文旁推侧引，通过将"大唐天竺使出铭""袁滋题刻"与"崔忻题刻"相互参考，提出一个新观点："井两口"是地名。

关键词：唐鸿胪井刻石　崔忻题刻　井两口　靺鞨

"唐代崔忻题刻"原位于大连市旅顺口区黄金山西北麓港湾平缓处，距海岸50米。施刻于一块正面宽300厘米、厚200厘米，距地表高180厘米的褐色硅岩上，光绪二十一年山东登来青兵备道刘含芳建唐碑亭以护刻石[①]。刻石上有唐代"崔忻题刻"，另有明代"李钺题刻"[②]、明代"查应兆题刻"、明代"万历题刻"、清代"额洛图题刻"、清代"耆英题刻"、清代"刘含芳题刻"及纪年不详题刻[③]共计八处。

唐代崔忻题刻简称"崔忻题刻"，被学界誉为东北三大碑刻之一，对研究东北边疆历史具有极高的价值。1905—1906年间，刻石连同唐碑亭一起被盗运至日本，1908年4月置于日本皇宫的建安府前庭[④]。自1967年5月，日本学者渡边谅入日本皇宫进行考察并发表研究文章，此后日本学界再无亲睹刻石的研究文章。但国内学界对"崔忻题刻"、刻石及唐碑亭的研究、释读、文物追索从未停止。

---

① ［日］渡边谅著，姚义田译：《鸿胪井考》，《辽海文物学刊》1991年第1期。
② 王德亮：《鸿胪井刻石之李钺考》，《旅顺博物馆学苑2018》，吉林出版集团股份有限公司，2019年，第105页。
③ ［日］渡边谅著，姚义田译：《鸿胪井考》，《辽海文物学刊》1991年第1期。
④ ［日］酒寄雅志著，姚义田译：《关于"唐碑亭"即鸿胪井碑的几个问题》，《历史与考古信息》2001年第1期。

一、"崔忻题刻"的研究回顾

崔忻题刻,"勅持节宣劳靺羯使鸿胪卿崔忻井两口永为记验开元二年五月十八日"共计廿九字。目前相关史料对题刻的释读基本一致,即"鸿胪卿崔忻奉皇帝诏令任宣劳靺羯使,持节册出使靺羯,行经旅顺,凿两口井,镌刻题记意为永久纪功"。如:明代《辽东志》"鸿胪井二,在金州旅顺口黄山之麓井上石刻有勅持节宣劳靺鞨使鸿胪卿崔忻凿井两口永为记验,开元二年五月十八日造凡三十一字"①。清代《萚石斋诗集》有七律《伊副都统福增格惠海物画梅以谢》:"凤闻将军才绝伦,一见遂若平生亲。井口铭贻是唐代,扇头迹赠皆明人。今来兼蒙海味俊,岁晏直使山厨春。何以报之尺幅纸,梅花教傍鬓丝新。""井口铭贻是唐代"注曰"尝于旅顺搜得石刻,云:勅持节宣劳靺羯使鸿胪卿崔忻井"云云,三行廿九字,拓本见赠②。又《雪桥诗话》"松岩将军福增格,尝于旅顺搜得石刻,云:勅持节宣劳靺羯使鸿胪卿崔忻井两口,永永记验,开元二年五月十八日。三行廿九字,以拓本贻钱坤一,坤一谢其惠。海物句云:井口铭贻是唐代,扇头迹赠皆明人"③。《静晤室日记》"民国二十四年八月三十日……旅顺鸿胪井石刻始见于《辽东志》《全辽志》,而《大清一统志》亦具录之……"④。《满洲金石志》志一"唐井阑题名,高一尺六寸,广一尺一寸九分,三行行八字至十一字,正书……勅持节宣劳靺羯使……此石在金州旅顺海口黄金山阴其大如驼,唐开元二年至今一千一百八十二年,其井以湮其石尚存……以石刻志于井上多凿字文末多造字其实原文仍二十九字也"⑤。以上早期史料的作者都将题刻中的"井两口"理解为"两口井",认为唐代鸿胪卿崔忻在旅顺口黄金山凿两口井。

当代中外研究者众多,研究文章也基本认同"崔忻题刻"中"井两口"是指:唐代鸿胪卿崔忻出使靺羯,于开元二年在旅顺口黄金山下凿"两口井"。本文称这一观点为"井两口凿井说"。在此观点基础上王仁富先生对"崔忻题刻"的断句有新观点:"忻"是动词,当开凿讲,不是人的名字。"忻"不应上断为"崔忻",而要下断为"忻井两口",与"永为记验"相对⑥。王仁富先生的观点是为"崔忻"与"井两口"之间没有动词连接而做的补充,所以他的观点也归类于"井两口凿井说"。

王若先生提出不同的新观点:"崔忻为什么要提到'井',它在这里的意义是什么,与'永为记验'又有什么联系?这对正确理解鸿胪井刻石十分重要。由于历代学者尚未论及这个问题,今不揣浅陋,试为之解。……我认为'井两口'就是这样一种象征物。……他在这里以'井两口'

---

① 金毓黻主编:《辽海丛书·辽东志》卷一《地理》,辽沈书社,1985年,第362页。
② 钱载:《萚石斋诗集 萚石斋文集》,上海古籍出版社,2012年,第536页。
③ 杨钟羲:《雪桥诗话》下,辽沈书社,1991年,第1361页。
④ 金毓黻:《静晤室日记》,辽沈书社,1993年,第3637页。
⑤ 罗福颐:《满州金石志》卷一《[唐]井栏题名》,艺文印书馆,1976年,第61页。
⑥ 王仁富:《现藏日本皇宫的唐鸿胪井刻石探讨》,《文物》1995年第11期。

为象征物，所取的应当就是'百世不改'之意。"①王若先生的观点具有开创性，虽然脱离了目前学界趋于一致的"井两口凿井说"，但没有对"井两口"给出更理想的解释，"崔忻"和"井两口"之间的关系仍存在模糊处，本文称这一观点为"井两口象征物说"。

崔忻题刻"井两口"的这两个观点中由于"井两口凿井说"认可度高又有明清资料的加持，学界对刻石称为"唐鸿胪井""唐鸿胪井碑"或"唐鸿胪井刻石"等。事实上，无论明清、近代或当代，研究者们对题刻的困惑都源于"井两口"这三个字，使得"崔忻题刻"的句读晦涩不通。即使明朝人也为求句读通顺在"井"字前加个"凿"字，更何况今人！因此"井两口"的考证对研究"崔忻题刻"具有非常重要的意义。

二、唐代遣使官员摩崖题刻

目前已知唐代遣使官员摩崖题刻共三处，一处位于西藏自治区吉隆县的"大唐天竺使之铭"②（公元658年），一处位于辽宁省大连市旅顺口区的"崔忻题刻"（公元714年），一处位于云南省昭通市盐津县的"袁滋题刻"③（公元794年）。三处题刻分别处于唐代不同时期，具有一定的代表性。由于"崔忻题刻"文字最少，因此"大唐天竺使之铭"与"袁滋题刻"对研究"崔忻题刻"具有非常重要的参考价值，本文将对这三处题刻进行归纳与整理，找出三处题刻内容所共同具有的构成要素，作为考证本文观点的佐证。

（一）大唐天竺使之铭

大唐天竺使之铭，记录人刘嘉宾撰，记录人□□□□□，傔人[乞]扶[定]亨书，贺守一书篆。

维显庆三年六月，大唐驭天下之[四十载，尧神武圣，]异轨累叶，重光玄化，法于无穷。[今兹声教所暨，]德同方裔，道格圆穹。皆三立以[服膺，并万里以驰羽。]反踵、贯匈之国，砚风雨而来[宾；离身、鳌首之君，]逾山海而输赆。量[彼]身毒，近隔[灵山，□□□□，]使臣恭序：

皇上纳隍轸念，濡足[施仁，乃命臣朝散]大夫、行左骁卫长史王玄策，宣[德郎、□□□□□]刘仁楷，选关内良家之子六人，[□□□□，□□定]乱之方，[□□]驭边之术，于是出[使天竺之国。越层]岩，超雪岭，指鹫山以道鹫，因[蕃域而骋轩。显庆三]年夏五月，届于小杨童之西[南]旦仓法关之东北。]时水潦方壮，栈[路]斯绝，乃[权□□□□□□□□□]山隅。[晴]则雪献[蓝天，仰]白云[而高卧；晦则幕遮碧]迥，拥墨雾而[独宿。]西瞰连峰，[揽百川之耸秀；南临]箭水，总万壑之[源]流。实天[竺

---

① 王若：《唐鸿胪井刻石新探：兼与王仁富先生商榷》，《中国文物报》2006年4月14日。
② 西藏自治区文管会文物普查队：《西藏吉隆县发现唐显庆三年〈大唐天竺使出铭〉》，《考古》1994年第7期。
③ 谢允澜：《关于"唐袁滋题名摩崖"》，云南省昭通地区文化馆印，1973年10月。

之要隘，比碛北之天］险也。但燕然既迩，犹刊石［以为铭，亦惟效马援柱］铜而已。勚况功百［王事，］路土［皆知。今臣等奉圣上］之洪猷，默皇华之盛烈，人［所同心，敢勒贞珉。呜呼！］小人为其铭曰：

懿皇华兮奉天则，骋輶［轩兮扬盛德。使身毒兮］穷地域，勒贞石兮灵山侧。

使人息王令敏、使侄士［囗同勒石。］①

由于"大唐天竺使之铭"下端损毁残缺，已有多位学者著有补句释读的文章，本文认同郭声波先生的观点和补释成果并引用之，题刻全篇采用骈文四六体裁，词句对仗、讲求平仄，分句字数对称相等。

根据"大唐天竺使之铭"的题刻内容归纳以下构成要素：

1 主出使官员："王玄策"；

2 主出使官员在朝官职："朝散大夫"；

3 主出使官员出使官衔："行左骁卫长史"；

4 题刻事由：出使天竺，"大唐天竺使"；

5 题刻地点：吐蕃南界，"届于小杨童之西［南囗仓法关之东北］"；

6 题刻目的："但燕然既迩，犹刊石［以为铭，亦惟效马援柱］铜而已。绩况功百［王事，］路土［皆知。今臣等奉圣上］之洪猷，默皇华之盛烈，人［所同心，敢勒贞珉。呜呼！］小人为其铭曰：懿皇华兮奉天则，骋輶［轩兮扬盛德。使身毒兮］穷地域，勒贞石兮灵山侧"。

7 题刻时间："显庆三年六月"。

在以上7个构成要素中，"题刻地点"和"题刻目的"需要展开细论，对"崔忻题刻"研究有着参考意义。

题刻地点，"届于小杨童之西［南囗仓法关之东北］"，释读：碑石位于小羊同之西南，囗旦仓法关之东北。郭声波先生引用《释迦方志·遗迹篇》云："吐蕃国，又西南至小羊同国，又西南度囗旦仓法关，吐蕃南界也。"碑文所指出的碑石位置是吐蕃国的南界，即"蕃尼古道"出山口，说明王玄策及使团众人立碑的位置具有特殊的目的性。

题刻目的，"但燕然既迩，犹刊石［以为铭，亦惟效马援柱］铜而已。绩况功百［王事］路土［皆知。今臣等奉圣上］之洪猷，默皇华之盛烈，……勒贞石兮灵山侧"。释读："东汉班固破匈奴后，在燕然山作摩崖《封燕然铭》；东汉平定交趾的马援立铜柱于象林南界与西屠国南疆；还有当朝名将李绩有拓疆羁縻州府之功，今王玄策等人奉皇帝的宏大计划，赞颂奉皇命出使的盛大功业……，刻碑石于天竺国之边界（近侧？）。"王玄策运用古今对照的笔法既赞颂唐朝广开羁縻州府的国家大业，又暗喻自己曾经"一人灭一国"，将"中天竺国"归服唐朝的功绩类比班固、马援、李绩之功，言可以载入史册。其"羁縻"用词之露骨，毫无忌惮。

"蕃尼古道"的地理位置特殊，唐和吐蕃在此设置边卫馆驿负责扼守是符合常理的。"大唐天竺使之铭"书法遒劲，刻工媲美中原，在远离中原的吐蕃南界不可能

---

① 郭声波：《〈大唐天竺使之铭〉之文献学研识》，《中国藏学》2004年第3期。

由使团人员镌刻完成，由边卫馆驿人员寻匠镌刻则在情理之中。王玄策出使天竺国入吐蕃国境，在吐蕃南界的"蕃尼古道"出山口处题刻极具羁縻色彩的纪功碑文供往来人员观瞻，这种在唐属羁縻管治的吐蕃边界树立"纪功边境碑"的行为，其目的是为宣示唐对吐蕃的羁縻关系，是唐初羁縻政策下管治能力强大的体现。

（二）袁滋题刻

　　大唐贞元十年九月廿日，云南宣慰使内给事俱文珍，判官刘幽严，小使吐突承璀，持节册南诏使御史中丞袁滋，副使成都少尹庞颀，判官监察御史崔佐时，同奉恩命，赴云南册蒙异牟寻为南诏。其时，节度使尚书右仆射成都尹兼御史大夫韦皋差巡官监察御史马益，统行营兵马，开路置驿，故刊石纪之。袁滋题。

"袁滋题刻"的题刻结构要素：

1　主出使官员："袁滋"；
2　主出使官员在朝官职："御史中丞"；
3　主出使官员出使官衔："持节册南诏使"；
4　题刻事由："赴云南册蒙异牟寻为南诏"；
5　题刻地点："开路置驿"（石门关）；
6　题刻目的："赴云南册蒙异牟寻为南诏。其时，节度使尚书右仆射成都尹兼御史大夫韦皋差巡官监察御史马益，统行营兵马，开路置驿，故刊石纪之"。
7　题刻时间："大唐贞元十年九月廿日"。

"袁滋题刻"保存完整字迹清晰。题刻中的地点和目的对"崔忻题刻"研究具有参考价值。

题刻地点，"开路置驿"。参考《蛮书校注》："仅五十年来，贞元十年，南诏立功归化，朝廷发使册命。而邛部旧路方有兆吐蕃请钞隔关。其年七月，西川节度韦皋乃遣巡官监察御史马益闭石门路，量行馆。……开石门路置行馆二语，原本做闭石门量行馆，与上文语义相违，殊不可晓。……盖专为重开石门路而纪也。开路者开石门路也。置驿者置行馆也。"①题刻地点即石门关，石门关现称豆沙关，是中原入滇的交通要隘，有"锁钥南滇""咽喉西蜀"之誉。

题刻目的，"赴云南册蒙异牟寻为南诏。其时，节度使尚书右仆射成都尹兼御史大夫韦皋，差巡官监察御史马益，统行营兵马，开路置驿，故刊石纪之"。释读：唐朝使臣去云南册封蒙异牟寻为南诏王，节度使尚书右仆射成都尹兼御史大夫韦皋差遣巡官监察御史马益带领负责营治的军兵，修通了石门关的驿路并设置行馆驿站，故刊石纪念。

"袁滋题刻"的地点和目的含有大量信息。

1. 题刻中不避讳而直呼"蒙异牟寻"，并刻于石门关石壁。石门关是中原入滇之孔道，袁滋宣册之后唐、诏往来官民都可观瞻。袁滋有意不使用避讳称呼羁縻地区首领的做法是为强调羁縻关系的尊卑，是为唐朝对西南边疆部落宣示羁縻政策的表现。

2. 题刻中的"其时"，据"仅五十年来，贞元十年，南诏立功归化，朝廷发使

---

① 向达：《蛮书校注》云南界内途程第一，中华书局，2018年。

册命。而邛部旧路方有兆吐蕃请钞隔关。其年七月，西川节度韦皋乃遣巡官监察御史马益闭石门路，量行馆"①，又据"十年八月，遣使蒙凑罗栋及尹仇宽来献铎槊、浪人剑及吐蕃印八纽。凑罗栋，牟寻之弟也，锡赉甚厚，以尹仇宽为检校左散骑常侍，余各授官有差。俄又封尹仇宽为高溪郡王"②。这两个出处可以确定"其时"是指贞元十年七月，韦皋修复石门关道路和重置驿站行馆，八月南诏遣使由此路赴唐献贡，九月唐遣使袁滋往册南诏。

石门关，天宝九、十年鲜于仲通讨南诏大败后关闭，于贞元十年八月前开启。韦皋修通石门关道路，说明石门关是唐、诏两国之间的边关。再据"……其年十一月二十四日送至石门……"③，即贞元十年十一月二十四日，南诏遣使送袁滋到石门关后没有继续送行，也说明石门关就是唐、诏两国的边境关隘。另唐、诏两国恢复交往后，袁滋使团没有亲自镌刻题刻的必要，石门关的馆驿官员另寻匠人镌刻即可。

3."袁滋题刻"中韦皋的"开路置驿"和"赴云南册蒙异牟寻为南诏"这两个事件对于唐朝廷在西南地区的羁縻政策具有重要纪念意义，因此都值得刊石纪功。理论上对于袁滋出使来说，"赴云南册蒙异牟寻为南诏"为主，"开路置驿"为辅，可是袁滋却把"赴云南册蒙异牟寻为南诏"作为"开路置驿"的陪衬，并为"开路置驿"刊石纪念。本文认为"袁滋题刻"的"开路置驿"有两层意思，表层意思是唐与南诏确立和恢复羁縻关系，深层意思是唐朝再次打开西南区域的通道，从此可以通过羁縻政策招抚更多西南蛮夷部落并制衡吐蕃，对于唐朝廷和袁滋才是最值得宣扬纪功的。因此袁滋从国家利益的角度将重点落在"开路置驿"与"赴云南册蒙异牟寻为南诏"一并刊石纪功。

"袁滋题刻"实际上是具有国界碑意义的"纪功边境碑"，立碑于唐、诏边界处，说明唐中期的羁縻政策已经流于形式，与"大唐天竺使之铭"的唐初相比已经失去对羁縻地区的实际控制，是唐中期羁縻政策管治能力减弱的体现。

（三）崔忻题刻

勅持节宣劳靺羯使鸿胪卿崔忻井两口永为记验开元二年五月十八日

对"崔忻题刻"进行题刻结构的分析，除"题刻地点"外都能够容易地找出其他六项题刻结构要素，主出使官员"崔忻"；主出使官员在朝官职"鸿胪卿"；主出使官员出使官衔"勅持节宣劳靺羯使"；题刻事由"勅持节宣劳靺羯"；题刻目的"勅持节宣劳靺羯"，"永为记验"；题刻时间"开元二年五月十八日"。根据"大唐天竺使之铭"和"袁滋题刻"的题刻结构规律，"崔忻题刻"作为盛唐时期出使官员的摩崖题刻里是不可能没有题刻地点的，因此题刻中的"井两口"就是最有可能成为"题刻地点"要素的那个地名。我们再将三处题刻的结构要素排列比较，就可以更加直观地了解唐代各时期出使官员摩崖题刻

---

① 向达：《蛮书校注》云南界内途程第一。
② 向达：《蛮书校注》云南界内途程第一。
③ 向达：《蛮书校注》云南界内途程第一。

表1 唐出使官员摩崖题刻要素对比表

唐代出使题刻	姓名	在朝官职	出使官衔	题刻地点	题 刻 目 的	题刻时间
大唐天竺出使铭	王玄策	朝散大夫	行左骁卫长史	小杨童之西	但燕然既迹,犹刊石[以为铭,亦惟效马援柱]铜而已。绩况功百[王事,]路土[皆知。今臣等奉圣上]之洪猷,……勒贞石兮灵山侧	显庆三年（658）
崔忻题刻	崔 忻	鸿胪卿	勅持节宣劳靺鞨使	井两口	勅持节宣劳靺鞨……永为记验	开元二年五月十八日（714）
袁滋题刻	袁 滋	御史中丞	持节册南诏使	开路置驿（石门关）	赴云南册蒙异牟寻为南诏。其时,节度使尚书右仆射成都尹兼御史大夫韦皋差巡官监察御史马益,统行营兵马,开路置驿,故刊石纪之。	贞元十年九月二十日（794）

是有一定相同规律的（表1）：

根据以上推论，对"崔忻题刻"的题刻内容归纳以下构成要素：

1 主出使官员："崔忻"；

2 主出使官员在朝官职："鸿胪卿"；

3 主出使官员出使官衔："勅持节宣劳靺鞨使"；

4 题刻事由："勅持节宣劳靺鞨"；

5 题刻地点："井两口"；

6 题刻目的："勅持节宣劳靺鞨"，"永为记验"；

7 题刻时间："开元二年五月十八日"。

三、对崔忻题刻"井两口凿井说"和"井两口象征物说"的质疑

假设"勅持节宣劳靺鞨使鸿胪卿崔忻"途经旅顺口黄金山处凿"井两口"，并题刻摩崖以宣扬纪功，那么对于鸿胪卿崔忻来说"勅持节宣劳靺鞨"和凿"井两口"都是同等重要的"两件事"。但是看似合理却又不合理，"崔忻题刻"的时间是唐朝即将进入盛唐时代的前夜，勅命往册靺鞨是庄严、盛大的国事；睿宗时契丹、奚势大，数次犯边而唐军不支，渤海势力南扩至鸭绿江；在这个历史背景下，负责唐朝外交职务的鸿胪卿被勅任"宣劳靺鞨使"，这种同时拥有双重外交头衔的唐朝遣使，更加说明出使规格非比寻常，唐廷对此次出使的重视和期望。

"大唐天竺使之铭""袁滋题刻"这两处题刻都是在当时唐朝实际控制的边关，为羁縻政治宣扬羁縻关系和主权领土所立的具有"纪功边境碑"意义的摩崖题刻。但崔忻题刻"井两口凿井说"却无法体现唐朝对东北边疆羁縻政策的政治高度。事实上从唐廷对东北边疆政治博弈的角度来看，"勅持节宣劳靺鞨"与凿"井两口"是完全不相干的"两件事"，而以"勅持节宣劳靺鞨使鸿胪卿"的官员角度来看，将"宣劳靺鞨"的国事与凿"井两口"相比较，凿"井"行为与"宣劳靺鞨使鸿胪

卿"的身份不符，因此"凿井"这个行为不值得鸿胪卿崔忻将其与国事"宣劳靺羯"一并提起，更何况还要为"凿井"刻石纪功。所以"井两口凿井说"是对"崔忻题刻"的误读，改变了"崔忻题刻"真正的意思，也降低了题刻内容的政治高度。

"大唐天竺使之铭"和"袁滋题刻"的地理位置都是唐朝重要的边关驿戍，"崔忻题刻"所处的旅顺口其地理位置也不例外，自古就是东北及远东地区、朝鲜半岛、日本往来中原的重要枢纽。唐灭高句丽后旅顺口便是唐朝东北边疆重要的津驿边镇，基础配套设施已然十分完善，"勅持节宣劳靺羯使鸿胪卿"真有必要解决安东都护府管辖的津驿边镇的用水和缺井问题吗？唐朝自总章元年（668）设立安东都护府开始接手辽东地区，至开元二年（714）经营旅顺口46年之久，此处津驿边镇既要接待朝贡道上往来外国使臣，还要戍镇守边。当外国遣唐使或唐朝遣使出行经过旅顺口，看到"勅持节宣劳靺羯使鸿胪卿崔忻"为凿"井两口"纪功的刻石，会不会耻笑"鸿胪卿崔忻"沐猴而冠呢？若将"井两口"释意"两口井"，题刻的句意因此晦涩不通，甚至明朝时的古人也是同感。因此综合以上问题，本文认为"井两口凿井说"这一观点不成立。有鉴于此，本文通过研究提出一个新观点："井两口"是地名，即"崔忻题刻"中"井两口"作为地名使用。这一论断将开启"崔忻题刻"研究的新篇章，下文将详细论述。

四、"井两口"地名的考证

目前"崔忻题刻"研究的争议有两个：一"靺羯"，二"井两口"。先说"靺羯"，学界对题刻用"靺羯"而不用"靺鞨"的观点各异。本文认为这是在羁縻政策的影响下，唐廷或崔忻有意使用"靺羯"而弃用"靺鞨"，这一现象与"袁滋题刻"不避讳"蒙异牟寻"一样，崔忻的出使目的是联合靺羯制衡契丹、奚势力的南扩，同时防止靺羯与契丹、奚联合对东北区域形成更大的威胁，阻止靺羯势力沿鸭绿江进入辽东；此时开元初的安东都护府已四次内迁至平州，表面上唐与靺羯是羁縻关系的主藩关系，实际是拉拢连衡靺羯实现政治联盟；此时虽是盛唐之始，唐廷却并没有能力真正管治羁縻地区，更没有王玄策那般开疆扩土的语境，但是羁縻政策的体面要体现，羁縻关系要宣扬，因此唐廷或崔忻有意用靺鞨的古称"靺羯"替代之，因"羯"意为蛮夷，用"靺羯"意指其国蛮夷，反衬唐朝文明上国，以这样的做法宣扬羁縻政策，强调羁縻关系的主藩之别。

"崔忻题刻"所处位置在旅顺口黄金山下，据"登州海行入高丽渤海道……西南至都里海口六百里……登州东北海行，过大谢岛、龟歆岛、末岛、乌湖岛三百里。北渡乌湖海，至马石山东之都里镇二百里。东傍海壖，过青泥浦、桃花浦、杏花浦、石人汪、橐驼湾、乌骨江八百里……自鸭绿江口舟行百余里，乃小舫溯流东北三十里至泊汋口，得渤海之境"[①]，可知

---

① 《新唐书》卷三十三《地理志》。

"都里海口""都里镇"是旅顺口在唐代的地名。

据"夫所谓方镇者，节度使之兵也，原其始，起于边将之屯防者。唐初，兵之戍边者，大曰军，小曰守捉，曰城，曰镇，而总之者曰道"①，又据"安东都里镇防人粮，令莱州召取当州经渡海得勋人谙知风水者，置海师二人、舵师四人，隶蓬莱镇，令候风调海晏，并运镇粮"②，根据这两处文献可知都里镇是为军镇，是唐廷设置在高丽渤海朝贡道的重要津驿关隘。

至于"都里海口""都里镇"与"井两口"的关系，目前文献可查"都里镇"地名最早出自敦煌藏经洞《唐开元廿五年水部式》残卷76—77行，开元廿五年（737）。"都里海口"地名最早出自《新唐书》，摘录自唐代贾耽的《边州入四夷道里记》，成书于贞元十四年（798）—永贞元年（805），另"都里镇"在文献中第二次出现亦载于《边州入四夷道里记》。"井两口"地名最早出自"崔忻题刻"，"开元二年五月十八日"即714年。因此将三个地名按时间早晚排序，"井两口"地名早于"都里镇"23年，早于"都里海口"84—91年，因此"井两口"早于"都里镇"和"都里海口"这两个地名。据《元和郡县志》卷三邠州载："开元十三年（725），以豳与幽字相涉，诏曰'鱼、鲁变文，荆、并误听，欲求辨惑，必也正名，改为邠字'。"本文认为自唐开元二年至开元廿五年间改"井两口"地名为"都里镇"，与玄宗改不规范地名有关。关于"井两口"改名"都里镇"的研究将另文讨论。综上，"井两口"与"都里镇""都里海口"在时间上是前与后的关系（表2）。

表2 "井两口""都里镇""都里海口"地名时间表

时间	公元714	公元737	公元798—805
地名	井两口	都里镇	都里海口/都里镇

自明代以来，为迎合"崔忻题刻"句读通顺，学者在"井两口"前多加动词"凿"或将"忻"释做动词，如果不前置动词，"井两口"就是病句，题刻也会成为病句。而"井两口"释为地名，就不存在语法问题，且题刻句读自然、通顺、易懂。这也变相说明题刻中的"崔忻"与"井两口"之间并不是文字层面的简单关系，只因"井两口"这个地名看起来太过世俗，让人容易误解。众所周知，旅顺口的历史地名有都里镇、都里海口、狮子口、旅顺口，这四个地名中有三个地名有"口"字，古今共识这三个地名的"口"意为海口，可由"都里海口"互为印证。由此"井两口"之"口"字也便是海口之意，"井两"为古地名，故"井两口"古地名矣，"井两口""都里海口""狮子口""旅顺口"是同一地区不同时期的历史地名。通过句读列举将"井两口"地名之于"崔忻题刻"，题刻句读："勅持节宣劳靺鞨使鸿胪卿崔忻，井两口永为记验。开元二年五月十八日。"题刻释读："奉诏持节册宣劳靺鞨使鸿胪卿崔忻，井两口（地名）永为记验。开元二

---

① 《新唐书》卷五十《兵志》。
② 罗振玉：《鸣沙石室佚书正续编》，《水部式》，北京图书馆出版社，2004年。

表3 "崔忻题刻"句读列举表

年代	地名	例句
唐	都里镇	"勅持节宣劳靺羯使鸿胪卿崔忻,都里镇永为记验开元二年五月十八日"
唐	都里海口	"勅持节宣劳靺羯使鸿胪卿崔忻,都里海口永为记验开元二年五月十八日"
元	狮子口	"勅持节宣劳靺羯使鸿胪卿崔忻,狮子口永为记验开元二年五月十八日"
明	旅顺口	"勅持节宣劳靺羯使鸿胪卿崔忻,旅顺口永为记验开元二年五月十八日"
原 句		
唐	井两口	"勅持节宣劳靺羯使鸿胪卿崔忻,井两口永为记验开元二年五月十八日"

年五月十八日。"即使将题刻中的"井两口"地名置换成其他地名,依然句读通顺、释读易懂(表3)。

五、"井两口"在"崔忻题刻"中的历史价值和意义

一,目前关于"高丽渤海道"的文献里不见"井两口",只见登州、莱州,可两地又不见相关唐代实物资料,在旅顺口却有"崔忻题刻"与文献互为印证,这说明唐开元初的"井两口"与登、莱州都是"高丽渤海道"上的重要津关边镇。前文提到"井两口"更名"都里镇";据都里镇隶安东都护府管理①,"东莱守捉,莱州领之;东牟守捉,登州领之;兵各千人"②和"唐初,兵之戍边者,大曰军,小曰守捉,曰城,曰镇,而总之曰道"③,据此二文献可知军事上登、莱为守捉,"井两口"(都里镇)为镇,"井两口"在军队建制上低于登、莱守捉,但各属不同管辖。安东都护府管靺羯、高句丽旧地和新罗,则唐与靺羯、新罗、日本互往人员需经"井两口"出入唐境,由"井两口"的津驿边镇公验出入文牒或过所,由安东都护府辖管;因此"井两口"是唐朝先天至开元初期进入国内的第一道津关边镇,也是唐朝通往东北亚的国境关口,那么"崔忻题刻"在唐朝东北边疆所起到的政治意义与"大唐天竺使之铭""袁滋题刻"是相同的,是在唐朝对东北边疆实施羁縻政策的背景下,为宣扬唐与靺羯的羁縻关系、主藩地位和主权领土所立的"纪功边境碑"。

二,崔忻将"勅持节宣劳靺羯"与"井两口"地名同入刻石,并纪功于地名,已经说明"井两口"的意义特殊。"崔忻题刻"的重点落在"井两口永为记验",本文认为崔忻是在强调"井两口"地理位置的

---

① 罗振玉:《鸣沙石室佚书正续编》。
② 《资治通鉴》唐纪三十一,中华书局,2011年。
③ 《全宋文》卷三九五五,上海辞书出版社,2006年。

重要性和特殊意义，"井两口"是安东都护府的重要津关边镇，是唐朝距离靺鞨最近的国境关隘，是盛唐通往辽东和东北的唯一出口，是日本、新罗、靺鞨、远东部族朝贡唐朝的"万国津梁"，一切都指向"井两口"，印证了"井两口"的地理位置对于唐朝政治博弈东北亚地区具有重要的地缘政治意义，这就是"鸿胪卿崔忻"将"勅持节宣劳靺鞨"与"井两口"一并刻石纪功"永为记验"的真正用意。

回到大唐开元二年五月十八日的旅顺口，在勅持节宣劳靺鞨使鸿胪卿崔忻的眼中，具有地缘政治意义的边关重镇"井两口"和凿"井两口"，哪一个更值得刻石纪功永为记验呢？

唐代的辽东文献匮乏难窥，至于旅顺口更是只鳞片羽。唐朝曾经的辉煌被历史碾碎，但所幸总是会在某个角落找到可以重合在一起的那两支片羽。由于"崔忻题刻"的内容仅廿九字，故论证"井两口"只能旁推侧引，"大唐天竺使出铭""崔忻题刻""袁滋题刻"分别刻于唐初、盛、中期，立于唐西、东、南国境处，三者在时间和地域上可以相互参考、补充和佐证。通过"大唐天竺使之铭""袁滋题刻"的展开分析，得到能够支持"崔忻题刻""井两口"地名成立的观点佐证。"井两口"地名的确立，或将开启"崔忻题刻"研究的新篇章，使其拥有新生命，为唐代东北边疆安东都护府、渤海国研究提供崭新的文史资料，填补了旅顺口唐开元初的历史地名——"井两口"。

黄河三角洲现存明清建筑乡土风格研究

赵 金[1] 陈 鹏[2] 燕晴山[3]

1.东营市历史博物馆 2.黄河文化博物馆 3.东营市历史博物馆

内容提要：黄河三角洲地势平坦，地理和自然条件优越。截至目前，黄河三角洲地区已进行多次文物普查，其中影响较大的有四次，累计发现各类不可移动文物500余处，其中明清时期的家庙祠堂、水井桥梁等建筑50余处。本文通过深入挖掘黄河三角洲地区建筑文化，进一步了解建筑所体现的乡土风格，对研究该区域建筑艺术风格及人居历史具有重要意义，也为该地区文化遗产保护传承和乡村振兴提供理论知识支持，具有重要的现实意义。

关键词：黄河三角洲 明清时期建筑 乡土风格

一、调查工作及认识

黄河三角洲是黄河携带大量泥沙在渤海凹陷处沉积形成的冲积平原，地势平坦，以垦利县宁海为轴点，北起套尔河口，南至淄脉河口，向东撒开的扇状地形，海拔高度低于15米，是中国最年轻的陆地。现代黄河三角洲是1855年以来，由黄河冲积作用而形成的冲积扇。1855年以后，黄河在山东利津县以下冲积形成三角洲，以利津县为顶点、北到徒骇河口、南到小清河口、主体在东营市境内的呈扇状三角形的地区，面积约5450平方公里。

黄三角区域受渤海、黄河影响，属于海侵区、黄泛区，小清河以北区域淤积层较厚，有些地方距离地表4—5米处才能发现遗迹。新中国成立以来，黄三角区域先后多次开展野外文物普查，影响较大的普查有四次[①]，累计发现各类不可移动文物500余处，其中明清时期的建筑55处，包括家庙祠堂21处、民居15处、桥3处、水井7处。广饶关帝庙大殿是山东省现存唯一的宋代木构殿堂，举世瞩目，寨村泉顺院也是省级文物保护单位，均经多次修缮保护，但散落乡村的大量明清时期建筑却鲜有人关注，其中不乏历史价值、艺术价值较高的。这些明清时期建筑存在不同程度的损毁坍塌，甚至面临消亡的危险，但

---

① 张万春：《东营市历史博物馆简志（1977—2002）》，中国国家广播出版社，2002年。

修缮保护工作受产权、资金等因素影响，进展较缓慢。

受地理、自然等因素的影响，明清时期建筑主要分布于广饶境内的小清河以南区域。这批古建筑均为民间建造，或散落乡村，或矗立城郊，较分散，多数为宗庙祠堂，加上建筑构造不如唐宋时期复杂，年代也略晚，多数得不到重视，但它们地域风格明显。

这批现存的明清建筑是黄三角区域先民集体智慧的体现，同样属于不可再生的珍贵历史文化遗产，有利于深入挖掘黄河三角洲区域的建筑文化，深入了解建筑所体现的乡土风格，对研究该区域建筑艺术风格及人居历史具有重要意义，也为黄三角地区文化遗产保护传承和乡村振兴提供理论知识支持，具有重要的现实意义，应当予以关注。

二、黄河三角洲现存主要明清建筑介绍

1. 赵寺村田氏祠堂（图1）

明代，位于广饶县李鹊镇赵寺村西，地理坐标为东经118°19′22.2″，北纬37°00′42.4″，1988年普查时首次发现。该建筑为一完整的院落，砖木结构，由北屋、门楼组成，南北约33米，东西约15米，总占地面积约500平方米。北屋三间，砖木结构，坐北朝南，青砖灰瓦，硬山脊，一门两窗，四梁八柱，东西长9.1米，南北宽5.1米，房檐高3.5米，房脊高5.5米。门楼一间，砖木结构，青砖灰瓦，两侧墙壁有

图1 赵寺村田氏祠堂远景

"德祖功宗""源远流长"8个字。

该建筑为一完整的院落，属于赵寺村田姓家族祠堂[①]，曾被维修过多次，目前仍基本保持原貌，是田姓族人逢年过节祭祖追思的场所。目前，祠堂属境内发现的现存唯一一处明代地上建筑，具有典型的明代建筑特色。

2. 寨村泉顺院（图2）

清代，位于广饶县乐安街道办事处寨村，地理坐标为东经118°21′49.1″，北纬37°07′11.1″，始建于清朝道光时期，距今已有百余年历史。建筑群坐南朝北，以北街大门楼为界分东、西两院。大门楼两层，南北7.7米，东西4.5米，总面积为34.65平方米，砖木结构，青砖灰瓦，一门四窗，可惜大门已遗失，仅存门框。东院为四合院，砖木结构，青砖灰瓦，原有北屋五间、西屋四间、东屋三间、南屋五间及西门楼一间，现仅存北屋、西屋和西门楼。北屋硬山脊，两门三窗，东西长约19.8、南北宽约5.15米，总面积约101.97平方米。西屋硬山脊，一门一窗，南北长约7、东西宽约4米，总面积约29平方米。西门楼单

---

① 参见尹秀民：《广饶文物概览》，内蒙古人民出版社，2001年。

层，青砖灰瓦，大门保存完好。西院亦为四合院，现仅存二层阁楼一座。阁楼四间，砖木构造，青砖灰瓦，硬山脊，一门十二窗三梁，内有木质楼梯、隔扇，均保存完好，南北长约13.25米，东西宽约4.2米，总面积约55.7平方米。

据有关资料记载，该院落是清朝末年寨村一位字号"泉顺"大财主所建造，临街门楼为当时护院防盗所建，西院二层阁楼系酒坊柜屋①。新中国成立后，该建筑群收归国有。20世纪60、70年代为粮所，80年代后相继为信用社、镇政府寨村片驻地，今为个人宅基地。目前，这座有着百年历史的院落，仍保留显著的清代建筑特征和鲜明的民族风格。

图3 田门田氏祠堂远景

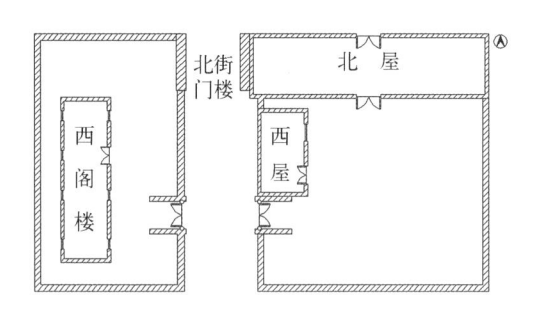

图2 寨村泉顺院平面示意图（1∶100）

3. 田门村田氏祠堂（图3）

清代，位于广饶县大王镇田门村文化广场北，地理坐标为东经118°21′49.1″，北纬37°00′07.9″，东约50米为阳河。祠堂由北屋和南门楼组成一个完整的院落，东西宽约18米，南北长约30米，总占地面积约540平方米。北屋三间，砖木结构，青砖灰瓦，硬山脊，四梁八柱，浮雕金彩双龙戏珠，山脊有鸡、狗等动物雕塑，面阔11.5米，进深7.7米，月台东西长6.6米，南北宽4.5米，高0.6米。南大门一间，二进式，砖木结构，青砖灰瓦，进深4.55米，面阔3.85米，门上横挂"田氏先祠"匾。门口两侧立有旗杆两个，石狮子一对，石碑四通。

据有关资料记载，祠堂建于清朝道光年间②，距今已有160多年的历史。该建筑曾经历多次维修，最后一次修缮是在解放初期，现仍保持原貌。院落布局规整，风格古朴典雅，具有典型的清代建筑特色，值得重点保护。

4. 杨王村王氏祠堂（图4）

清代，位于广饶县花官镇杨王村中心，地理坐标为东经118°29′00.2″，北纬37°10′46.0″。祠堂坐北朝南，共三间，面阔8.7米，进深6米，砖木结构，青砖灰瓦，硬山脊，灰瓦出檐，四梁八柱，木椽，望砖平铺，一门两窗。南大门一间，面阔3.6米，进深4米，砖木结构，青砖灰瓦，

---

① 参见尹秀民：《广饶文物概览》。
② 参见尹秀民：《广饶文物概览》。

硬山脊，局部雕刻动物、花草等图案，十分精美。院落东西长约17.4米，南北宽约27米，总占地面积约460平方米。

图4　杨王村王氏祠堂远景

5. 尹蔡村古建（图5）

清代，位于广饶县广饶街道尹蔡村，地理坐标为东经118°23′37.6″，北纬37°03′43.5″。古建原为"尹氏庄园"的一部分，坐西面东，共五间，砖木结构，青砖灰瓦，硬山脊。南侧三间为四梁八柱，一门两窗，面阔11米，进深5米，占地面积约55平方米。北侧两间略低，一门一窗，一梁二柱，面阔6米，进深4.2米，占地面积约25平方米。尹氏庄园始建于清末[①]，曾与栖霞牟氏庄园、惠民魏氏庄园并称山东三大庄园。

据《尹氏族谱》记载，尹姓先人于明洪武十三年（1380）由直隶枣强迁此定居，称尹家庄子，距今已有630余年，后与蒋家庄子、蔡家庄子合为一村，称为尹蔡，庄园故又称尹蔡古建筑群。尹氏九世祖尹世德有4个儿子，即尹宽、尹志、尹湖、尹海。三子尹湖先是务农，后走上经商之路，成富甲一方的大财主。庄园原有规模巨大，堪称民间庄园之经典。20世纪80、90年代，曾作为尹蔡村委会办公场所。

6. 北郭西村郭氏祠堂（图6）

北郭西村郭氏祠堂，清代，位于广饶县大王镇北郭西村，地理坐标为东经118°33′36.8″，北纬37°01′11.2″。北屋3间，坐北朝南，门窗全无，砖木结构，四梁八柱，硬山脊，平砖布瓦，梁上雕刻花纹，进深5.86米，面阔10.66米。大门为二重门，砖木结构，门前两侧原有旗杆台、石狮子等，现早已不复存在。

祠内原有木隔扇、八扇屏，前墙为全木构筑，文革时拆除了前墙向外扩建，改建成了卫生室，屋内现在还有"高举毛泽东思想伟大红旗奋勇前进"几个大字，墙壁绘有天安门、礼堂等图画。院内东侧立有一通清代乾隆时期雕刻的郭氏先祠碑。根据碑刻内容可知，该祠堂建于清代乾隆时期。祠堂布局规整，南北长约26.6米，东西长10.7米，总占地面积约350平方米。

图5　尹蔡村古建内部构造

---

① 参见尹秀民：《广饶文物概览》。

图6　北郭西村郭氏祠堂北屋内部标语

7. 李桥东村古建（图7）

清代，位于广饶县大王镇李桥东村西侧，地理坐标为东经118°31′10.1″，北纬37°00′41.0″。该建筑为北屋三间，坐北朝南，砖木结构，青砖灰瓦，硬山脊，四梁八柱，二重梁架，一门二窗，门窗木质，屋檐有滴水，屋脊稍残，距地表约1米的墙体已经碱化。

图7　李桥东村古建内部结构

仅存的三间北屋面阔10.67米，进深4.6米，总占地面积约60平方米。据村中老人介绍，该古建原有院子及影壁墙，规模较大，是清代乾隆年间商人李逢吉建造。2010年被公布列入县级第一批不可移动文物名录。

8. 东张庄村古建（图8）

清代，位于广饶县大王镇东张庄村西南角，地理坐标为东经118°31′13.7″，北纬37°00′56.7″。该古建为砖木结构，坐北朝南，灰陶布瓦，青砖，硬屋脊，木门窗由北屋、西屋、西门楼组成一个完整的院落。北屋四间，坐北朝南，两门三窗，其中一窗留于西山墙，三梁六柱，青砖台阶，面阔13.75米，进深4.88米。西屋三间，坐西朝东，一门两窗，门已消失，窗户破烂，屋顶坍塌，面阔7.85米，进深3.82米。西门楼一间，门檐损坏严重，木门已不存在，门前有门枕两块，面阔约3.8米，进深约2.7米。2010年被公布列入县级第一批不可移动文物名录。

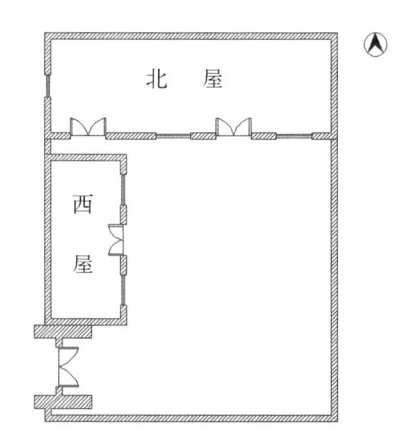

图8　东张庄村古建平面示意图（1∶100）

9. 大牛古井（图9）

清代，位于东营市利津县大牛村西北角50米处，第三次全国不可移动文物普查时首次发现。古井井口呈圆形，井口由三块青石压边，井壁为青砖砌筑。经现场测量，井口直径约1米，井深约7米，面积约0.8平方米。井内有水，水面距井口约4米。在古井的东面、北面和西面为水塘，古井所处位置俗称卧牛湾。经走访座谈了解，此水井是清朝时期一个财主所建造，早在十几年前大牛村全村饮用此井水，为大牛村村民解决了生活用水问题。目前此井虽仍然有水，但已废弃不用。

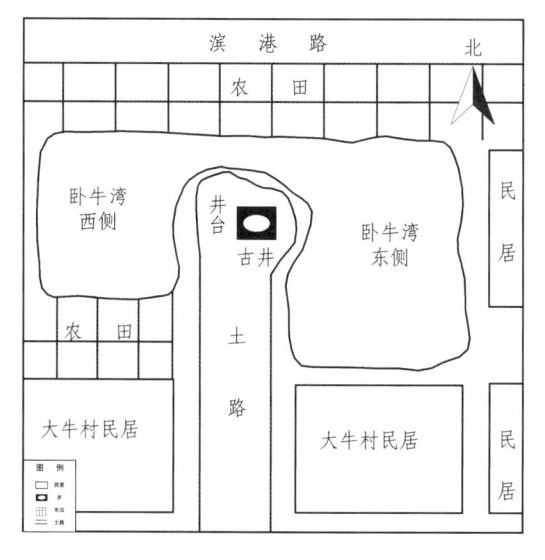

图9　大牛古井平面示意图（1∶200）

10. 夏家古井（图10）

明代，位于东营市利津县北宋镇夏家村东100米处。经现场测量，井口直径约1.2米，面积约1.1平方米，井底宽约3.8米，深约5米。早年，夏家村曾对此井进行过维修，在井口四周铺砌了预制水泥块，从井口往下约0.7米的井壁部分用红砖垒砌，井壁其他部分为青砖砌筑。井内有水，水面距井口约2.2米。古井所处位置为苇塘洼地，东面紧邻黄河大堤。相传此水井为明朝永乐年间建造，距今约有800多年的历史。据夏家村村民介绍，早年，前宫、后宫、林家、夏家等村庄都饮用此井水，现已停用。

三、调查研究成果及对策

（一）乡土风格及学术意义

古建筑是重要的文化遗产，是人类社会发展的历史见证，是国家特殊的、不可再生的文化遗产，是宝贵的精神文化财富，也是人类在一定的自然和文化环境中，利用一定的技术和材料对自然环境进行适应和改造以满足自身物质精神需要所产生的结果，因而建筑本身就是自然环境、人类文化的载体及技术发展水平最直接的表现。

黄河三角洲地区现存的这批明清时期建筑具有鲜明的地域特色和分布特点，对研究该区域明清时期的经济发展状况、地理环境、人居历史、宗庙习俗等方面具有重要参考价值。

调查发现，境内现存明清建筑多数集中分布于南部区域，而小清河以北区域几乎没有地上明清建筑遗存，不过水井相对南部区域较多，这与当地的自然环境、生产生活发展水平密切相关。目前，黄河三角洲南部地区，确切说是小清河以南，土壤盐碱化程度仍然较高，地下水位距离地

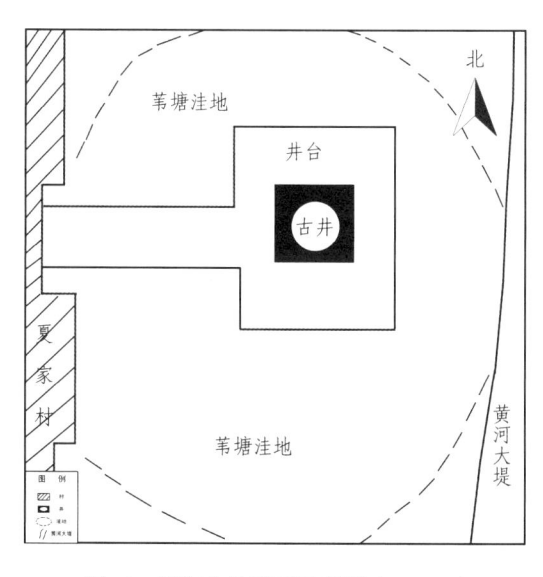

图10　夏家古井平面示意图（1∶100）

表较浅。不难想象，几百年前小清河以北区域的人们，无论是生产还是生活，条件均不理想，更没有足够的经济能力去建造用于祭祀或居住的砖木结构房屋，即使当时建造少量的砖木结构房子用于居住或祭祀，但在如此恶劣的自然环境下，木质结构的房屋很难长久保存。所以受自然环境、经济条件等方面的影响，黄河三角洲现存明清时期建筑大多位于南部的广饶境内，北部以水井居多。

这批建筑具有鲜明的地域特色，乡土风格明显。院落布局多为一进式，由正屋、厢房、门楼组成，属于鲁北地区典型布局。建筑结构均为砖木结构，青砖灰瓦，硬山脊，四梁八柱居多。在山脊上大多有鸡、狗等传统动物雕塑。

黄三角现存明清建筑，以宗庙祠堂居多，比如田氏宗祠、王氏宗祠、郭氏宗祠，保存相对较好。这一方面反映出人们一直传承思祖追宗不忘本的良好家训，宗族观念比较强烈，另一方面也可以看出，在当时建造一幢砖木结构的院落，背后需要一定的经济实力作支撑，非普通家庭一己之力所能为，只有集全族之力尚可。

在"重农抑商"的封建社会，商人社会地位低下，得不到应有的尊重和保护，极少数的商人经过多年的努力经营，积累了一定财富。他们不惜成本，大兴土木，建造豪华的亭台楼阁，一方面为了改善和提高居住条件，但更重要的考量是赢得社会的认可和尊重。现存广饶的尹蔡古建、寨村泉顺院均属于此种情况。尹蔡古建始建于清末，曾与栖霞牟氏庄园、惠民魏氏庄园并称山东三大庄园。据尹氏族谱记载，尹姓先人于明洪武十三年（1380）由直隶枣强迁此定居，称尹家庄子，距今已有630余年，后与蒋家庄子、蔡家庄子合为一村，称为尹蔡。尹氏九世祖尹世德有4个儿子，即尹宽、尹志、尹湖、尹海。三子尹湖先是务农，后走上经商之路，成富甲一方的大财主，庄园故称尹蔡古建。寨村泉顺院建于清道光年间，是广饶寨村一位字号"泉顺"的财主所建，街门楼为当时护院防盗所建，西院二层楼系"泉顺"的酒坊柜屋。这些私人建造的院落不仅有鲜明的地域特色，还是他们经商历程的重要见证。

（二）存在的问题

一是受自然及人为因素的影响，古建筑均出现不同程度的损毁，主要表现为屋顶坍塌、墙体开裂、椽子腐朽、瓦件缺失、门窗不全等方面。若任其发展下去，将会出现整体坍塌，甚至面临消失的危险。

二是古建筑多数为非国有性质，但按照2002年修订的《文物保护法》规定，古建筑受国家保护，任何单位和个人不得擅自修缮、拆除，房屋所有人处于一个比较尴尬的境地：不修缮，房屋无法继续使用；如果自己修缮，要么没有经济能力，要么冒着违法的风险。

三是作为一个文物大县，缺少专门的文物行政部门、文物执法队伍，保护力度不够。县文化和旅游局具备行政职能，但缺少文物保护专业人员，博物馆是事业单位，无行政职能，野外文物的保护管理任务大大超出了法律给予博物馆的职责权限。

四是文物保护没有纳入当地财政预算，缺少文物保护专项经费，导致这批古建筑无法得到及时修缮保护。

（三）对策及建议

一是尽快落实文物保护"五纳入"。

应按照《国务院关于加强和改善文物工作的通知》（国发〔1997〕13号）要求，尽快将文物保护"纳入当地经济和社会发展计划，纳入城乡建设规划，纳入财政预算，纳入体制改革，纳入各级领导责任制"。设立文物保护专项经费，为文物修缮保护提供资金支持。

二是由国家层面的人社、编制、文旅、文物等部门，联合出台厘清基层文物行政、事业单位职责的指导性意见。利用机构改革契机，分清职责。设立专门的文物行政机构，配备文物执法队伍，加大文保人员职业培训，提高专业素质和水平，提高执法能力以及处置各类破坏文物突发事件应变力。

三是本着"保护为主"的原则，将具有重要历史价值、艺术价值的古建筑所有权收归国有，可由地方政府以另划宅基地、给予适当经济补偿等方式解决。收归国有后，可由当地文物行政主管部门申请国家资金依法予以修缮保护、合理利用。

附记：文中线图由董娜、王震绘制，借此深表谢忱！

略评耶律乙辛

张兴国

巴林左旗文化局

内容提要：本文通过相关文献记载，对被列为辽代奸臣之首的耶律乙辛的出身背景、政治活动及性格命运进行剖析，着重分析其肆意弄权和道宗的昏庸失察对辽代晚期统治造成的影响。这些历史事件折射出辽晚期政治制度、社会制度以及经济制度等方面存在的问题。

关键词：辽代 耶律乙辛 评述

一、耶律乙辛及其家族

耶律乙辛，字胡睹衮，五院部人。列《辽史》奸臣之首。生年不详，诛杀于1083年（辽大康九年）。根据契丹文的翻译，他的名字乙辛很有可能是"寿"的意思[①]。《辽史》载："耶律乙辛，字胡睹兖，五院部人。父迭剌，家贫，服用不给，部人号'穷迭剌'。"[②]据《辽史》记载："五院部。其先曰益古，凡六营。阻午可汗时，与弟撒里本领之，曰迭剌部。传至太祖，以夷离堇即位。天赞元年，以强大难制，析五石烈为五院，六爪为六院，各置夷离堇。"[③]辽除四帐皇族外，又有五院部和六院部皇族。也就是耶律阿保机的四世祖，肃祖耶律耨里思未列入横帐的后代。耶律乙辛为五院部人，虽为耶律氏，但其传记里未提及其为皇族之后。而且耶律石柳弹劾耶律乙辛时曾称："臣见耶律乙辛身出寒微，位居枢要，窃权肆恶，不胜名状。"[④]这些可以说明耶律乙辛很有可能出身于一个世系平民的家族。

二、耶律乙辛当政

《辽史》载："初，乙辛母方娠，夜梦手搏殺羊，拔其角尾。既寤占之，术者曰：'此吉兆也。羊去角尾为王字，汝后有

---

① 刘凤翥、唐彩兰、青格勒：《辽上京地区出土的辽代碑刻汇辑》，社会科学文献出版社，2009年，第332页。
② ［元］脱脱等：《辽史》，中华书局，1974年，第1483页。
③ ［元］脱脱等：《辽史》，第384页。
④ ［元］脱脱等：《辽史》，第1423页。

子当王。'及乙辛生，适在路，无水以浴，回车破辙，忽见涌泉。迭剌自以得子，欲酒以庆，闻酒香，于草棘间得二榼，因祭东焉。"①

《辽史》载："乙辛幼慧黠。尝牧羊至日昃，迭剌视之，乙辛熟寝。迭剌触之觉，乙辛怒曰：'何遽惊我！适梦人手执日月以食我，我已食月，啖日方半而觉，惜不尽食之。'迭剌自是不令牧羊。"②

这两条传说内容虽为无稽之谈，也很有可能是耶律乙辛在为自己的过错狡辩，但也许正是这个原因，给耶律乙辛侧面创造了机遇。比如他的父亲不让他继续放羊，在"家贫，服用不给"的情况下，相信他能出人头地，通过选吏进入大惕隐司，也逐渐为文班吏。关于耶律乙辛最早供职的大惕隐司，《辽史》记："太祖有国，首设此官，其后百官择人，必先宗姓。"③大惕隐司据《辽史》记载"大惕隐司。太祖置，掌皇族之政教"④。耶律乙辛是怎样进入大惕隐司做文班吏的，史书未见记述。所任的文班吏在《辽史》里列大惕隐司最下条，这里所说的"吏"很有可能不属于官，而是一个听从差遣的侍从。

到了道宗朝，耶律乙辛很快从一个最底层的小吏成为位居枢密的重臣，并已深得道宗信任。《辽史》载："及长，美风仪，外和内狡。重熙中，为文班吏，掌太保印，陪从入宫。皇后见乙辛详雅如素宦，令补笔砚吏；帝亦爱之，累迁护卫太保。道宗即位，以乙辛先朝任使，赐汉人户四十，同知点检司事，常召决疑议，升北院同知，历枢密副使。清宁五年，为南院枢密使，改知北院，封赵王。"⑤在这短短五年的时间里，耶律乙辛未见有何才能或功勋，却得到了道宗的提拔和重用，青云直上，并且得到了四十户汉人奴隶。从这个侧面上反映出辽道宗在性格上是一个任人唯亲的人，有可能在很多事情上都是凭一时的好恶喜怒，而且刚愎自用、年轻气盛，缺乏政治经验。按文中记载，此时耶律乙辛的年龄并不大，重熙元年是1032年，清宁五年是1059年，此时他很有可能不会超过三十岁。至辽大康九年（1083）处死，他大概也不过五十岁左右。

《辽史》载："九年，耶律仁先为南院枢密使，时驸马都尉萧胡睹与重元党，恶仁先在朝，奏曰：'仁先可任西北路招讨使。'帝将从之。乙辛奏曰：'臣新参国政，未知治体。仁先乃先帝旧臣，不可遽离朝廷。'帝然之。"⑥耶律仁先与耶律乙辛共知北院枢密事。耶律仁先，字纠邻，小字查剌，横帐孟父房之后。在与北宋的外交上和战争中都功勋卓著，在歼灭耶律重元之乱中运筹帷幄，是当时辽国的中流砥柱。初期的耶律乙辛虽然得到道宗的信赖，但是并未敢胡作非为。其挽留耶律仁先，很有可能是迎合道宗的意思，或者是因在出

---

① [元]脱脱等：《辽史》，第1483页。
② [元]脱脱等：《辽史》，第1484页。
③ [元]脱脱等：《辽史》，第694页。
④ [元]脱脱等：《辽史》，第694页。
⑤ [元]脱脱等：《辽史》，第1484页。
⑥ [元]脱脱等：《辽史》，第1484页。

身上遭到耶律重元这些大贵族的排斥，而借此力量保全自己。

耶律重元之乱又给耶律乙辛创造一个很好的机会。"重元乱平，拜北院枢密使，进王魏，赐匡时翊圣竭忠平乱功臣。咸雍五年，加守太师。诏四方有军旅，许以便宜从事，势震中外，门下馈赂不绝。凡阿顺者蒙荐摊，忠直者被斥窜。"①在平叛耶律重元之乱中，史书的记载里耶律乙辛并没有出色的表现，但是给他的奖赏却十分丰厚，甚至达到了赐八个字的功臣封号。耶律重元之乱后，"阻卜塔里干叛命，仁先为西北路招讨使，赐鹰纽印及剑"②。塔里干即蒙古语达剌干，意为官长。在耶律仁先上任前，《辽史》载："上谕曰：'卿去朝廷远，每俟奏行，恐失机会，可便宜从事。'"③道宗对耶律仁先虽是信任无比，但自此之后，耶律乙辛已无辖制，可谓权倾朝野。

三、耶律乙辛专权

《辽史》载："大康元年，皇太子始预朝政，法度修明。乙辛不得逞，谋以事诬皇后。"④"大康初，宫婢单登、教坊朱顶鹤诬后与惟一私，枢密使耶律乙辛以闻。诏乙辛与张孝杰劾状，因而实之。族诛惟一，赐后自尽，归其尸于家。"⑤宣懿皇后哀册中将这个事件称之为"载念宠渥。失于奸臣。青绳之旧污知妄。白璧之清辉可珍"⑥。

《辽史》载："道宗宣懿皇后萧氏，小字观音，钦哀皇后弟枢密使惠之女。姿容冠绝，工诗，善谈论。自制歌词，尤善琵琶。重熙中，帝王燕赵，纳为妃。清宁初，立为懿德皇后。"⑦又载："皇太叔重元妻，以艳冶自矜，后见之，戒曰：'为贵家妇，何必如此！'"⑧

从宣懿皇后的传记和哀册中不难看出她是一个深晓礼教，而且颇具文学修养的人。皇太子也是一个具备很好政治才能的皇位继承者。这桩冤案也许最终改写了辽代历史进程。在萧惟信《致张孝杰耶律乙辛书》中这样写道："懿德贤明端重。化行宫帐。且诞育储君。为国大本。此天下母也。而可以叛家仇婢一语动摇之乎。公等身为大臣。方当烛照奸宄。洗雪冤诬。烹灭此辈。以报国家。以正国体。奈何欣然以为得其情也。公等幸更为思之。"⑨在宣懿皇后案中，后族之争也对此事件有推波助澜的作用。或因宣懿皇后是钦哀皇后弟枢密使萧惠之女，二人为姑侄关系，钦哀

---

① ［元］脱脱等：《辽史》，第1484页。
② ［元］脱脱等：《辽史》，第1397页。
③ ［元］脱脱等：《辽史》，第1397页。
④ ［元］脱脱等：《辽史》，第1484页。
⑤ ［元］脱脱等：《辽史》，第1205页。
⑥ 陈述：《全辽文》，中华书局，1982年，第276页。
⑦ ［元］脱脱等：《辽史》，第1205年。
⑧ ［元］脱脱等：《辽史》，第1205页。
⑨ 陈述：《全辽文》，第212页。

皇后曾太过阴险狠毒，以致积怨太深。钦哀皇后是辽太祖皇后述律平的弟弟阿古只的五世孙女。此时的述律氏萧已非昔日可比。"及母后被害，太子有忧色。耶律乙辛为北院枢密使，常不自安。"①当初，耶律乙辛可能并没有完全认识到后果的严重性，这也说明他缺乏政治远见，甚至过分高估了道宗的信任。

《辽史》载："后既死，乙辛不自安，又欲害太子。乘间入奏曰：'帝与后如天地并位，中宫岂可旷？'党驸马都尉萧霞抹之妹美而贤。上信之，纳于宫，寻册为皇后。"②此时的耶律乙辛敢肆无忌惮地为所欲为与道宗的昏庸失察是有根本关系的。可以说此时的道宗已被耶律乙辛玩弄于股掌之中，言听计从。大安五年，耶律乙辛得到了辽代对于大功德者最高的褒奖"于越"的称号，甚至鸡犬升天，《辽史》载："甲申，诏北院枢密使魏王耶律乙辛同母兄大奴、同母弟阿思世预北、南院枢密之选，其异母诸弟世预夷离堇之选。"③

四、耶律乙辛及其党羽的覆灭

耶律乙辛和党羽的作为引起了很多正直之士的愤慨。如《辽史》载："时北院枢密使耶律乙辛以狡佞得幸，肆行凶暴。忽古伏于桥下，伺其过，欲杀之。俄以暴雨坏桥，不果。后又欲杀于猎所，为亲友所沮。大康三年，复欲杀乙辛及萧得里特等，乙辛知而械系之，考劾不服，流于边。及太子废徙于上京，召忽古至，杀之。"④

萧忽古是有辽一代最为出色的勇士之一。《辽史》载："咸雍初，从招讨使耶律赵三讨番部之违命者。及请降，来介有能跃驼峰而上者，以儇捷相诧。赵三问左右谁能此，忽古被重铠而出，手不及峰，一跃而上，使者大骇。"⑤萧忽古忠勇可嘉，率性任事，可歌可泣。可与聂政、荆轲等媲美。

《辽史》载："林牙萧岩寿密奏曰：乙辛自皇太子预政，内怀疑惧，又与宰相张孝杰相附会。恐有异图，不可使居要地。"⑥萧岩寿，《辽史》记载"萧岩寿，乙室部人。性刚直，尚气。仕重熙末。道宗即位，皇太后屡称其贤，由是进用"⑦。这期间虽然耶律乙辛被贬出为中京留守，不过经过他和他的党羽的瞒天过海，道宗很快感到了后悔，又召回他掌管北院枢密使。虽然有耶律撒剌劝谏"初以萧岩寿奏，出乙辛。若所言不当，宜坐以罪；若当，则不可复召"⑧，也只是累谏不从，甚至还贬萧岩寿为顺义军节度使，最终以萧岩寿冤死而结束。这些对抗耶律乙辛的事件

---

① [元]脱脱等：《辽史》，第1215页。
② [元]脱脱等：《辽史》，第1484页。
③ [元]脱脱等：《辽史》，第279页。
④ [元]脱脱等：《辽史》，第1422页。
⑤ [元]脱脱等：《辽史》，第1422页。
⑥ [元]脱脱等：《辽史》，第1485页。
⑦ [元]脱脱等：《辽史》，第1419页。
⑧ [元]脱脱等：《辽史》，第1485页。

中，道宗表现得反反复复、时信时疑，并且对抗者最终都引来了杀身之祸。辽代的世家大族目睹了道宗的昏庸，已经不敢参与到这些残酷的政治斗争中，以至于耶律乙辛越来越有恃无恐。

在这种情况下，耶律乙辛及其党羽还要赶尽杀绝，导演道宗杀妻灭子的冤案，甚至想铲除皇族的唯一血脉。《辽史》载："时皇太子以母后之故，忧见颜色。乙辛党欣跃相庆，谗谤沸腾，忠良之士斥逐殆尽。"①此时的太子已经意识到耶律乙辛很快就会陷害他，但是已经无能为力。

《辽史》载："五年正月，上将出猎，乙辛奏留皇孙，上欲从之。同知点检萧兀纳谏曰：'陛下若从乙辛留皇孙，皇孙尚幼，左右无人，愿留臣保护，以防不测。'遂与皇孙俱行。由是上始疑乙辛，颇知其奸。会北幸，将次黑山之平淀，上适见扈从官属多随乙辛后，恶之，出乙辛知南院大王事。及例削一字王爵，改王混同，意稍自安。及赴阙入谢，帝即日遣还，改知兴中府事。"②此时的道宗虽然意识到耶律乙辛的罪恶，但是也没有进行深刻反思。对于耶律乙辛的惩罚，也只不过是隔靴搔痒。

《辽史》载："七年冬，坐以禁物鬻入外国，下有司议，法当死。乙辛党耶律燕哥独奏当入八议，得减死论，击以铁骨朵，幽于来州。后谋奔宋及私藏兵甲事觉，缢杀之。乾统二年，发冢，戮其尸。"③

这个时候的耶律乙辛虽然已是日暮黄昏，但是从中可以看出他的党羽还是掌控着朝廷的大权。如果没有准备出逃宋朝或私藏兵甲有意兵乱的事败露，可能道宗还不至于缢杀他。

五、评　价

耶律乙辛，祸乱朝纲、排除异己，并且制造了宣懿皇后冤案，暗杀皇位继承人昭怀太子。但是最后将其缢杀的罪名竟是"谋奔宋及私藏兵甲"。就连修史者也感叹道："吁！乙辛之罪，固非一死可谢天下，抑亦道宗不明无断，有以养成之也。"④但是从耶律乙辛的整个生命过程看，他并没有掌握过兵权。这很有可能与辽朝的政治格局，即特殊的营卫制有关系。"有辽始大，设制尤密。居有宫卫，谓之斡鲁朵；出有行营，谓之捺钵；分镇边圉，谓之部族。有事则以攻战为务，闲暇则以畋渔为生。无日不营，无在不卫。"⑤

直到天祚帝时也未能对耶律乙辛党羽彻查。即便是天祚帝的姑姑扎礼赵国公主，"天祚幼，乙辛用事，公主每以匡救为心竟诛乙辛"⑥，一再要求严惩，也是不了了之，其党仍逍遥法外。如耶律塔不也："天祚嗣位，以塔不也党乙辛，出为特免部节度使。及枢密使耶律阿思大索乙辛旧党，

---

① [元]脱脱等：《辽史》，第1485页。
② [元]脱脱等：《辽史》，第1485页。
③ [元]脱脱等：《辽史》，第1486页。
④ [元]脱脱等：《辽史》，第1495页。
⑤ [元]脱脱等：《辽史》，第361页。
⑥ [元]脱脱等：《辽史》，第1009页。

塔不也以赂获免。徙敌烈部节度使，复为敦睦宫使。天庆元年，出为西北路招讨使。以疾卒。"①

耶律乙辛事件说明，辽晚期统治者已经很缺乏政治权谋，同时，他们的政治格局也已经不适合当时的政治统治。对于耶律乙辛的历史教训我们要引以为鉴，不论在什么时候、什么地位，都要注重自身的修养，不可逞一时之快，成为千古罪人。

---

① [元]脱脱等:《辽史》，第1494页。

典藏研究

弘治皇帝敕谕邓原碑由来及影响

刘 涛

肇庆学院经济社会与历史文化研究院（乡村振兴研究院）

内容提要：《皇帝敕谕》碑位于福建漳州市漳浦县福寿禅寺，该碑是明孝宗敕谕镇守福建太监邓原所作。邓原因感念福寿禅寺前身福寿院僧人背负其义父司礼监太监卢亮节骨殖安葬于此，遂建太监祠，勒石立碑于福寿院中。该碑提供了邓原到任福建时间，披露了邓原历任镇守江西太监、御马监太监、镇守福建太监的史实。该碑促使晚明阳明后学李材、清初黄道周门人张若仲先后探访福寿院，并留下墨宝。该碑对明代镇守太监及义父与义子关系研究亦具有参考价值。

关键词：皇帝敕谕　明孝宗　邓原　镇守太监

《皇帝敕谕》碑内容取自京城，乃明孝宗于弘治十年（1497）正月二十七日敕谕邓原之语，其时邓原由御马监太监出任镇守福建太监。邓原下令取闽南青石，运用闽南石雕传统工艺，勒石立碑于福建漳州府漳浦县七都梅铺福寿院。

目前，学术界关于《皇帝敕谕》碑虽略有述及，却存在碑铭抄录错误、未能揭示碑铭背后历史等问题。如胡丹《明代宦官史料长编》一书称"镇守福建太监邓原敕谕"，部分字句与碑铭原文不符，实则抄录失当，如所录"兵马"应改作"军马"、"正己律人"应改作"正己率人"①。

邓原是明代著名宦官，历经宪宗、孝宗、武宗三朝，深得宪宗与孝宗的信任，深受军民士子与士大夫的爱戴，对闽粤赣湘边社会安定产生了深远的影响，其生平具有重要的研究价值。鉴于此，本文搜集实录、科举、地方志、文集等史料，通过考辨碑铭由来、考证邓原身世、还原邓原应有的历史地位，揭示碑铭产生的历史影响。

一、邓原其人及其立碑始末

1. 邓原立碑

《皇帝敕谕》碑最初位于福寿院，后收存于福寿院遗址所在地漳浦县赤土乡溪东村果林场，继而移到溪东小学校园，现归还于赤土乡下宫村顶涂社福寿禅寺。该

---

① 胡丹辑考：《明代宦官史料长编》卷六《孝宗弘治朝（1487—1505）》，凤凰出版社，2014年，第889—890页。

碑是青石材质，曾被截成两段，今已粘合。碑铭字迹大部分清晰，小部分风化不清。碑铭高210厘米，宽89厘米。碑额呈半圆状，额首高60厘米，两边宽30厘米。碑额刻楷书"皇帝敕谕"四字。碑铭正文高150厘米，宽51厘米，全文9行，199字，楷书。碑铭四周浮雕六尾云龙，部分颜色不一，高5厘米。其正文如下：

> 御马监太监邓原，今特命尔前去镇守福建地方，兼管银场，抚恤兵民，操练军马，防御贼寇，禁革奸弊。凡一应合行事宜，须与巡按及三司等官公同计议停当而行，不许偏执己见，有妨重务。遇有城池坍塌，量拨军夫修理。草寇生发，即调官军剿捕。其余非奉朝廷明文，一夫不许擅差，一毫不许擅科。尔为朝廷内臣，受兹重寄，务在持廉秉公，正己率人，尽心经理，必使军民安妥，地方宁靖，斯称任使。如或操守不谨，措置失当，致令凶恶恣肆，良善受害，罪有所归。尔其儆之慎之。故谕。
>
> 　　　　　　　　弘治十年正月二十七日

邓原缘何将此碑立于福寿院？这就要从福寿院历史沿革及邓原与福寿院的渊源说起。

福寿院位于漳浦县七都梅铺。"七都，在县东三十里，即宋安仁乡之永清里也，明时统图七"①，宋时属漳浦县安仁乡永清里，元代亦然，明代称七都，设置图甲。具体"在七都梅铺"②。

福寿院兴建于元至正年间（1341—1368）。"福寿院，在县东七都"③。《八闽通志》称其"元至正间建"④，正德《大明漳州府志》称系"元至正间，僧锦江重

---

① ［清］陈汝咸修：(康熙)《漳浦县志》卷二《方域志下》，清康熙四十七年（1708）刻本，中国国家图书馆藏，索取号：地310.93/32，第4页。
② ［清］陈汝咸修：(康熙)《漳浦县志》卷二《方域志下》，清康熙四十七年（1708）刻本，第17页。
③ ［明］黄仲昭修纂，福建省地方志编纂委员会主编：《八闽通志》卷七十七《寺观·漳州府》下册，福建人民出版社，1991年，第832页。
④ ［明］黄仲昭修纂，福建省地方志编纂委员会主编：《八闽通志》卷七十七《寺观·漳州府》下册，第832页。

建"①，万历元年（1573）《漳州府志》亦云"元至正间，僧锦江重建"②，万历癸丑（1613）《漳州府志》改作"元至正，僧锦江建"③，康熙《漳浦县志》沿此说"元至正间，僧锦江建"④，应以较早刊行的《八闽通志》所载为是，即元至正年间实则其始建时间，而非重建时间。兴建者僧锦江，于至正十二年（1352）曾重建漳浦县二十三都北平院。"北平院，在县东北二十三都。元至正十二年，僧锦江重建"⑤。正德《大明漳州府志》载："本院苗米一十石九斗五升二合二勺。"⑥

福寿院在成化九年（1473）重修。《八闽通志》称"国朝成化九年增建一新"⑦，万历癸丑《漳州府志》仅云"国朝成化，僧云山修，有太监祠"⑧，"国朝成化"具体指成化九年，康熙《漳浦县志》则称"明成化十年，僧云山重建"⑨，应以较早刊行的《八闽通志》所载为是，即成化九年重修。其时有"太监祠"供奉司礼太监卢亮节。僧云山投靠卢亮节出家，后将卢亮节尸骨带回其漳浦故里，安葬在福寿院，由此建有祠堂。康熙《漳浦县志》披露其始末："初，云山往京给度牒，依中贵人卢姓者出家。后卢没，山负其骸归，瘗寺左。"⑩此"中贵人卢姓者"指卢亮节。

卢亮节是邓原义父，邓原有感于僧云山背负其义父卢亮节葬于福寿院旁，为此捐资重修拓建福寿院，并刻明宪宗敕谕碑于此。

> 卢嗣子御马监太监邓原镇闽，高其义，捐金无算，令广造殿阁，刻孝宗敕书于寺碑⑪。

由于云山与卢亮节相交，因此结识卢亮节义子邓原。

邓原由御马监太监出任镇守福建太

---

① ［明］陈洪谟修，中国人民政治协商会议福建省漳州市委员会整理：(正德)《大明漳州府志》卷三十四《外纪·漳浦县寺观考》下册，厦门大学出版社，2012年，第2064页。
② ［明］罗青霄修纂，福建省地方志编纂委员会整理：《漳州府志》卷二十《漳浦县·杂志》下册，厦门大学出版社，2010年，第749页。
③ ［明］闵梦得修，中国人民政治协商会议福建省漳州市委员会整理：(万历癸丑)《漳州府志》卷三十三《方外志》下册，厦门大学出版社，2012年，第2161页。
④ ［清］陈汝咸修：(康熙)《漳浦县志》卷二《方域志下》，清康熙四十七年（1708）刻本，第17页。
⑤ ［明］陈洪谟修，中国人民政治协商会议福建省漳州市委员会整理：(正德)《大明漳州府志》卷三十四《外纪·漳浦县寺观考》下册，第2065页。
⑥ ［明］陈洪谟修，中国人民政治协商会议福建省漳州市委员会整理：(正德)《大明漳州府志》卷三十四《外纪·漳浦县寺观考》下册，第2064页。
⑦ ［明］黄仲昭修纂，福建省地方志编纂委员会主编：《八闽通志》卷七十七《寺观·漳州府》下册，第832页。
⑧ ［明］闵梦得修，中国人民政治协商会议福建省漳州市委员会整理：(万历癸丑)《漳州府志》卷三十三《方外志》下册，第2161页。
⑨ ［清］陈汝咸修：(康熙)《漳浦县志》卷二《方域志下》，清康熙四十七年（1708）刻本，第17页。
⑩ ［清］陈汝咸修：(康熙)《漳浦县志》卷二《方域志下》，清康熙四十七年（1708）刻本，第17—18页。
⑪ ［清］陈汝咸修：(康熙)《漳浦县志》卷二《方域志下》，清康熙四十七年（1708）刻本，第18页。

2. 邓原立碑前已扬名江西

邓原镇守福建前曾镇守江西。该碑虽对邓原有谆谆告诫，实际上邓原早在镇守江西时已宦绩突出。邓原在明宪宗时担任镇守江西太监，明宪宗去世后，明孝宗予以留任。"先是，原镇江西，安静不扰，郡县长贰来谒，谆谆以爱恤小民为劝，有非法酷虐者，原廉得辄以其刑刑之。尝因事过郡邑，学官诸生请谒文庙，原辞之曰：'吾辈明教中罪人，何面目见先圣哉！'竟不往"①，此"明教"应改作"名教"。邓原深得明孝宗器重，为其镇守东南边疆，源于邓原早在明宪宗时即深受信任。原来，邓原于成化二十二年（1486）八月已任江西镇守太监。成化二十二年八月"癸酉朔，改调巡抚江西都察院右佥都御史闵珪为广西按察使。时南安、赣州等府盗贼窃发，珪及镇守太监邓原、巡按御史张甯各奏其事"②。

邓原建议宽待地方官员。成化二十二年九月"辛酉，复江西布政司左参政张琳、按察司佥事李辙、署都指挥佥事谢智俸。初，琳等以强盗周信等九十六人未获，俱停俸捕盗。至是镇守太监邓原奏琳等所捕未获者止二人，事下兵部议，乃复之"③。

邓原于成化二十三年（1487）据实上奏江西动乱实情，揭示乱民大多来自福建汀州，申请福建地方官严加惩处。成化二十三年五月"丁未，以河南左布政使李昂为都察院右副都御史，巡抚江西。时镇守江西太监邓原等奏：'二月二十八日，流贼五百余人至广昌县境，肆行劫掠，知县庄英率众御捕被害，贼因乘胜突入县治，放狱囚，掠官库，公私罄尽。察其语音，率多近境汀州之人，请敕福建镇守等官严加剿捕。'事下兵部，言：'贼聚众至五百余，盖非一日，使为牧守者能遏绝于窃发之初，必无今日之祸。今贼势既张，方行申达，而又委罪他人，玩寇殃民，旷职误事，岂宜轻贷？请檄邓原等选委三司官严督府县卫所兵民剿获贼徒，否则如例停俸，仍移文湖广、广东镇巡等官互相缉捕，且江西比岁灾荒，所在盗发，请简命巡抚宪臣一员，以专委任。'上责守备、巡守等官如兵部言，复以三司掌印官坐视其患，令邓原等究贼发日为始，俱如例停俸，令急捕贼，命所司举堪任巡抚者以闻，乃以命昂"④。

邓原奉旨督促江西地方官剿捕南安府盗贼。成化二十三年八月戊辰朔，"镇守江西太监邓原奉旨，以安南等处盗贼杀掠所在具巡守、巡捕等官名上，且以分巡佥事钱山、分守都指挥谢智、右参政秦民悦、守备指挥戴贤并巡捕等官获盗未尽，俱宜治罪。命山等且免问，仍停俸缉捕"⑤，此"安南"应改作"南安"。

---

① ［明］徐光祚监修：《明武宗实录》卷七，《明实录》第8册，台湾"中研院"历史语言研究所校印，1962年，第223页。
② ［明］张懋监修：《明宪宗实录》卷二百八十一，《明实录》第6册，台湾"中研院"历史语言研究所校印，1962年，第4733页。
③ ［明］张懋监修：《明宪宗实录》卷二百八十二，《明实录》第6册，第4779页。
④ ［明］张懋监修：《明宪宗实录》卷二百九十，《明实录》第6册，第4898—4899页。
⑤ ［明］张懋监修：《明宪宗实录》卷二百九十三，《明实录》第6册，第4968页。

邓原深受明孝宗信任。弘治二年（1489）邓原奏请裁革十一县添设官员，吏部认为可行，建议一并裁革汀州府上杭、武平二县添设官员。其时邓原仍任江西镇守太监。弘治二年十月戊子，"镇守江西太监邓原以地方稍宁，裁革赣县、宁都、兴国、广昌、信丰、会昌、雩都、石城、瑞金、龙南、安远十一县先年奏准添设管民快县丞各一员。吏部因请并福建上杭、武平二县添设县丞裁革。从之"①。

邓原于弘治七年（1494）奏请改革袁州卫官军，加强武备，获兵部支持。弘治七年十月癸酉，"镇守江西太监邓原奏：'袁州卫官军往年尝调二百人守备宁县，八十四人守备新昌，今袁州自有寇贼，乞取原调宁县者归本卫操守。'兵部覆奏，并新昌者取回，仍命守臣谕令两县各佥选民快自守，有警调附近卫所官军相兼备御"②。

邓原于弘治八年（1495）奏请增设巡抚都御史，以赣州府为治所，分管江西南安、赣州、建昌三府，福建汀州府，广东潮州、惠州、南雄三府，湖广郴州直隶州，获得批准。弘治八年四月辛巳，"升广东左布政使金泽为都察院右副都御史，巡抚江西、南、赣等处。先是镇守江西太监邓原奏：'南、赣二府界福建、广东、湖广之交，流贼出没，事无统一，难于追捕，以致盗贼猖獗，地方不宁。宜增设巡抚都御史一员，专以赣州为治所，兼理南安、赣州、建昌三府，及广东之潮、惠、南雄，福建之汀州，湖广之郴州等处捕盗事。其南赣兵备副使暂为裁革。'兵部覆奏，诏从其议。巡抚官命吏部会推，故有是命。赐之敕曰：江西、福建、广东、湖广各布政司地方交界，去处山高岭峻，树林蒙密。累有盗贼生发，流劫县治，杀虏人民。东追则西窜，南捕则北奔，且因地连各境，事无统属，彼此推调回护，以致盗贼横行肆暴，略无畏惧。先年尝准镇守等官奏请，添设都御史一员，在彼巡抚总督后，因地方宁息革去。今镇守江西太监邓原又以为言，事下兵部覆奏，宜允其请。特升尔前职，巡抚江西南安、赣州、建昌，福建汀州，广东潮州、惠州、南雄各府，湖广郴州地方"③。此官职设置意义重大，正德年间的王守仁即出任此职，先后平乱漳南、平定朱宸濠叛乱。

邓原是否按照明孝宗敕谕内容执行？这就要从邓原镇守福建的事迹说起。

二、邓原镇闽事功及其影响

1. 邓原镇闽宦绩

《皇帝敕谕》碑显示，邓原本是御马监太监，却在镇守福建任上获得分管银场、操练军马、修葺城池等重任，邓原是否适任此职？答案是肯定的。邓原自弘治十年到正德元年（1497—1506）镇守福建，宦绩突出，备受明孝宗器重，深得军民爱戴。邓原福建事功分述如下。

邓原关注海防，于弘治十三年（1500）

---

① ［明］张懋监修：《明孝宗实录》卷三十一，《明实录》第7册，第684页。
② ［明］张懋监修：《明孝宗实录》卷九十三，《明实录》第7册，第1711—1712页。
③ ［明］张懋监修：《明孝宗实录》卷九十九，《明实录》第7册，第1829—1830页。

奏请改革福建备倭武官更换时间、巡海官员出巡时间，获明孝宗批准。弘治十三年三月"戊寅，命福建备倭把总指挥五年一更，总督巡海官三月一次出巡，互相更代，并行辽东等处，从镇守太监邓原奏也"①。

邓原于弘治十五年（1502）据实奏报平乱福建官军，奏请安抚遭乱民胁迫逃回的百姓，获兵部支持。弘治十五年五月癸巳，"录辽东义州及西川州等处杀贼官军，升赏有差。福建沙县贼首胡天秀聚众三百余人，劫掠南、沙二县，分巡副使曾昂督延平府同知丁隆等率兵剿之，斩捕百四十七人，擒四十人，惟天秀未获，至是就擒，镇守太监邓原、巡按监察御史陈玉以闻。原又言首贼及党恶既获，其被胁逃回者请抚令安业。兵部覆议，从之"②。

邓原于弘治十六年（1503），因平定福建延平府沙县盗贼有功而获明孝宗赏赐。弘治十六年三月丙子，"录福建沙县平贼功，升九品散官者十二人，给赏者三百八十六人。赏镇守太监邓原彩段二表里"③。

邓原义父卢亮节故里漳浦县在弘治十八年（1505）遭到广东流动盗贼攻劫，邓原奏请改漳州卫千户所为南诏守御千户所，获兵部认可。弘治十八年二月乙酉，"广东流贼二百余人攻劫福建漳浦县南诏城驿库，放遣囚徒，肆掠居民货物，男妇死者五人，被执留者三十余人。镇守福建太监邓原以闻，且请移漳州卫千户所为南诏城守御千户所，以便防御。兵部覆奏，谓所言可行"④，此"漳州卫千户所"具体是"漳州卫后千户所"⑤。

邓原于弘治十八年（1505）擒获福建建宁府建安县作乱者，兵部据此讨论福建地方安定问题，获明孝宗嘉奖。弘治十八年八月戊寅，"福建镇守太监邓原奏擒获建安妖贼刘宗保等三十七人。兵部覆议：'福建屡有贼情，先后捕获，而守臣奏报，未尝张大其事以觊恩典，其与小警则虚张声势以请兵，事平则历叙功劳以要赏者稍异，宜加旌别以示激劝。'上赐敕奖励"⑥。《闽书》披露"并言：'福建太监邓原、浙江太监麦秀，二人为舆论所与，请亦敕旌，仍遍谕他镇，使知感发。'从之"⑦。

邓原在明孝宗心目中具有重要地位："上有所遣内官，亦时时问曰：'得如邓原、麦秀者否？'"⑧此"上"指明孝宗。邓原于弘治十八年（1505）上疏请求谢事，福州等地军民前往巡按御史处乞求留任。弘治十八年十一月壬辰，"镇守福建太监邓原欲疏求谢事，福州等府卫军民群赴巡按御史饶榶处诉乞转奏借留。榶以闻，言原端

---

① ［明］张懋监修：《明孝宗实录》卷一百六十，《明实录》第7册，第2877页。
② ［明］张懋监修：《明孝宗实录》卷一百八十七，《明实录》第7册，第3453页。
③ ［明］张懋监修：《明孝宗实录》卷一百九十七，《明实录》第7册，第3638页。
④ ［明］张懋监修：《明孝宗实录》卷二百二十一，《明实录》第7册，第4178页。
⑤ ［明］陈洪谟修，中国人民政治协商会议福建省漳州市委员会整理:(正德)《大明漳州府志》卷二十八《兵纪·兵政志》下册，第1727页。
⑥ ［明］徐光祚监修：《明武宗实录》卷四，《明实录》第8册，第143页。
⑦ ［明］何乔远编撰：《闽书》第2册卷四十五《文莅志》，福建人民出版社，1994年，第1121页。
⑧ ［明］何乔远编撰：《闽书》第2册卷四十五《文莅志》，第1121页。

厚简重,练达老成,宽仁俭素,抚驭有方,宜顺民情,留处其地,毋辄听其休致。下其章于所司"①。《闽书》据此书写:"正德初,疏求谢事,福建军民群赴巡按御史恳,乞奏留。御史以闻。"②

邓原宦绩为世人所知,"及移任之闽,所过百姓遮道愿留。原去后,继之者需求四出,人益思之"③。正德元年七月癸未"户科都给事中张文、右给事中倪议、给事中刘茞、薛金,以灾异应诏陈言五事""福建邓原以安静取回"④。正德元年七月"戊子,监察御史赵佑"述及"镇守内臣邓原、麦秀颇简静不扰,而刘璟、梁裕乃挤而代之"⑤,"刘璟"即刘瑾。梁裕是邓原的继任,本是御马监太监,通过攀附刘瑾而取代邓原。正德元年六月,"辛亥,太监陈宽传旨,以御马监太监梁裕镇守福建"⑥。《闽书》指出"时群小用事,夤求出镇,竟挤而代之。既至,需求四出,民益思原焉"⑦,此"群小"指刘瑾掌权。梁裕因攀附刘瑾,得以出镇福建,四处搜刮。

福建"太监镇守始于正统"⑧,邓原是唯一获得何乔远《闽书》立传的福建镇守太监,具有较高的历史地位。

邓原宦绩突出与其自身努力密不可分,皇帝敕谕碑对邓原亦起到了积极的促进作用。皇帝敕谕碑被邓原立于其义父卢亮节墓地附近,起到了时时告诫的作用。促使邓原倍加努力,时常提醒自己,最终功成名就。

2. 碑铭历史影响

《皇帝敕谕》碑在漳浦产生了深远的影响,引起后世名人关注,他们先后探访福寿院,为之题字并撰写序文。

首先,该碑促成王守仁再传弟子李材于明末谪戍讲学期间游历福寿院,并为之题字。

李材,曾任都察院右佥都御史、提督军务、抚治郧阳,万历二十一年(1593)谪戍福建镇海卫,讲学数载。李材在此期间,先后为福寿院题写"法堂"、福寿院前山石中题写"修身为本"。

> 李见罗戍镇海时,为书"法堂"二大字,今存⑨。

> (李见罗)又尝游七都福寿院,书"法堂"二字,末署李材书,今存。亦有"修身为本"四大字,勒院前山石中⑩。

---

① [明]徐光祚监修:《明武宗实录》卷七,《明实录》第8册,第223页。
② [明]何乔远编撰:《闽书》第2册卷四十五《文莅志》,第1121页。
③ [明]徐光祚监修:《明武宗实录》卷七,《明实录》第8册,第223—224页。
④ [明]徐光祚监修:《明武宗实录》卷十五,《明实录》第8册,第450页。
⑤ [明]徐光祚监修:《明武宗实录》卷十五,《明实录》第8册,第468页。
⑥ [明]徐光祚监修:《明武宗实录》卷十四,《明实录》第8册,第417页。
⑦ [明]何乔远编撰:《闽书》第2册卷四十五《文莅志》,第1121页。
⑧ [明]何乔远编撰:《闽书》第2册卷四十五《文莅志》,第1120页。
⑨ [清]陈汝咸修:(康熙)《漳浦县志》卷二《方域志下》,清康熙四十七年(1708)刻本,第18页。
⑩ [清]陈汝咸修:(康熙)《漳浦县志》卷十九《杂志》,清康熙四十七年(1708)刻本,第27页。

"李见罗"指李材，号见罗。李材师从王守仁高足邹守益，属江右王门成员，创立止修学派。

"李材，字孟诚，江西丰城人。以巡抚中丞坐事（前任云南报功差级）谪戍镇海""居数载归，卒于家"①，此"镇海"指福建镇海卫。李材"至漳，自郡邑大夫，下逮子衿，咸执弟子礼焉。于巡抚敬庵许公，督学匡岳徐公称师友。修改道原堂为讲学书院"②，其"别号见罗，今海内论学者率以见罗先生为宗"③，李材在漳州"凡名山磨厓、胜地梵宇，必勒书四大字"④，其中包括福寿院。

李材作为地方名宦、阳明后学代表人物之一，为何会为与太监历史渊源深厚的福寿院题字？究其原因有二：

其一，李材故里江西曾是邓原镇守之地，李材出身江西卫所军户，对关注江西卫所的名宦邓原早有了解。《明嘉靖四十一年进士题名碑录（壬戌科）》载："李材，江西南昌府丰城县军籍。"⑤

其二，李材与闽宦、闽人关系密切，闽人对邓原推崇备至，尤其是邓原曾请调戍漳州卫千户所为南诏守御千户所。李材谪戍福建镇海卫，是军籍进士，又与卫所军户关系密切，这一切最终促成他的福寿院之行，并接连为福寿院题字。

总之，李材福寿院之行及其题字之举，既是李材传播阳明心学及其止修学派思想、扩大学派影响之举，又有凭吊先贤邓原之意。

其次，该碑促成黄道周门人张若仲在清初隐居期间，为僧人实崇重修福寿院撰写序文。

张若仲，与其兄张若化齐名，"乡人称若仲兄弟为'丹山二先生'"⑥，"崇祯丙子与兄若化同举于乡，庚辰成进士，例选州牧。性廉静，不愿任繁剧，改授益府长史。居官清俭简贵，以礼匡宗藩，请崇宽大，戒严切。不纳，以去就争之，益藩为之改容。无何，以母病乞休归里……鼎革后，焚弃笔砚，山居五十年"⑦。张若化"弱冠，师事黄道周"⑧，曾探望身陷牢狱的黄道周，"而弟若仲以庚辰捷南宫，因留京师。时道周以言事下北寺狱，若化青衣小帽杂厮役中，时时进狱问起居，倾耳左右之"⑨。

---

① ［明］闵梦得修，中国人民政治协商会议福建省漳州市委员会整理：（万历癸丑）《漳州府志》卷二十四《人物志九》下册，第1699页。
② ［明］闵梦得修，中国人民政治协商会议福建省漳州市委员会整理：（万历癸丑）《漳州府志》卷二十四《人物志九》下册，第1699页。
③ ［明］闵梦得修，中国人民政治协商会议福建省漳州市委员会整理：（万历癸丑）《漳州府志》卷二十四《人物志九》下册，第1699页。
④ ［明］闵梦得修，中国人民政治协商会议福建省漳州市委员会整理：（万历癸丑）《漳州府志》卷二十四《人物志九》下册，第1699页。
⑤ ［清］李周望辑：《明清历科进士题名碑录》第2册，台北华文书局股份有限公司，1969年，第856页。
⑥ ［清］陈汝咸修：（康熙）《漳浦县志》卷十五《人物志上》，清康熙四十七年（1708）刻本，第67页。
⑦ ［清］陈汝咸修：（康熙）《漳浦县志》卷十五《人物志上》，清康熙四十七年（1708）刻本，第66页。
⑧ ［清］陈汝咸修：（康熙）《漳浦县志》卷十五《人物志上》，清康熙四十七年（1708）刻本，第65页。
⑨ ［清］陈汝咸修：（康熙）《漳浦县志》卷十五《人物志上》，清康熙四十七年（1708）刻本，第65页。

张若仲作序时，福寿院已非邓原所见旧物，而是经历了僧定心康熙八年（1669）修葺。

> 国朝康熙八年，僧定心披榛觅路修葺之。厥后，僧实崇等更其旧制，缙绅张若仲为之序①。

张若仲作为名宦、名儒、隐士，为人耿介，崇尚礼义，缘何为与太监渊源深厚的福寿院作序？除张若仲与僧实崇有交外，另有两个原因。

其一，张若仲是邓原义父卢亮节故里漳浦同乡，亦是邓原同乡的后生，深知邓原备受福建百姓爱戴，对这位在其故里声名远扬的先贤油然景仰。

其二，张若仲虽在明清鼎革后隐居山中，其为福寿院重修作序已是遗老身份，于此述及福寿院由来并提及邓原历史渊源，具有缅怀故国忠臣邓原之意。

康熙《漳浦县志》详载福寿院沿革始末及皇帝敕谕碑由来及其影响，究其原因，与李材与张若仲有关。主修该志的漳浦知县陈汝咸因推崇李材与张若仲，而倍加关注与之相关的福寿院。

首先，陈汝咸于该志多处提及福寿院。陈汝咸推崇李材，于该志述及李材轶事，由此提及李材先后为福寿院两次题字。

其次，陈汝咸推崇张若仲，于康熙三十七年（1698）申请将张若仲入祀漳浦县乡贤祠。"康熙三十七年，知县陈汝咸详请同祀乡贤"②。

三、结 语

综上所述，我们得出以下三点结论：

第一，该碑具有较高的史料价值。该碑弥补了邓原镇守福建的文献记载不足，有助于了解明代镇守太监制度，揭示了闽南地方社会的历史变迁。该碑对明代太监义父与义子习俗研究多有裨益，可管窥太监对其义父故里的态度及其对义父的情感。邓原到任福建时间仅见该碑记载，未见《明孝宗实录》及为邓原立传的何乔远《闽书》记载。从该碑无必要伪造邓原到任福建时间来看，虽为孤证，所载却是可信的。《明孝宗实录》先后记载邓原担任镇守江西太监、镇守福建太监，似乎邓原仅先后任江西、福建两地镇守太监，该碑却显示邓原由御马监太监出任镇守福建太监，由此可知邓原担任镇守江西太监后，曾一度回京担任御马监太监，继而出任镇守福建太监。邓原担任镇守福建太监前，对福建已有深刻的认识。邓原在镇守江西太监任上，发现来自福建汀州府的乱民，为此建议增设南赣巡抚管理福建汀州府。该碑填补了地方志记载的不足。何乔远与漳浦县军籍进士林茂桂交往密切，有助于何乔远《闽书》搜集地方史料。何乔远于漳州府长泰县天柱山自述："予以万历甲辰，与林德芬、戴亨融至此山中。"③"万历甲辰"指万历三十二年甲辰（1604），

---

① ［清］陈汝咸修：（康熙）《漳浦县志》卷二《方域志下》，清康熙四十七年（1708）刻本，第18页。
② ［清］陈汝咸修：（康熙）《漳浦县志》卷十五《人物志上》，清康熙四十七年（1708）刻本，第67页。
③ ［明］何乔远编撰：《闽书》第1册卷二十九《方域志·漳州府·长泰县》，第699—700页。

"林德芬"指林茂桂,字德芬。《明万历十四年进士题名碑录(丙戌科)》载:"林茂桂,福建镇海卫军籍。"① 具体出身福建镇海卫陆鳌守御千户所。然而,何乔远《闽书》邓原传仅参考《明孝宗实录》记载,却未关注《皇帝敕谕》碑铭内容,导致阙载邓原到任福建时间、未提邓原曾任御马监太监。

第二,邓原是自正统十四年(1449)以来,影响最为深远的福建镇守太监。邓原虽是宦官,却能提出极具军事战略意义的意见与建议,应与邓原具有远见卓识以及从善如流有关。作为宦官,却能够深受军民士子的爱戴,除与他忠君爱国、尊师重教、深谋远虑密不可分外,还与正德、万历年间宦官专权,百姓怨声载道有关。李材、张若仲先后探访与邓原渊源深厚的福寿院,同二人的经历有关。李材其时被万历帝下令谪戍明朝海疆,不免会关注皇帝心腹,邓原正是皇帝在福建的著名心腹。张若仲时为隐士,于此有思念故国、缅怀先贤之感。李材、张若仲本是邓原镇守之地江西、福建的后生,邓原获其宦游地后生的景仰,究其原因,与他为地方社会安定发挥了积极作用、对待孔庙及其背后的儒家学派的态度有关,应结合历史人物的经历深入考察。

第三,当前碑铭研究应重点进行文本分析,方能达到重建史实、重写历史的目的。应还原碑铭的书写过程及其竖立过程,围绕碑铭的书写、竖立、展示、保存及内容更改、空间变迁,分析其成因及目的,揭示其时代意义。应置身于更为广阔的时空深入考察。既要结合与碑铭相关的文献记载比较研究,又要充分认识文献记载的局限性。应还原文本的书写过程,考辨其受到选择性记忆处理的内容,并分析其动机与影响。

---

① [清]李周望辑:《明清历科进士题名碑录》第2册,第1003页。

《清·孙氏绘〈红楼梦〉画册》的递藏与流转之谜

许军杰

中央美术学院人文学院

内容提要：《清·孙氏绘〈红楼梦〉画册》是一部创作于唐山、重现于上海、度藏于大连、成名于北京的传奇红楼绘本，关于画册在完成后到入藏上海文物保管委员会之间的递藏过程，一直是学界的未解之谜。画册里粘附的230张签条是此过程中的重要物证，上面由早期收藏者书写了相应画面的图名。这些图名大部分取自原著回目，其余则是根据画意新拟。从取自原著回目的图名来看，其中存在讹误、空题、错位、反序等复杂情况，收藏者所参照的底本为光绪十五年（1889）沪上石印本《增评补像全图金玉缘》或其翻印本。画册在完成之后，一直珍藏在家中。1958年或次年，画册经孙允谟次孙孙力余之手捐赠给上海文物保管委员会，很快便由上海文物保管委员会调拨旅顺博物馆，收藏至今。

关键词：递藏　签条　底本　《增评补像全图金玉缘》　孙力余

《清·孙氏绘〈红楼梦〉画册》（以下简称"孙氏画册"）是孙温、孙允谟伯侄至少历时53年合力完成的稀世巨作，其创作最早不晚于1877年，最晚不早于1930年，两人至少有18年的创作交叉阶段①（图1）。1959年7月，画册从上海文物保管委员会拨交旅顺博物馆。画册在完成之后是如何入藏上海文物保管委员会的？这其间的流

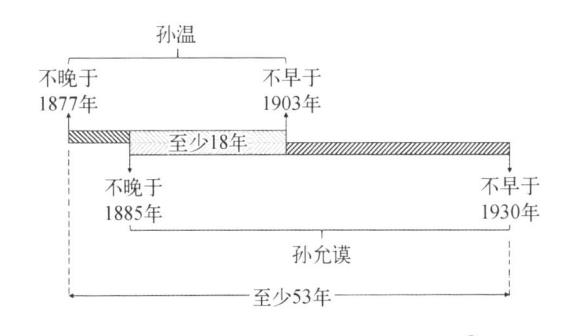

图1　孙温、孙允谟的创作时间图示②

---

① 许军杰：《〈清·孙氏绘红楼梦画册〉创作过程及绘者生卒年考论》，《红楼梦学刊》2023年第1辑。
② 此图示为笔者原创绘于2023年5月。长沙博物馆在2023年7月举办了"谁谓情深画不成——清孙温、孙允谟绘《红楼梦》画册展"，策展人方芳女士未经笔者同意便在展览中擅自使用，甚至在后续新闻报道中将笔者的首发观点张冠李戴给他人。

传经过无疑是画册递藏过程中的重要一环，然而因为资料欠奉，一直是学界的未解之谜。本文试图从画册中粘附的回目签条入手考察，结合实物和采访资料，补白这段历史。

一、签条的基本情况与特点

孙氏画册原件为推蓬装（即上下开合的蝴蝶装），共计230幅画面。在每幅画面对开的空白页上，皆粘有一张签条，上面书写了相应画面的名称（图2）。在以往十余次的画册展览中，采取的基本都是将画页装框的展陈方式，画心页露出，签条页往往被衬纸遮盖，因此这部分重要的文字信息长时间未得到研究者的关注。

自2004年至今，画册的影印出版物层出不穷，笔者手中有作家出版社2004年版、连环画出版社2015年版、作家出版社2016年版、上海古籍出版社2019年版、北京时代华文书局2019年版、中国青年出版社2021年版6种，此外还有一种瓷绘本（中国书店2015年版）。经过比对，作为图名收入以上出版物中的签条文字内容均不尽相同，甚至同册中内文图名与附录图名亦有出入，有些版本则干脆完全另拟图名，这些情况给研究带来了不小的困扰。

2023年初，笔者应雅昌文化集团之邀为孙氏画册编文撰稿[①]。鉴于已经发现过往出版物在图名上出现的种种问题，为使收藏者和研究者最大程度了解文物原貌，于是产生了整理一版忠实于原件的签条图名的想法。在旅顺博物馆馆方的大力支持下，笔者有幸获观了完整的签条照片。

统而观之，在全套画册中，除首册首开及第三开的签条是由毛笔所书，其余画面上的签条皆是以黑色或蓝色的硬笔写成。每开画面的图名或长或短，一至四句不等，每句为八字[②]，图名下还写有对应的原著回数。经笔者统计，230张签条上共有文字325句，其中大部分取自原著回目，其余则是根据画面情节新拟。

在《红楼梦》铅石印本的绣像系统里，常以240幅回目画表现120回文本内容，回目题于画上，画面内容一般严格对应回目文意。到了晚期，书坊出于节省成本的考虑，将回目画数量削减为120幅或60幅，即以一幅回目画表现一回或两回情节，多个场景间以树木、山石、云纹等元素做自然分割。孙氏画册并未遵循这样的传统规格，而是体现出较强的自由性——表现每回情节的图幅数量少至一幅，多至十余幅，也偶将两回情节合置于一幅，有些章回甚至没有独立的画面。最终产生了120条原著回目既不够用，有些还需要舍弃的问题，

图2　画册的首册首开对页

[①] 此书已由故宫出版社于2023年8月出版。
[②] 第六册第四、六、七开图名因数字编序多出一字，第十二册第三开图名因漏写"祠"少一字。

这便是有些图名需要新拟的原因所在。

如果从文本角度审视签条上的图名，其中存在讹误、空题、错位、反序等复杂情况，下面逐一讨论。

（一）讹误

1. 讹误的第一种情况是图名中有不少错别字，兹举数例：

第一册第五开"贾雨村风尘坏闺秀"之"坏"应作"怀"；

第一册第八开"贾雨村用桥接娇杏"之"桥"应作"轿"；

第二册第四开"宝玉痴狂很摔那玉"之"很"应作"狠"；

第二册第五开"门子私室蜜禀权势"之"蜜"应作"密"；

第五册第二开"林黛玉却赐芩香串"之"芩"应作"苓"；

第七册第八开"荣国府宝钗故生辰"之"故"应作"做"；

第十二册第六开"欺幼主刁奴蓄检心"之"检"应作"险"；

第十二册第十开"杏子阴假凤泣虚凤"之"虚凤"应作"虚凰"；

第十九册第二开"送果品小郎惊巨测"之"巨"应作"叵"；

第廿三册第五开"候门女寄身乡村中"之"候"应作"侯"。

2. 讹误的第二种情况是图名与画面完全无关，共计五例：

第一册第五开"冷子兴演说荣国府"属于接续"贾雨村风尘怀闺秀"的惯性误写，同册末开才绘及此情节；

第六册第五开所绘为原著第十七回贾政带领众人进入怡红院的场景，图题"贾政游园同归书房"属同一回内情节，同册第八开绘及；

第十六册第六开所绘为原著第八十一回黛玉劝宝玉考取功名，宝玉心中不悦的场景，图题"贾宝玉伤心述缘故"则指的是同回目王夫人问询宝玉为何泣泪，宝玉答说为迎春而伤心；

第十八册第二开所绘为原著第八十七回众姊妹探望黛玉，黛玉看到旧物簌簌泪下的场景，图题"薛姨妈照看荣国府"属于同回情节，在画面中并未体现；

第廿一册第六开所绘为原著第一百〇九回"候芳魂五儿承错爱"情节，图题"施毒计金桂自焚身"属于未辨清画面内容，接续前幅情节的惯性误写。

3. 讹误的第三种情况是题签者对于原著文本的误解，如：

第一册第八开"贾雨村用桥（按：应作'轿'）接娇杏"表述不确，原文为封肃"乘夜只用一乘小轿，便把娇杏送去了"①，并非贾雨村主动来接。

第二册第三开"林黛玉初至宁国府"及第八册第二开"宝玉问病至宁国府"均属未弄清贾赦院的地理方位，把属于荣国府的贾赦院当作了宁国府的一部分。

（二）空题

空题指的是图名中的部分文字内容未在画面中体现，如：

第七册第五开所绘为原著第十九回宝玉撞见茗烟和卍儿偷情及"意绵绵静日玉

---

① ［清］曹雪芹著，无名氏续，程伟元、高鹗整理：《红楼梦》，人民文学出版社，2022年，第22页。

生香"两处情节，图名中只体现了前者，遗漏了后者，多出未绘及的"情切切良宵花解语"应属于对画面内容误判；

第九册第十开所绘为原著第三十五回"白玉钏亲尝莲叶羹"及第三十六回"绣鸳鸯梦兆绛芸轩"两处情节，图名中只体现了前者，遗漏了后者，多出未绘及的"黄金莺巧结梅花络"；

第十册第二开所绘为原著第三十八回众人在藕香榭饮宴吃螃蟹的情节，图名中多出未绘及的"蘅芜院夜拟菊花题"；

第十二册第一开所绘包括图名中"胡庸医乱用虎狼药"及"俏平儿情掩虾须镯"两处情节，未绘及图名中的"薛小妹新编怀古诗"；

第十二册第十开所绘包括"杏子阴假凤泣虚凤（按：应作'凰'）"，未绘及图名中的"茜纱窗真情揆痴理"；

第十四册第九开所绘包括图名中"鸳鸯女无意遇鸳鸯"情节，未绘及图名中的"嫌隙人有心生嫌隙"，等等。

（三）错位

错位指的是画面的相应图名出现在相邻前后页。如第十册第八开"王凤姐摆饭秋爽斋"应归入上一幅图名中；第十一册第八开"脂粉香娃割腥啖膻"应归入下一幅图名中。

（四）反序

反序指的是图名中的情节顺序与实际发生顺序相反，分为两种不同情况。

1. 反序的第一种情况产生于一幅图名内，即前后两句叙次颠倒。与如第三册第六开"薛宝钗巧合认通灵　贾宝玉奇缘识金锁"、第四册第一开"张太医论病细穷源　金寡妇贪利权受辱"、第四册第二开"见熙凤贾瑞起淫心　王熙凤问病秦可卿"、第五册第二开"贾元春才选凤藻宫　林黛玉却赐芩（按：应作'苓'）香串"、第八册第八开"埋香冢黛玉泣残红　花园中暇游观鹤舞"、第十六册第三开"美香菱屈受贪夫棒　公子替人担心虑后"、第廿一册第四开"散花寺神谶占异兆　大观园月夜警幽魂"、第廿三册第二开"惜春出家玉漏因果记微嫌舅兄欺弱女"等都属此类情况。这是因为画家作画时常将一回或两回内多个情节合绘于一幅画面中，而题签者在书写图名点明场景时，却并未严格遵循原著文本的情节逻辑。

2. 反序的第二种情况产生于相邻的两幅图名中。第十六册第二开图题"怡红公子悲别成疾"，第十六册第三开图题"美香菱屈受贪夫棒　公子替人担心虑后"，若按情节逻辑，前者发生于后者两个情节之间。同样的，第廿三册第八开图题"接家书得悉政返家"，第廿三册第九开图题"花袭人梦幻僧宝玉　贾琏为孤女托乡姥　合家团圆悲喜交欢"，前者发生于后者三个情节之间。这是由于画家将"怡红公子悲别成疾""接家书得悉政返家"两个情节单独拿出，画为前幅；而将在此之前发生的"公子替人担心虑后""花袭人梦幻僧宝玉"与在此之后发生的其他情节进行了合并，画为后幅，因而题签者亦不得不反序题名。画家这样处理通常是出于画面需要，有时会收获意想不到的效果。如第十六册第三开经过调整，将薛蟠成亲前奔波前后、满怀期待的香菱和薛蟠成亲后遭到痛打、满腹委屈的香菱绘于一幅画面中，形成鲜明的对比，不仅深化了香菱命运的悲剧色彩，也提升了画面的艺术感染力。

二、签条的书写者、书写时间及参照底本

或问，签条上这些文字是何人所写？是画家本人吗？

细观全套孙氏画册，可以发现数开画面的画心边缘还有隐约可见的编号和图注，有些已经被蓝色绫边盖住了一部分，如第十九册第三开"纵淫心宝蟾工设计"、第廿二册第八开"贾宝玉悟道知因果"、第廿二册第九开"送慈柩故乡全孝道"、第廿三册第一开"欣聚党恶子独承家，一百一十七回其二"、第廿三册第二开"记微嫌舅兄欺弱女，一百一十八回"、第廿三册第三开"惊谜语妻妾谏痴人，一百一十八回"等。从它们的书写位置与构图的关系看，这些序号和图注当系画家完成后所写，方便排序统筹。在装池时，靠近边缘的图注为绫边所完全或部分遮盖，而更靠近画心的图注得以保留下来。

画册的最早研究者刘广堂先生认为，签条上的图名就来源于画面上原本的图注，是在装裱之前被人抄录下来并附在画册中[①]。通过前文对签条图名的分析，我们能够感觉到书写者文化水平有限，不仅常写错别字，而且对于画面内容明显也不那么熟悉，经常产生误判，笔者实难相信这会是精心创作的画家本人所为。如果按书写工具来区分，230张签条包含三种不同笔迹（图3）：

（一）用毛笔所写端正娟秀的小楷，这样的签条仅有两张。

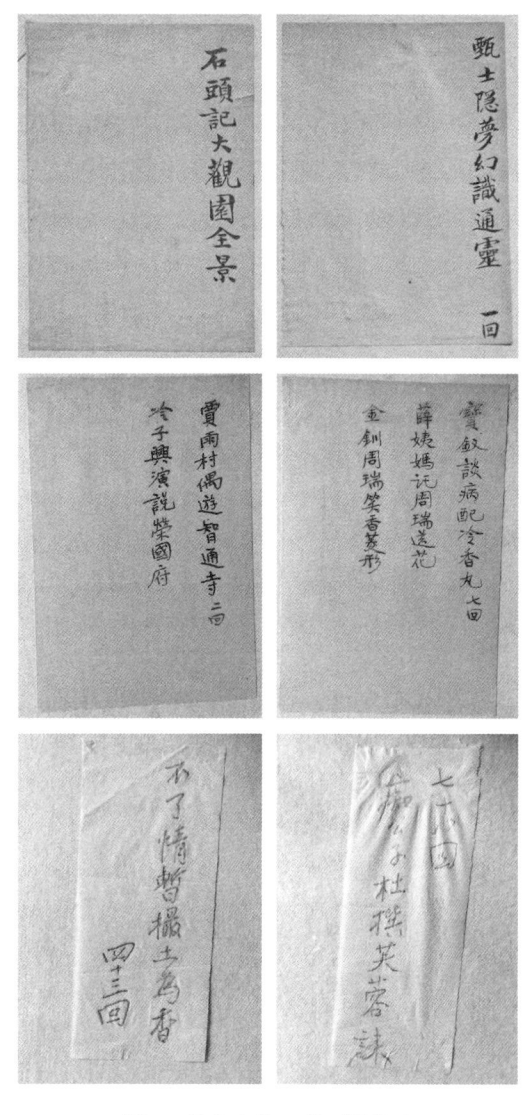

图3　签条中的三种不同笔迹

（二）出现比重最大的黑色钢笔字，字迹有时工整，有时十分潦草，图名中的问题皆存在于这种笔迹下。比对毛笔字与钢笔字中共有的"隐""灵"二字，写法完全不同，从而可判断非一人所书。

（三）还有少量几张签条是以蓝色圆

---

① 参见刘广堂：《丹青造奇境，痴绝画红楼——孙温绘全本〈红楼梦〉的特色、绘制年代及作者略考》，见刘广堂主编：《清·孙温绘全本〈红楼梦〉》，作家出版社，2004年，第234—235页。

珠笔写成的，所用纸张质地也和前两者不一样，但字迹与钢笔字较为接近，似为一人所写。1948年9月，中国第一支国产圆珠笔在上海诞生，所以这几张签条的书写时间只能在此之后。

综合种种迹象来看，230张签条的书写者应该至少有两人。笔者认为用毛笔的极有可能是画家本人，另一人应当是画册的早期收藏者。在画册装池完成后，收藏者为画面逐一书写了图名签条，贴在相应画面对开的空白页上，以作提示画意之用，但由于自身对于文本和画面的误解，产生了文字上的种种问题。

在取自原著回目的图名中，还存在不少独特的异文，这为我们考察书写者参照的底本提供了直接依据。那么，为什么会存在不同版本的回目文字呢？这有必要先回顾一下《红楼梦》的出版史。

在《红楼梦》的早期流传阶段，一直是以手抄本的形式出现。直到乾隆五十六年（1791），程伟元、高鹗对"竭力搜罗"来的抄本"细加厘剔，截长补短"，以活字摆印的方式出版了《新镌全部绣像红楼梦》，这是《红楼梦》的第一个刊本，俗称"程甲本"，标志着《红楼梦》出版史的开端。因程甲本"间有纰漏"，程、高二人又对其"详加校阅，补遗订讹"，次年又刊印了"程乙本"。程甲本、程乙本承上启下，尤其前者成为后世木刻本、铅石印本的祖本。民国十年（1921），亚东图书馆的汪原放在胡适的指导下，以道光十二年（1832）双清仙馆刻本《新评绣像红楼梦全传》为底本标点整理了第一部标点排印本《红楼梦》，自此开启了五花八门的排印本时代，延续至今。

从抄本到木活字本，到木刻本，再到铅、石印本，最后到现今的标点排印本，这些林林总总的版本揭示出《红楼梦》作为经典名著的复杂流变历程。在此过程中，《红楼梦》从未停止被修订，回目作为中国古典小说的特色和重要组成部分，亦是修订者的必改之地，他们"往往倾力于回目的反复推敲，斟酌选定最佳词语，这正是造成《红楼梦》诸抄本、刻本、印本回目不同的原因"[①]。且不仅不同版本间存在回目异文，甚至在同一个本子中，总目和回前目亦常常不能统一。这些回目异文一方面可以反映不同版本间的亲疏关系，另一方面自身也变成了版本标识。

再回头来看画册上的签条图名。首先，第九册第六开"椿龄画蔷痴及局外"、第十册第四开"村姥姥是信口开河"、第十六册第四开"王道士胡诌妒妇方"中的独特异文（见着重号内容）皆为显著的程本标志；其次，第三册第三开"宁国府宝玉会秦钟"、第廿二册第五开"王熙凤历劫返金陵"同于程甲本而异于程乙本，第九册第五开"多情女情重愈斟情"、第十八册第三开"感秋深抚琴悲往事"同于程甲本回前目而异于总目，第廿一册第四开"大观园月夜警幽魂"则同于程甲本总目而异于回前目；而第二册第二开"接外孙贾母怜孤女"、第七册第四开"天伦乐宝玉逞才藻"、第七册第七开"俊袭人娇嗔箴宝玉"、第八册第七开"滴翠亭宝钗戏彩蝶"、第八册第八开"埋香冢黛玉泣残红"、第九册第

---

① 郑铁生：《〈红楼梦〉回目程乙本优于程甲本和脂评本》，《文学与文化》2021年第3期。

八开"不肖种种大受笞挞"、第十三册第二开"荇叶渚边嗔莺叱燕 绛云轩里召将飞符"、第十五册第三开"惑奸谗抄捡大观园"、第十九册第十开"失通灵宝玉知奇祸"等却又完全异于程甲本。这些现象表明题签者使用的版本属于程甲本一系。

进一步与二十余种《红楼梦》的木刻本、铅石印本及标点本的回目比对，笔者发现只有以光绪十五年（1889）沪上石印本《增评补像全图金玉缘》为代表的"三家合评本"系列能与签条上的异文完全吻合。其中，总目里的第七回"赴家宴宝玉会秦钟"、第十八回"天伦乐宝玉呈才藻"、第五十九回"柳叶渚边嗔莺叱燕"虽与签条图名有异，而相应的回前目却都与签条图名一致。由此我们可以判定，孙氏画册的早期收藏者在书写题签时，参考的底本是《增评补像全图金玉缘》或其翻印本。

《红楼梦》的铅石印本大体划分为三个版本系统，分别是《增评补图石头记》系统、《增评补像全图金玉缘》系统及蝶芗仙史评订本系统。光绪十年（1884），第一套《红楼梦》石印本问世，即同文书局的《增评补图石头记》，此本因收录"护花主人"王希廉和"大某山民"姚燮的评语，被称为"两家合评本"。光绪十五年（1889），沪上石印本《增评补像全图金玉缘》[①]在前者基础上又加入"太平闲人"张新之的评语，故称"三家合评本"。《增评补像全图金玉缘》在清末被翻印甚多，流传较广者有1889年同文书局石印本、1892年上海石印本、1908年求不负斋石印本等，书名或改为《增评绘图金玉缘》《增评全图足本金玉缘》；民国时期，则有江东书局、舒屋山房、文明书局、扫叶山房的多种翻印本[②]。孙氏画册的早期收藏者获取此系统中某一版本作为日常阅读之用，是非常合情合理的事情。

三、画册的递藏过程

孙氏画册于1959年经上海文物保管委员会拨交旅顺博物馆，1991年被登记为珍贵文物，20世纪80、90年代被确定为国家一级文物。1989年因馆内展览，画册从册页拆为散页。2006年，由于出国展览需要，经国家文物局批准，将原号拆分成23个号重新登记。

关于画册为何流入沪上的缘由，房学惠女士首先做出了推测。她认为孙温、孙允谟绘制画册的目的是为了石印出版，"上海是当时的'通俗小说图像本的出版中心'，石印技术非常发达，收藏者准备将此《红楼梦》图册通过石印技术印刷成连环

---

① 关于此书，一粟《红楼梦书录》著录更早的版本还有"光绪十年（1884）甲申仲冬上海同文书局石印"本和"戊子（1888）仲冬沪上石印"本（上海古籍出版社，1981年，第60—62页）。对于前者，卷前序言署款时间为光绪十四年（1888），比牌记页的刊行时间晚4年，时间龃龉，加之此本实物未有他人见过，学界多疑信息著录有误或是此书为逃避书禁填早了出版时间。对于后者，颜彦《中国古代四大名著插图研究》著录浙江省图书馆有藏，且注明开本小于1889年沪上石印本（社会科学文献出版社，2014年，第329页）。由于此本亦十分罕见，笔者特别请教了北京大学潘建国教授，他认为1888年沪上石印本很可能是后出伪托，因为由于石印技术的限制，翻印本通常要比底本开本小一些，而不会是相反。

② 参见武迪：《论清末〈红楼梦〉铅石印本流变及其研究价值》，《红楼梦学刊》2021年第1辑。

画册，可能由于某种原因被搁浅了，图册作为文物被上海文物保管委员会收藏"①，笔者认为此观点颇可商榷。

诚然，晚清时期印刷技术的革新对于传统书籍出版业产生了巨大影响，尤其照相石印术传入我国后，小说图像印刷变成唾手易事，同时画报事业开始蓬勃兴起，上海地区成为石印出版中心②。咸丰九年（1859），英国商人美查来到上海，他于同治十一年（1872）创办铅印报纸《申报》，又于光绪四年（1878）创办了点石斋石印书局，真正将照相石印法在中文印刷领域推广开来。赖此一术，《红楼梦》铅石印本中得以大量加入绣像和回目画。同时，1882年点石斋石印书局的王墀绘《增刻红楼梦图咏》、1888至1889年连载刊行的王钊绘《石头记画谱》③、1893年的吴友如绘《红楼金钗》、1895年的周慕桥绘《红楼梦十二钗图》、1913至1914年随《黄钟日报》连载刊行的李菊侪、李翰园绘《石头记新评》（图4）等红楼画层出不穷，孙氏画册亦确是在同时期创作的。

对于房学惠的推测，事实上应该分为画册是否系为石印出版而绘制和是否因石印之需流入上海两个问题来讨论，笔者不认同的原因也有二。首先，孙氏画册的创作周期长达50余年，无论是对书局还是个人来说时间成本无疑都过高，无法满足快速谋利的需求，此为主观原因。其次，如

图4　李菊侪、李翰园《石头记新评》之《呕出心血》

果用于石印，孙氏画册完全不必也不能像现状这样重彩且描金，此为客观原因——单色石印只能用线稿做底本，1878年6月26日《申报》刊登《访购书画及有图各书籍告白》指明"本馆今欲访求中国古今名人书画及碑帖真迹，与夫绘图及绣像之各书籍。惟纸色必须洁白，笔迹必须分明"，孙氏画册与此要求显然不符；而彩色石印是在单色石印基础上再上色，上色均需技师操作，每色一石板，手工套色叠压，造价高昂，且民国以后，彩色胶印业迅速发展，逐渐取代了彩色石印业。因此，两个问题的答案都应该是否定的。

为了查明历史真相，笔者几经辗转，终于联系上了孙允谟的玄孙孙君（由于对方不愿透露姓名，本文以"孙君"代称）。据笔者所见民国丁巳年（1917）修

---

① 房学惠：《卷帙浩繁，富丽精雅——旅顺博物馆藏〈红楼梦〉图册探析》，《荣宝斋》2007年第6期。她的另一篇文章《旅顺博物馆收藏的〈红楼梦〉画册》（《文物天地》2009年第2期）与前文持相同观点。
② 据统计，自光绪初至民国年间的石印小说，仅上海一地就有746种，其他各省合计为64种。参见杨丽莹：《清末民初的石印术与石印本研究：以上海地区为中心》，上海古籍出版社，2018年，第115页。
③ 《石头记画谱》初版于光绪年间，后在民国年间更名为《红楼梦写真》翻印再版。参见许军杰：《新见王钊〈大观园全图〉及〈红楼梦写真〉考》，《曹雪芹研究》2023年第2期。

订的《孙氏家谱》所载，孙温三弟孙恭有孙允谟、孙允猷两子，孙允猷被过继给五弟孙让；孙允谟也有两子，名荫贤、荫田，次子孙荫田被过继给胞弟孙允猷（图5）；孙荫贤亦有两子，名美朋、俊朋（图6）。孙君即为孙俊朋之孙，据他介绍，爷爷常将名字写作孙俊鹏，后又改名孙力余，家中还藏有孙允谟在小山鸿璋照相馆（唐山最早的照相馆，始建于1909年）的晚年留影。孙俊朋混用"朋""鹏"，与孙允谟兼用"允莫"都属于用同音字署名。

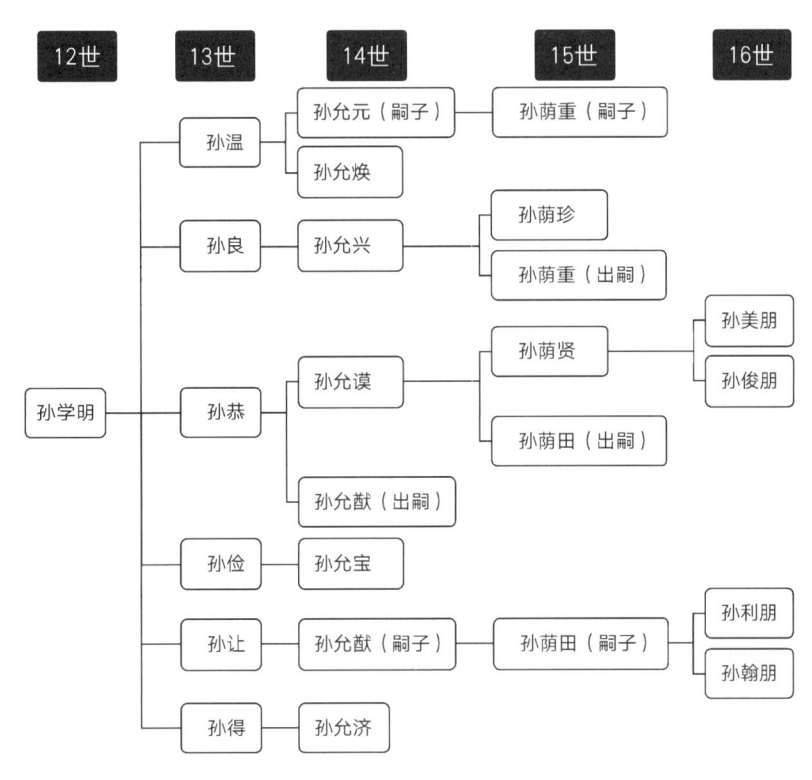

图5 孙学明一支五代家谱表

孙力余，原名孙俊鹏，曾用名孙求实、孙秋石，1908年10月21日（一说为9月27日，这其实是农历日期）出生于河北省丰润县的一个贫农家庭，1929年进入东北大学教育学院学习，1931年"九一八事变"之后流亡到北平，在北京大学教育学院公民史地专修科第一班读书，接受革命思想，投身救亡斗争。1936年9月，加入中国共产党，在北平从事救亡和地下工作。1937年11月到达延安，进入陕北公学学习。抗日战争时期，历任陕北公学区队长及大队长、师范部主任、党总支书记及延安中央医院副院长、党总支书记等职。解放战争时期，又历任黑龙江省县委书记、地委副书记、省委办公厅主任、省委组织部部长等职。1950年参加中国人民志愿军入朝作战，任志愿军前线后勤指挥部、志愿军后勤司令部第一分部部长。在抗美援朝战争中，参加了第二至五次战役，以及1951年夏、秋季阵地防御作战和1952年秋季战术性反击，荣获朝鲜民主主义人民共和国二级自由勋章。回国后，历任沈阳市副市长、国家计委技术合作局局长、全国人大常委会办公厅副主任、国家建委秘书长兼办公厅主任、国家经委委员兼地方局局长、华东局计委副主任、华东局经委主任、上海市政协常委、党组成员等职。1979年9月至1982年12月任中国人民大学党委副书记兼副校长，离休后任国务院经济法规研究中心顾问，1990年11月10日在北京因病去世，享年82岁[1]。1990年11月23日，《人民日报》刊登了孙力余的逝世讣告（图7）。

由于相关资料欠缺，孙温的卒年颇难考订，目前不能确定孙力余出生之时，孙温是否尚在人世。但孙力余在年幼乃至青年时期应当见到过爷爷孙允谟绘制《红楼梦》画册，因为孙允谟至少迟至1930年才停笔。

1949年5月，上海解放，陈毅元帅任

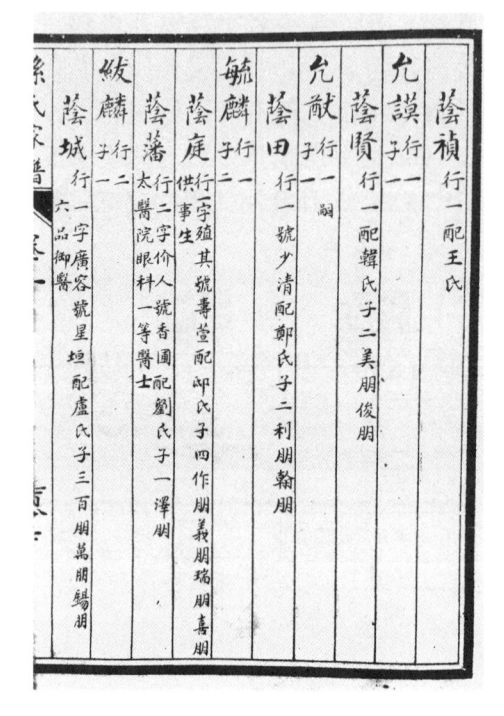

图6 《孙氏家谱》

图7 《人民日报》刊登孙力余逝世讣告

---

[1] 参见谭铮：《中国人民志愿军人物录》，中共党史出版社，1992年，第175页；刘天昌：《参与主持黄继光、孙占元、邱少云三烈士归国安葬仪式的丰润人是谁》，https://mp.weixin.qq.com/s/PX7DrYdsEY4SwOw6HrdIHA，发布时间：2018年10月12日。

首任上海市市长。解放战争时期，陈毅就十分重视文物的收集和保护工作，在他的关怀下，上海市古代文物管理委员会于1949年8月成立（1950年改名为"上海市文物管理委员会"，后又改为"上海市文物保管委员会"），负责本市文物、图书的接管、征集、收购及整理工作，并组织筹建博物馆、图书馆。1952年12月，上海博物馆正式开馆，在其筹备和成立初期，除官方组织移交的文物外，社会捐赠成为主要的文物来源。为了充实馆藏，郑振铎、徐森玉、胡惠春、潘达于、乐笃周等一大批著名学者和收藏家都将自己的藏品倾囊而出，带动了社会层面的捐赠热潮[①]。

孙君及其父亲告诉笔者，孙力余于1958年曾调任上海工作，不久后又回到北京，他应该就是在这段时间里将孙氏画册交给了官方保管。唯此方能合理解释，为什么画册现状保存得如此完好，画面上除了画家本人的署款和钤印，并无任何他人鉴赏或收藏的痕迹；为什么画册会在距离家乡千里之外的沪上出现；又为什么上海文物保管委员会如此轻易拱手相让这样的珍宝……1957年6月，上海市文物保管委员会曾将1953年7月至1957年4月间征集来的文物作汇报性展览，检阅此期间的捐赠简目（笔者自藏），确未发现孙力余的名字。

至此可以明晰，孙氏画册由孙允谟最终完成之后，一直在家中珍藏，并未转手或出售。1937年左右孙允谟去世后，画册由其后人继续保存。1958年或次年，画册被孙力余捐赠给上海文物保管委员会后，短时间内未能引起重视，很快便以支持建设之名从上海文物保管委员会调拨旅顺博物馆，收藏至今。

附记：本文在调研过程中，得到旅顺博物馆原馆长刘广堂先生、现任馆长王振芬女士，以及副研究馆员闫建科先生、刘立丽女士的大力支持与帮助，北京大学潘建国教授赐教了版本意见，在此一并深表谢意！

附：230张签条图名

为便于研究者查找使用，现将230张签条上的图名整理附于文末。整理原则如下：对于图名中的错别字，以小括号注明正确文字；对于与画面完全无关的五开图名，以*上标注明；对于图名中的"老老""讬""㬎""姏""菴""刼"等字，规范为相应的"姥姥""托""暇""幕""妒""庵""劫"等通行字或简化字；其余均不作改动，包括如"蒋玉函""抄捡""蘅芜院""芦雪亭"等版本异文，以求最大程度反映原貌。

第一册：

第一开　石头记大观园全景

第二开　青埂峰僧道谈顽石
　　　　空空道说石头起缘

第三开　甄士隐梦幻识通灵

第四开　士隐抱孩路遇僧道
　　　　葫芦庙贾雨村出世

第五开　贾雨村风尘坏（怀）闺秀
　　　　冷子兴演说荣国府*

第六开　元宵节家家放花灯
　　　　因小解英莲失踪影

第七开　葫芦庙失火烧甄家

---

① 参见薛芃：《文物捐赠，上海博物馆的"半壁江山"》，《三联生活周刊》2018年第15期。

	士隐听歌遇跛足道	第八开	晴雯笑贴绛云轩匾
	大丫鬟买线得奇缘		宝玉领秦钟拜贾母
第八开	新太爷到任传封肃	第九开	训劣子李贵承申饬
	贾雨村用桥（轿）接娇杏		贾宝玉上学辞黛玉
第九开	贾雨村教读林黛玉	第十开	嗔顽童茗烟闹书房
第十开	贾雨村偶游智通寺	**第四册：**	
	冷子兴演说荣国府	第一开	张太医论病细穷源
第二册：			金寡妇贪利权受辱
第一开	雨村依附黛玉进京	第二开	见熙凤贾瑞起淫心
第二开	接外孙贾母怜孤女		王熙凤问病秦可卿
第三开	林黛玉初至宁（荣）国府	第三开	王熙凤毒设相思局
第四开	贾宝玉初会林黛玉		贾天祥正照风月鉴
	宝玉痴狂很（狠）摔那玉	第四开	王熙凤梦会秦可卿
第五开	贾雨村荣任应天府		贾宝玉痛哭停灵室
	门子私室蜜（密）禀权势	第五开	秦可卿死封龙禁尉
	葫芦僧判断葫芦案	第六开	王熙凤协理宁国府
第六开	王夫人闻报接远亲	第七开	宁国府秦可卿开丧
第七开	贾宝玉神游太虚境		贾宝玉路谒北静王
第八开	警幻仙曲演红楼梦	第八开	宝凤同乘奔铁槛寺
第九开	贾宝玉初试云雨情		秦鲸卿途遇贾宝玉
	刘姥姥投奔周瑞家	第九开	茅屋中王熙凤更衣
第十开	刘姥姥初会王熙凤	第十开	铁槛寺众僧迎灵柩
	贾蓉借物言谈隐情	**第五册：**	
第三册：		第一开	王凤姐弄权铁槛寺
第一开	宝钗谈病配冷香九		秦鲸卿得趣馒头庵
	薛姨妈托周瑞送花	第二开	贾元春才选凤藻宫
	金钏周瑞笑香菱形		林黛玉却赐芩（苓）香串
第二开	周瑞送各姊妹宫花	第三开	王凤姐接风迎贾琏
第三开	宁国府宝玉会秦钟		秦鲸卿天逝黄泉路
第四开	凤姐座（坐）车闻焦大骂	第四开	贾政游大观园景一
第五开	宝凤回家称赞秦钟	第五开	贾政游大观园景二
	宝玉遇见门下清客	第六开	贾政游大观园景三
第六开	薛宝钗巧合认通灵	第七开	贾政游大观园景四
	贾宝玉奇缘识金锁	第八开	贾政游大观园景五
	梨香园（院）黛玉巧遇玉	第九开	贾政游大观园景六
第七开	黛宝兄妹告别同返	第十开	贾政游大观园景七

第六册：
第一开　贾政游大观园景八
第二开　贾政游大观园景九
第三开　贾政游大观园景十
第四开　贾政游大观园景十一
第五开　贾政游园同归书房*
第六开　贾政游大观园景十二
第七开　贾政游大观园景十三
第八开　因得彩解袋赏小厮
　　　　黛玉莽撞自悔铰袋
第九开　兄妹拌嘴同往上房
第十开　贾政奉旨贵妃省亲

第七册：
第一开　贵妃省亲锦幕挡严
第二开　贾母合族迎接贵妃
第三开　坐龙舟游玩大观园
第四开　贵妃筵宴题大观园
　　　　天伦乐宝玉逞才藻
第五开　宝玉进府茗烟求恕
　　　　情切切良宵花解语
第六开　王熙凤正言弹妒意
第七开　林黛玉俏语谑娇音
　　　　俊袭人娇嗔箴宝玉
　　　　俏平儿软语庇贾琏
第八开　荣国府宝钗故（做）生辰
　　　　听曲文宝玉悟禅机
第九开　语言中起笑林黛玉
　　　　黛玉批偈语解宝玉
第十开　制灯谜贾政悲谶语

第八册：
第一开　众姊妹进住大观园
　　　　西厢记妙词通戏语
第二开　林黛玉暇游听悲曲
　　　　宝玉问病至宁国府
　　　　醉金刚轻财尚义侠
　　　　痴女儿遗帕惹相思

第三开　赵姨娘问计马道婆
　　　　戏彩霞贾环烫宝玉
第四开　魇魔法叔嫂逢五鬼
　　　　通灵玉蒙蔽遇双真
第五开　蜂腰桥设言传心事
第六开　潇湘馆春困发幽情
　　　　哄宝玉薛蟠故（做）生辰
第七开　滴翠亭宝钗戏彩蝶
第八开　埋香冢黛玉泣残红
　　　　花园中暇游观鹤舞
第九开　宝玉说奇方配药丸
　　　　林黛玉裁衣谈笑语
第十开　蒋玉函情赠茜香罗

第九册：
第一开　贾母亲拈香清虚观
第二开　清虚观张道士迎接
第三开　贾母慈善包庇小道
　　　　享福人福深还祷福
第四开　张道士观玉送麒麟
第五开　多情女情重愈斟情
　　　　贾宝玉戏语金钏儿
第六开　椿龄画蔷痴及局外
　　　　心思踢人错踢袭人
　　　　撕扇子作千金一笑
第七开　史湘云翠缕论阴阳
　　　　因麒麟伏白首双星
　　　　诉肺腑心迷活宝玉
第八开　不肖种种大受笞挞
第九开　情中情因情感妹妹
　　　　错里错以错劝哥哥
第十开　白玉钏亲尝莲叶羹
　　　　黄金莺巧结梅花络

第十册：
第一开　贾芸寄书送花宝玉
　　　　秋爽斋偶结海棠社
第二开　蘅芜院夜拟菊花题

第三开　藕香榭饮宴吃螃蟹
第三开　林潇湘魁夺菊花诗
　　　　薛蘅芜讽和螃蟹咏
第四开　村姥姥是信口开河
第五开　史太君两宴大观园
　　　　村姥姥初游大观园
第六开　刘姥姥初游潇湘馆
第七开　贾母姥姥游紫菱洲
第八开　王凤姐摆饭秋爽斋
　　　　金鸳鸯三宣牙牌令
第九开　贾宝玉品茶栊翠庵
第十开　刘姥姥醉卧怡红院
　　　　蘅芜君兰言解疑癖

第十一册：
第一开　潇湘子雅谑补馀音
第二开　不了情暂撮土为香
第三开　变生不测凤姐泼醋
　　　　喜出望外平儿理妆
第四开　金兰契互剖金兰语
　　　　风雨夕闷制风雨词
第五开　尴尬人难免尴尬事
　　　　鸳鸯女誓绝鸳鸯偶
第六开　呆霸王调情遭苦打
　　　　冷郎君惧祸走他乡
第七开　滥情人情误思游艺
　　　　慕雅女雅集苦吟诗
第八开　琉璃世界白雪红梅
　　　　脂粉香娃割腥啖膻
第九开　芦雪亭争联即景诗
　　　　暖香坞雅制春灯谜
第十开　观景远望如艳雪图

第十二册：
第一开　薛小妹新编怀古诗
　　　　胡庸医乱用虎狼药
　　　　俏平儿情掩虾须镯
第二开　勇晴雯病补雀毛裘

第三开　宁国府除夕祭宗祠
第四开　荣国府元宵开夜宴
第五开　史太君破陈腐旧套
　　　　王熙凤效戏彩斑衣
第六开　欺幼主刁奴蓄检（险）心
　　　　敏探春兴利除宿弊
第七开　甄府进京探亲请安
　　　　镜中现影梦会宝玉
第八开　慧紫鹃情辞试莽玉
第九开　慈姨妈爱语慰痴颦
第十开　杏子阴假凤泣虚凤（凰）
　　　　茜纱窗真情揆痴理

第十三册：
第一开　莺儿起硝路编花篮
第二开　苘叶渚边嗔莺叱燕
　　　　绛云轩里召将飞符
第三开　茉莉粉替去蔷薇硝
第四开　玫瑰露引出茯苓霜
　　　　投鼠忌器宝玉瞒赃
　　　　判冤决狱平儿行权
第五开　憨湘云醉眠芍药裀
第六开　酒散瞰游观鱼下棋
第七开　呆香菱情解石榴裙
　　　　寿怡红群芳开夜宴
第八开　幽淑女悲题五美吟
第九开　浪荡子情遗九龙佩
　　　　贾二舍偷娶尤二姨
　　　　尤三姐思嫁柳二郎
第十开　贾琏路中定亲柳郎

第十四册：
第一开　情小妹耻情归地府
　　　　冷二郎心冷入空门
第二开　见土仪颦卿思故里
　　　　闻秘事凤姐讯家童
第三开　酸凤姐大闹宁国府
第四开　苦尤娘赚入大观园

	弄小巧用借剑杀人	第三开	试文字宝玉始提亲
第五开	林黛玉重结桃花社	第四开	薛姨妈细言改秋菱
第六开	姊妹走访稻香老农	第五开	探惊风贾环重结怨
第七开	史湘云偶填柳絮词	第六开	贾宝玉至王府贺寿
第八开	荣府贾母八旬大庆	第七开	贾存周报升郎中任
第九开	嫌隙人有心生嫌隙		贾芸送书宝玉忽怔
	鸳鸯女无意遇鸳鸯	第八开	升任郎中合家庆贺
第十开	王熙凤恃强羞说病	第九开	薛文起复惹放流刑

第十五册：

第十八册：

第一开	懦小姐不问累金凤	第十开	受私贿老官翻案牍
第二开	因春囊重托王善保	第一开	寄闲情淑女解琴书
第三开	惑奸谗抄捡大观园	第二开	薛姨妈照看荣国府*
第四开	开夜宴异兆发悲音	第三开	感秋深抚琴悲往事
第五开	赏中秋新词得佳谶	第四开	坐禅寂走火入邪魔
第六开	凸碧堂品笛感凄清	第五开	音（因）暗九抄写金刚经
	凹晶馆联诗悲寂寞		博庭欢宝玉赞孤儿
第七开	连赃证撵出大观园	第六开	正家法贾珍鞭悍仆
第八开	俏丫鬟抱屈夭风流	第七开	贾芸送礼求凤姐差
第九开	美优伶斩情归水月	第八开	人亡物在心有所感
第十开	老学士闲征姽婳词	第九开	人亡物在公子填词

第十六册：

		第十开	蛇影杯弓颦卿绝粒
第一开	痴公子杜撰芙蓉诔		
第二开	怡红公子悲别成疾	**第十九册：**	
第三开	美香菱屈受贪夫棒	第一开	失绵衣贫女耐嗷嘈
	公子替人担心虑后	第二开	送果品小郎惊巨（叵）测
第四开	王道士胡诌妒妇方	第三开	纵淫心宝蟾工设计
第五开	占旺相四美钓游鱼	第四开	布疑阵宝女（玉）妄谈禅
	奉严词两番入家塾		谈亲事宝玉适归来
第六开	贾宝玉伤心述缘故*	第五开	评女传巧姐慕贤良
第七开	老学究讲义警顽心	第六开	玩母珠贾政参聚散
第八开	病潇湘痴魂见恶梦	第七开	甄家仆投靠贾家门
第九开	林黛玉卧病潇湘馆	第八开	水月庵掀翻风月案
第十开	王大夫诊脉潇湘馆	第九开	宴海棠贾母赏花妖

第十七册：

第廿册：

		第十开	失通灵宝玉知奇祸
第一开	省宫闱贾元妃染恙	第一开	栊翠庵妙玉扶乩玉
第二开	闹闺阃薛宝钗吞声	第二开	因讹成实元妃薨逝

第三开　以假混真宝玉疯癫
第四开　瞒消息凤姐设奇谋
第五开　泄机关颦儿迷本性
第六开　林黛玉焚稿断痴情
第七开　薛宝钗出闺成大礼
第八开　苦绛珠魂归离恨天
第九开　病神瑛泪洒相思地
第十开　守官箴恶奴同破例

第廿一册：
第一开　阅邸报老舅自担惊
第二开　破好事香菱结深恨
第三开　悲远嫁宝玉感离情
第四开　散花寺神谶占异兆
　　　　大观园月夜警幽魂
第五开　宁国府骨肉病灾襟
　　　　大观园符水驱妖孽
第六开　施毒计金桂自焚身*
第七开　贾政夫妇亲视汤药
第八开　史太君寿终归地府
第九开　王凤姐力诎失人心
　　　　鸳鸯女殉主登太虚
第十开　狗彘奴欺天招伙盗

第廿二册：
第一开　招盗劫家奴受刑讯

第二开　死雠仇赵妾赴冥曹
第三开　忏宿冤凤姐托村妪
第四开　释旧憾情婢感痴郎
第五开　王熙凤历劫返金陵
第六开　甄应嘉蒙恩还玉阙
第七开　得通灵幻境悟仙缘
第八开　贾宝玉悟道知因果
第九开　送慈柩故乡全孝道
第十开　阻超凡佳人双护玉

第廿三册：
第一开　欣聚党恶子独承家
第二开　惜春出家玉漏因果
　　　　记微嫌舅兄欺弱女
第三开　惊谜语妻妾谏痴人
第四开　作冥寿众人心宽慰
第五开　候（侯）门女寄身乡村中
第六开　平儿怜孤女托刘姥
第七开　闻官报得中乡举人
第八开　接家书得悉政返家
第九开　花袭人梦幻僧宝玉
　　　　贾琏为孤女托乡姥
　　　　合家团圆悲喜交欢
第十开　甄士隐详说太虚情
　　　　甄士隐度女归太虚

旅顺博物馆藏《新刊古列女传》研究初探

杨 煜

旅顺博物馆

内容提要：本文通过解读旅顺博物馆藏《新刊古列女传》一书中的序跋、题记，从古籍文献的版本学角度，阐释清代阮福摹刊南宋建安余氏本的史学价值，并就此本中钤盖的藏书印探究其递藏源流。

关键词：新刊古列女传　阮福　唐庆云

由大连市文化和旅游局主办、旅顺博物馆与四川博物院共同承办的"心映：明清女性绘画中的情感世界"于2023年8月20日在旅顺博物馆落下帷幕。此次展览通过两馆收藏的马守真、文俶、柳如是、陈书等明清女性画家的绘画作品，以及冷枚、费丹旭、改琦等画家的女性题材绘画，辅以相关文物及史料，试图通过笔墨丹青这面镜子，映照出时代背景下女性的情感世界[①]。笔者仅从此次展览中的旅顺博物馆藏书《新刊古列女传》切入，通过解读书中的序跋、题记，从古籍文献的版本学角度阐释此本的史学价值，并就书中钤盖的藏书印探究其递藏源流。

一、旅顺博物馆藏《新刊古列女传》的版本概况

《列女传》是西汉刘向编著的中国最早的女性传记类史书，记叙了百余位脍炙人口的女性人物故事，以此劝谏君王、警示后妃，对当时"男尊女卑""三纲五常"的封建伦理观念起到政治教化的作用。

旅顺博物馆藏《新刊古列女传》（以下简称"旅博藏本"，图1）为西汉刘向编撰，东晋顾恺之绘画。为清道光五年（1825）扬州阮福摹刊南宋建安余氏本。全书共八卷，分两册，线装；开本纵26.1厘米，横15.3厘米，板框高18.8厘米，广12.8厘米；左右双边，黑口，双鱼尾。此本分上下两栏，上栏图画，下栏传文，传文后有颂，传文半页有十一至十六行，行字不等；颂以四字为主，言简意赅。卷首摹刻"阮福之印""赐卿""江藩私印""子屏""宋本""琅嬛仙馆""汪士钟字春霆号朗园书画记""小琅嬛仙馆""建安余氏""文选楼""阮许延锦""云姜精

---

① 展览的相关信息源自：《"心映：明清女性绘画中的情感世界"展览导读手册》，旅顺博物馆印编，2023年5月。

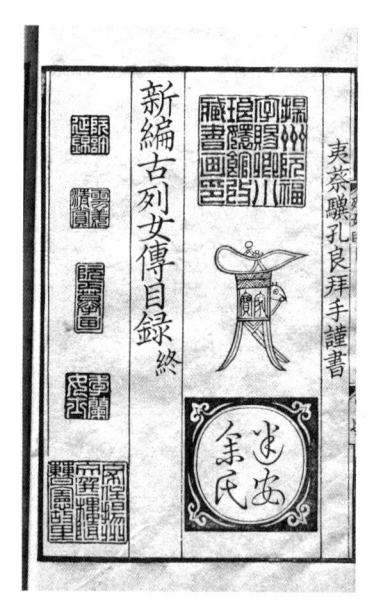

图1 旅博藏本《新刊古列女传》

赏""阮正摹画""季兰女士""家住扬州文选楼随曹宪故里""扬州阮福字赐卿小琅嬛馆收藏书画印"等多方宋本收藏印。

旅博藏本有阮福、江藩序跋，目录前有王回、曾巩序，目录后有蔡骥（孔良）序，大序列目录前，小序列目录中。旅博藏本目录后有外方内圆木印记，内刻草书"建安余氏"，卷二、卷三终页有"静庵余氏模刻"，卷五终页有"余氏勤有堂刊"，卷八终页有黑地白文木记"建安余氏模刊"六字。旅博藏本阮福、江藩的序跋清晰有序地说明了此本的刊刻及传承过程。阮福序跋言："明内府藏宋刻《列女传》本，为南宋建安余氏所刻，曾藏钱遵王家，乾隆戊申在元和顾君抱冲家，嘉庆庚辰转入予家。……道光五年秋扬州阮福识于岭海节楼。"阮福序跋明确了此本原为明内府珍藏的南宋建安余氏刻本，后因故辗转流落民间。清乾隆戊申（1788）由钱遵王[①]转入顾抱冲[②]收藏，直至清嘉庆庚辰（1820）转归阮元[③]收藏。另据此本江藩的序跋为："《列女传》八卷，宋建安余氏所刻，余氏名仁仲，曾刊注疏，何义门学士所谓万卷堂本也。卷末有余靖庵模刊款，靖庵岂仁仲之号与？"综上均可证明旅博藏本确实为道光五年（1825）阮福摹刊南宋建安余氏刻本。

阮福（1801—1875），字赐卿，清代江苏仪征人，阮元之子。官至甘肃平凉府知府，尤好金石考据，著有《孝经义疏补》《小琅嬛丛记》《两浙金石志补遗》。

江藩（1761—1831），清代经学家、目录学家。清江苏甘泉（今扬州）人，字子屏，号郑堂，又号节甫。监生，曾受阮元聘为淮安丽正书院山长，著有《国朝经师经义目录》《尔雅小笺》《炳烛室杂文》等。

旅博藏本的第一册封面背面有一则"乐寿屋主"墨笔楷书题写的题记："顾恺之，晋悦之子。字长康，博学有才气，尝为桓温及殷仲堪参事，深被眷接，善丹青，图写特妙，谢安重之，以为'有苍生以来

[①] 钱曾（1629—1701），字遵王，号也是翁，江苏常熟人。清代著名藏书家，一生共收有四千余种图书，编有《读书敏求记》《也是园书目》《述古堂书目》等。（林申清编著：《明清著名藏书家·藏书印》，北京图书馆出版社，2000年，第71页。）

[②] 顾之逵（1753—1797），字抱冲，元和（江苏苏州）人，清代著名藏书家。藏书处名小读书堆，著有《一瓻录》。（王河主编：《中国历代藏书家辞典》，同济大学出版社，1991年，第325页。）

[③] 阮元（1764—1849），字伯元，号芸台，清代江苏仪征人。乾隆五十四年（1789）进士，官至体仁阁大学士。卒谥文达。生平著述甚富，尤专于经学，校刊《十三经注疏》《文选楼丛书》，著有《揅经室集》。

未之有也'。每画人成或数年不点睛,人问故曰:'传神写照,正在阿堵中。'义熙初为散骑常侍。世传其有三绝:才绝、画绝、痴绝也。常为虎头将军,人号'顾虎头',有文集及《启蒙记》行世。庚寅仲夏,乐寿屋主题记。"此题记共125字,以墨笔楷书书写,字体工整,墨迹清晰。题记侧重介绍顾恺之的绘画技法,"传神写照,正在阿堵中"一句尤其注重人物点睛之笔的细节描绘,表现人物的神情和精神状态。题记的撰写时间"庚寅仲夏",应为道光十年(1830)的农历五月份,有关题记的作者"乐寿屋主"的相关文献资料极为有限,暂时无从考索。

旅博藏本的珍贵之处在于底本为南宋建安余氏刻本,其刊刻及传承过程清晰有序。目录首页题"晋大司马参军顾恺之图画"。阮福在序跋中提及阮元得到建安余氏刻《古列女传》之后,曾嘱咐阮福说:"此图当分别观之。余尝见唐宋人临顾恺之《列女传》图长卷,其中衣冠人物与此图皆同。若卫灵公所坐之矮屏,漆室女所倚之木柱,皆与顾图中相似而微有所减。其宫室树石,如孟母图中书院之类,或有唐宋人所增。然即此尚可见唐宋人古制。至于人物镫扇之类,亦绝似虎头画《洛神赋图》,定为晋人之本无疑。……汉已画列女图于屏,是顾图尚本于汉屏风。睹此犹可见古人形容仪法也。惟是顾图临本之全今不可见,赖有此宋本首尾完具,尚见其全。又考米南宫《画史》云:今士人家收得唐摹顾笔列女图,至刻板作扇皆是三寸余。此本除去传、颂,但度图之高下,与米史所言三寸恰合。然则余氏盖出于北宋摹刻本,北宋出于唐摹顾虎头本而缩低为三寸无疑。……盖汉屏风不可见,而见于顾虎头本,顾虎头本不可全见,而全见于北宋三寸板扇本,北宋本不可见,仅见于此南宋余氏本矣。"此本绘画极具建安本的风格,插图在刻本中的出现,增强了图书的通俗性、趣味性,具有极高的版本学价值。郑振铎先生在《中国古代木刻画史略》一书中对阮氏翻刻本大加赞誉:"宋版《列女传》上图下文,……甚为精美。乾嘉时,苏州藏书家黄丕烈尚及见之,今不知何往。阮氏的翻刻本也甚精。"[①]对于余氏本是否为顾恺之图画一说,各家说法不一,周心慧在《中国古版画通史》一书中阐释道:"在今人看来,这部《古列女传》的插图是否出自顾恺之的手笔,都不影响它在中国版画史上的重要地位。此本插图为上图下文式,是除佛教题材外,现今能看到的较早的上图下文式版画连环画。尽管这种版式非自本书始,却使其相对规格化了。在镌刻技艺上,线条较简约,体现的是粗率质朴的作风,成为元及明初版画最常见的风格,作为早期传记故事版画,艺术价值也是较高的。"[②]陈丽平在《两宋〈列女传〉版本的"还原"与"新变"》一文中说:"建安余氏作为书坊商人,为求得利润,迎合读者的趣味,完全采用了形式上最为整齐的蔡骥改编本作为雕刻的依据,……形式上更为美观,更易为消费者所接受。……建安余氏雕版的插

---

① 郑振铎:《中国古代木刻画史略》,上海书店出版社,2006年,第19页。
② 周心慧:《中国古版画通史》,学苑出版社,2000年,第100页。

图本《列女传》，创造了书籍史上插图本的里程碑。"①

旅博藏本采用建安本常用的版式设计，以"传""颂""图"三者结合的编撰方式，分上下两栏，上栏图画，图作横卷式画面，两页合成一幅全图，图中人物均标注名称；下栏传文，传文后有颂。全书版式美观，雕绘精美，镌字秀美端庄，以图辅文，以文释图，图文并茂。高彦颐在《闺塾师：明末清初江南的才女文化》一书中说："很长时间以来，插图书籍与妇女教育结合在一起。……最早的木刻插图书籍之一便是针对妇女的女教书《列女传》，它大致是在元朝由福建的余氏家族所生产。在刘向（公元前79—公元前8）所写的好、坏女性事例的传统文本基础上，这些插图具有高超的艺术技巧，明清两朝的插图小说和剧作刻版家都在模仿它的风格。……插图版《列女传》和其他女训著作，是明末清初充斥市场的畅销品。"②

旅博藏本共八卷，分别为《母仪传》《贤明传》《仁智传》《贞顺传》《节义传》《辩通传》《孽嬖传》《续列女传》。前七卷中除第一卷《母仪传》有十四篇传文外，其余六卷均为十五篇且传文之后有颂；卷八《续列女传》的篇数最多，共有二十篇传文，传文之后无颂。此本共收录124篇传文，104篇颂文，为130位女性人物立传，共有123幅插图。《闺塾师：明末清初江南的才女文化》一书总结道："刘向的《列女传》是女性训诫文学的开山之作，它以14位模范母亲的故事开篇，接着是有远见的、智慧的、贞洁的、自我牺牲的和能言善辩的女性故事。所有这些都明显与书末一串女性祸事者形成对照。无论是母亲美德的首要性，还是其衰退后的危险，都非常清楚地体现在了《列女传》的结构中。这一要旨在明清时代看来尤为贴切。"③建安余氏作为著名的坊肆刻书家族，插图画面雕刻线条粗犷，无论人物、院落、花草树木的点缀，都极具宋版神韵。但是美中不足之处在于书中的传文内容在审校上不够精准，存在改字、补字、错讹的情况（详见列表）。

旅顺博物馆藏《新刊古列女传》"目录"与"传文"不符内容对照表

卷 名	传文序号	目录题名	传文题名
卷四 贞顺传	二	宋共伯姬	宋恭伯姬
	九	楚昭贞姜	楚平伯嬴
	十	楚平伯嬴	楚昭贞姜
卷五 节义传	四	赵昭越姬	楚昭越姬
卷六 辩通传	三	晋弓工女	晋弓工妻
	九	齐钟离春无盐	齐威虞姬
	十	齐威虞姬	齐钟离春
卷七 孽嬖传	八	鲁宣穆姜	鲁宣缪姜
	十一	齐东郭姬	齐东郭姜
	十五	赵悼倡女	赵悼倡后
卷八 续列女传	十五	汉赵飞燕	赵飞燕姊娣
	十七	更始夫人	更始韩夫人

---

① 陈丽平：《两宋〈列女传〉版本的"还原"与"新变"》，《齐鲁学刊》2012年第3期，第117页。
② [美]高彦颐著，李志生译：《闺塾师：明末清初江南的才女文化》，江苏人民出版社，2022年，第71页。
③ [美]高彦颐著，李志生译：《闺塾师：明末清初江南的才女文化》，第224—225页。

由图表可知，旅博藏本卷四至卷八的目录与传文内容共有12处不相符之处。其中卷四《贞顺传》之二：目录题名"宋共伯姬"，传文"宋恭伯姬"；卷四之九：目录题名"楚昭贞姜"，传文"楚平伯嬴"；卷四之十：目录题名"楚平伯嬴"，传文"楚昭贞姜"；卷五《节义传》之四：目录题名"赵昭越姬"，传文"楚昭越姬"；卷六《辩通传》之三：目录题名"晋弓工女"，传文"晋弓工妻"；卷六之九：目录题名"齐钟离春无盐"，传文"齐威虞姬"；卷六之十：目录题名"齐威虞姬"，传文"齐钟离春"；卷七《孽嬖传》之八：目录题名"鲁宣穆姜"，传文"鲁宣缪姜"；卷七之十一：目录题名"齐东郭姬"，传文"齐东郭姜"；卷七之十五：目录题名"赵悼倡女"，传文"赵悼倡后"；卷八《续列女传》之十五：目录题名"汉赵飞燕"，传文"赵飞燕姊娣"；卷八之十七：目录题名"更始夫人"，传文"更始韩夫人"。

二、旅顺博物馆藏《新刊古列女传》之藏书印及考释

旅博藏本钤盖有多方藏书印，足证此本曾辗转流经多人之手，对于研究颇有助益。现将书中钤盖的藏书印枚举如下：

1. 在阮福所作的《摹刊宋本列女传跋》首页右下方钤盖三方印章，自上而下依次是"明□□收藏书画之印"白文方印、"鸣鹤珍藏"白文方印、"旅顺博物馆藏书之印"朱文方印。

2. 在"新编古列女传目录"首页钤盖五方印章（图2），其中有三方印章排列有序地钤盖在右下方的板框内，分别是"阮

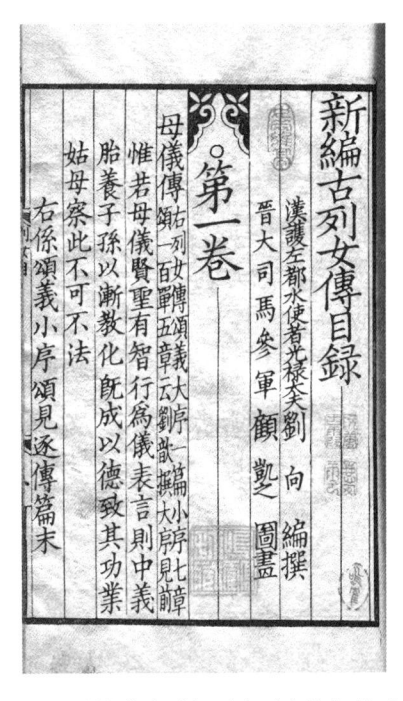

图2 旅博藏本《新刊古列女传》首页

唐古霞"朱文方印、"庆云"朱文方印、"鸣鹤"朱文椭圆形印；另外两方印章分别钤盖在首页第三行至第六行的空白处，分别是"女萝亭"朱文椭圆形印、"鸣鹤珍藏"白文方印。

3. 在第二册卷五首页右下方钤盖七方印章，自上而下分别是"女萝亭"朱文椭圆形印、"鸣鹤珍藏"白文方印、"阮唐古霞"朱文方印、"庆云"朱文方印、"明□□收藏书画之印"白文方印、"鸣鹤"朱文方印、"旅顺博物馆藏书之印"朱文方印。

对上述印章进行整理考释可知，"女萝亭""庆云""阮唐古霞"三方印均为阮元的侧室唐庆云的印章，钤盖多方印章足见其对此本的偏爱。《扬州丛刻·扬州画苑录》记载："唐庆云，字古霞，阮文达公侧室也。工花卉虫鱼。曾见所绘册一本，用笔沉细，赋色妍妙，深得瓯香真谛。著有

《女萝亭诗集》拙补。"①由此可知唐庆云是一位精通绘画和诗文的才女,"深得瓯香真谛"一句是对其绘画成就的赞誉("瓯香"是指清初著名书画家恽寿平,别号"瓯香馆主")。另据《侍妾唐庆云与非亲生晚辈亲情诗解读》一文:"唐氏《诗稿》题材广泛,……其中涉及与主人、大妇、长妾、二妾的联句、赠答诗70余首。"②可见唐庆云是一位才华横溢的才女。据考,阮氏家族中的才女众多,《论清代阮门闺秀诗歌的突破与囿守》一文说:"乾嘉时期是女性文学的繁盛期,仪征阮门闺秀是其中的佼佼者,与阮元有亲属关系的才女就有十一位,阮门闺秀跟随阮元仕宦各地,拓展了深闺生活。她们的诗歌内容视野开阔,情感突破了以往闺阁的纤细哀婉。诗歌的题材涵盖写景抒情、咏物、即事感怀、怀古咏史、题画、金石等众多类别。"③由此可见阮氏家族良好的治学家风。总之,书中钤盖的印章对于进一步研究颇有助益。

结　语

综上,通过解读旅博藏书的序跋、题记,探究此本的递藏源流,我们可以发现,旅博藏本《新刊古列女传》确为道光五年(1825)扬州阮福摹刊南宋建安余氏本,其刊刻及传承过程清晰有序。此本中的插图版式美观,雕绘精美,镌字秀美端庄,图画风格极具宋本遗风,具有极高的版本学价值。

真诚感谢闫建科在印章识读方面给予的帮助!

---

① 陈恒和辑:《扬州丛刻·扬州画苑录》,广陵书社,2010年,第1020页。
② 骆新泉、陈蕾:《侍妾唐庆云与非亲生晚辈亲情诗解读》,《南阳理工学院学报》2019年第1期,第118页。
③ 王立国等:《论清代阮门闺秀诗歌的突破与囿守》,《中州学刊》2019年第5期,第155页。

从文献看中国古代坐墩的等级观念

王 梅　朱月仁

旅顺博物馆

内容提要："礼"贯穿于中国古代社会的政治与社会生活，它作为一种行为规范，服务于统治阶级，影响着人们的衣食住行。中国传统家具中的坐墩，同样避免不了受到礼制文化的约束，带有较强的政治权力色彩。除保持着坐具这一基本功能外，某些时候，其在"起坐"之间还成为身份、地位及权力的象征与标志，隐含着尊卑等级观念，在古文献中多有可鉴。本文对坐墩等级观念的梳理与探讨正基于此。

关键词：文献　坐墩　权力　尊卑　等级

坐墩也称"鼓墩""绣墩"等，是伴随高坐起居方式发展而来的新兴坐具，广泛存在于日常生活中。在礼制的渗透和影响下，历经千载，被赋予了特殊的文化内涵。其座次方位及品类等皆视使用者的身份和地位而循礼遵节，体现着较强的等级观念。

坐墩以不同的方式被记录着，如史籍、寺观墓室壁画、古器物纹饰、古代绘画及文学作品等均有体现。这些珍贵的文献资料，为我们提供了详实的信息，具有一定的研究价值。

古代对坐墩的使用有严格的等级规定，本文主要从史籍、文学作品、古代绘画三个方面进行探讨。

一、史籍记载中坐墩的等级观念

座次是古代别尊卑的重要方式，有着严格的规制。皇亲贵胄、宰执大臣、文武朝官，无论是朝觐、宴飨还是集会等活动均按品级序坐。《明史》载"凡文武官公聚，各依品级序坐。若资品同者，照衙门次第。若王府官与朝官坐立，各照品级，俱在朝官之次"[①]。

坐墩的座次也同样遵循官品，史籍中已可见一斑。《宋史》载："乾道八年十二月，诏令后前宰相到阙，如遇赴宴赐茶，其合坐墩杌，非特旨，并依官品。"[②]又如"王珪进读史记，光进读资治通鉴毕，降

---

① ［清］张廷玉等撰：《明史》卷五十六，中华书局，1974年。
② ［元］脱脱等撰：《宋史》卷一百一十三，中华书局，1977年。

阶，将退，上命迁坐敦于门内御榻之前，皆命就坐。王珪礼辞，不许，乃皆再拜而坐。左右皆避去"①；宋朝使臣路振在《乘轺录》中，述其在辽中京武功殿被辽圣宗接见及其宴飨时见"汉官凡八人，分东西偏而坐。坐皆绣墩"②。说明坐墩在辽地也同样有较高的地位。

尊卑贵贱的等级观念是封建社会的核心思想，其规制反映在生活的诸多方面，除了座次方位之外，它们之间的等级差异还表现在品种类别、装饰图案等方面。

大宴是宋代礼乐制度中的重要事项，宋制称"凡国有大庆皆大宴"。由此看出宋人对大宴的重视程度。筵宴中须遵循非常严格的仪轨制度。坐墩的品种类别也因他们之间的地位差异而有所不同。《宋史》云："宋制，……宰臣、使相坐以绣墩；(曲宴行幸用杌子)。参知政事以下用二蒲墩，加罽毯；(曲宴，枢密使、副并同)。军都指挥使以上用一蒲墩；自朵殿而下皆绯缘毡条席。"③这段文字反映出席筵宴官员的坐具分为绣墩、蒲墩和杌子等，以坐墩等级最高。当然，这种现象并非一成不变，有些史料显示墩的地位也低于杌。如《皇宋通鉴长编纪事本末》："已巳，谓入对于承明殿。上诘所争状，谓曰：'非臣敢争，用迪忿詈臣尔。臣不当与之俱罢，愿复留。'遂赐坐。左右欲设墩，谓顾曰：'有旨复平章事，乃更以杌子进？'"④真宗帝本赐"墩"给丁谓坐，而他却因已恢复"平章事"的身份被更换了杌子。虽然这段史实中所记坐墩的地位不及杌，但它在反映宋朝宫廷坐具严谨有序的同时，也说明了"墩"这个坐具的重要性。

坐墩的品级高低还以绣饰的不同色彩来划分。《明太祖实录》载，"(殿)上坐墩之制，参酌《宋典》，各为等差。其制：皇太子，以青为质，绣蟠螭云花为饰，亲王亦如之。宰相及一品，以赤为质，饰止云花。二品以下，蒲墩无饰。凡大朝会赐宴，文官三品以上、武官四品以上上殿者，赐坐墩。其朝退燕闲及行幸之处，则中书省、大都督府官二品以上，台官三品以上及勋旧之臣、文学之官赐坐者，仍加绒罽绣褥"⑤。皇太子、亲王、宰相及一品的坐墩分别为不同的装饰，而二品以下的官员则用蒲墩，并且没有装饰。每逢大的朝会，三品以上的文官及四品以上的武官才可以赐坐坐墩。

因坐墩与地位、尊荣相关，所以在封建社会，也会将这种器具赏赐给宗室外戚、臣僚及平民百姓等。它是帝王加强与臣僚间关系的一种政治手段，其目的旨在控驭臣下、敦睦亲族，被赐墩是帝王赋予的特殊恩宠，显示着尊贵与荣耀，而这种尊荣同时又彰显着等级、身份与地位。

赏赐坐墩有两种类型：

其一为物质赏赐。这类文献记载不多，被赐者为年事已高受尊重的有功之臣，如《明史·罗复仁传》中记述："罗复仁，

---

① [宋]江少虞撰：《宋朝事实类苑》卷十五，上海古籍出版社，1981年。
② [宋]江少虞撰：《宋朝事实类苑》卷七十七。
③ [元]脱脱等撰：《宋史》卷一百一十三，志第六十六。
④ [宋]杨仲良撰：《皇宋通鉴长编纪事本末》第一册，黑龙江人民出版社，2006年。
⑤ 《明太祖实录》卷五十四，"中研院"历史语言研究所，1966年。

吉水人……间幸其舍，负郭穷巷，复仁方垩壁，急呼其妻抱杌以坐帝……帝悦，厚赐之。寻乞致仕。陛辞，赐大布衣，题诗衣襟上褒美之。已，又召至京师，奏减江西秋粮。报可。留三月，赐玉带、铁拄杖、坐墩、裘马、食具遣还，以寿终。"①文中提到的罗复仁，他朴质憨厚的性格深得明太祖欣赏，因此，在他告老还乡后，朱元璋赐他很多用具，其中也包含坐墩，从赐坐墩来看，至少说明两点：一，坐墩在君臣心中具有一定重要性；二，坐墩之礼严明，须与地位相匹配。

其二为赐坐。《大宋宣和遗事·亨集》载："徽宗遣殿官宣李师师入内，朝见毕，赐夫人冠帔，使师师衣着，仍赐绣墩，次坐于御座之侧。宣问张天觉道：'朕今与夫人同坐于殿上，卿立阶下，能有章疏乎？'"②宋郑獬《送蔡同年守四明》："……绣墩赐坐议大政，天子称之社稷臣。"③又王世贞《弇山堂别集》："嘉靖末，分宜赐坐一次，惟真人陶仲文召对坐无算……以陶坐绣墩，上亦坐墩，不设御座。入则迎于廷，出则送至门，握手乃别。"④从世宗帝屡次对陶仲文赐坐、对坐、不设御座这一记载，说明世宗皇帝对他的信任和独宠。

正因坐墩居于如此重要位置，故而面折廷争也在所难免。《续资治通鉴长编》载，宋神宗熙宁七年（辽道宗咸雍十年，1074）九月戊申，宋辽两朝使臣举行勘界会议，为会议座次发生争执，辽臣萧素"以平章事欲正南面坐，自云北朝使相有此庙坐仪，余乃序官坐，仍欲以墩分高下"⑤。

通过以上征引史籍可以看出，坐墩或单独设之，或放御榻前，或置御座侧。居于如此重要的位置，其规格之高不言而喻。另外，坐墩与帝王坐具间的远近，也在一定程度上反映着亲疏关系及被重视的程度。

二、文学作品中坐墩的等级观念

坐墩的等级观念还散见于古代的小品、古典名著、笔记及诗词歌赋等。《梅花草堂笔谈·罢镇》"武宗朝，命宦者出镇各省，刺史以下皆伏谒……是时永嘉骤相，君臣相得欢甚。每上殿，辄赐绣墩命坐"⑥；再如，明冯梦龙的《喻世明言》中有"上月台，见数十个人皆锦衣，簇拥一老者出殿上……王曰：坐邀文旆，甚非所宜，幸沐来临，……李元但只唯唯答应而已。左右迎引入殿，王升御座，左手下设一绣墩，请解元登席"⑦；另，明代小说《施公案》《三国演义》等都有许多赐墩的记述。如《三国演义》第八十六回"温自以为得志，昂然上殿，见后主施礼。后主赐锦墩，坐于殿左，设御宴待之，后主

---

① ［清］张廷玉等撰：《明史》卷一百三十七。
② 黎烈文标点：《大宋宣和遗事》，商务印书馆，1934年。
③ ［宋］郑獬：《郧溪集》卷二十六，《文渊阁四库全书》电子版，上海人民出版社、迪志文化出版有限公司，1999年。
④ ［明］王世贞：《弇山堂别集》卷十一，中华书局，1985年。
⑤ 《续资治通鉴长编》卷二五六，中华书局，2004年。
⑥ ［明］张大复撰：《梅花草堂笔谈》卷一，浙江人民美术出版社，2016年。
⑦ ［明］冯梦龙撰：《喻世明言》卷三十四，浙江古籍出版社，2010年。

但敬礼而已"①。文中所描述的"锦墩"应为被锦装饰的坐墩。王安中在《睿谟殿曲宴诗》中道"……就席花墩匝，行尊紫袖揎。交辉方烁烁，起立复阗阗"②。诗中点明宴飨的盛况，也从一个侧面反映坐墩在宫中重要的地位。

三、绘画作品中的坐墩等级观念

中国古代绘画也为坐墩的等级观念提供更直观的资料。如明仇英的《宫中图》③（图1），帝王正襟危坐居于亭中央，妃嫔持扇环侍左右，皇帝右侧站立歌舞乐伎。亭台两侧各置一坐墩，亭外右方恭立着两侍从，阶上一官员作回首状引导前来俯身拜谒的官员，彰显着"君尊如天，臣卑如地"的尊卑秩序；同样能反映品级序坐的绘画还见于台北故宫博物院藏南宋佚名的《却坐图》④（图2），该图描绘西汉文帝慎夫人，因违反封建社会"座次"的礼仪，被袁盎直言进谏的故事。图中，文帝居中坐于宝座上，其右侧站立着的慎夫人面带不悦，身旁置一坐墩，坐在文帝左侧坐墩上的皇后则低头不语，袁盎双手持笏，弯腰鞠躬作进谏状。

《却坐图》中，一国之君的文帝、皇后及慎夫人三人的"座次"及关系，反映帝王的权高位重及座次方位不可僭越的"左尊右卑"思想。而《宫中图》与《却坐图》这两

图1　明　仇英《宫中图卷》　日本永青文库藏

图2　南宋　佚名《却坐图》　台北故宫博物院藏

---

① ［明］罗贯中著：《三国演义》第八十六回"难张温秦宓逞天辩　破曹丕徐盛用火攻"，人民文学出版社，2019年。
② ［宋］王安中撰：《初寮集》卷一，《文渊阁四库全书》电子版，上海人民出版社、迪志文化出版有限公司，1999年，第77页。
③ 本图引自吴美凤：《"君尊如天，臣卑如地"——明代宫廷内的起坐之间》，《故宫学刊》2014年第1期。
④ 中国古代书画鉴定组编：《中国绘画全集》五代宋辽金4，浙江人民美术出版社、文物出版社，1999年。

幅绘画作品中的坐墩皆与皇帝坐具较近，这从一个侧面也体现了坐墩的等级观念。

结　语

"家具是呈现人类生活方式、艺术理念、社会规范的载体"[①]，坐墩这一被称作最有个性的坐具在中国家具史占有重要的地位，虽然其政治功能已消失殆尽，但它作为家具中的一个品类，仍然在我们的日常生活中扮演举足轻重的角色。而文献为我们留下的这些丰富资料，是不可多得的瑰宝，对研究我国古代社会生产生活及家具的发展有不可磨灭的意义。

[①] 邵晓峰、李汇龙：《敦煌壁画与高型坐具图式的融入——以胡床、凳、墩为例》，《美术大观》2020年第4期。

旅顺博物馆藏梵文大钟的来龙去脉

刘立丽

旅顺博物馆

内容提要： 旅顺博物馆藏梵文大钟，自2007年入藏以来备受关注。因大钟周身无款识，其年代来源认定一直困扰着学界。最直接的信息来源于大连劳动公园的一通碑文，但囿于原始资料的限制，碑文的可信度一直饱受学界质疑。经过几年的探究，结合钟体造型和铭文特点，我们终于解开多年来的疑惑，此钟属于明代中晚期北京地区寺庙所用的佛钟。

关键词： 旅顺博物馆　梵钟　造型　铭文　明代　北京

现位于旅顺博物馆主馆大堂的梵文大铜钟（图1），原存放于大连劳动公园，为更好地对铜钟实施保护，依据《文物保护法》，经立项审批，2007年3月31日大连市风景园林处将铜钟正式拨交给旅顺博物馆，后经旅顺博物馆专家鉴定组鉴定为国家二级文物。该钟自入藏以来，备受国内外学术界的关注，尤其是铜钟的来源和年代更是热议的话题。多年来学者们不懈地寻找"真相"，终于揭开了谜底。本文就这一心路历程进行阐述。

一、大钟原始信息的追查

旅博藏梵文大铜钟，通高2.2米，口径1.35米，重1.67吨。整体造型协调优美，双龙相背蒲牢钮，两龙相连的背部有锯齿状背麟；钟体修长，铸满梵字铭文，中间以铸范痕迹自然分为四部分；钟裙波曲外敞，铸满水波纹，雕造细致；钟耳八个，波峰与波谷处宽度相近；撞座四个，素面

图1　旅顺博物馆藏梵文大钟

圆形，位置较低。铜钟周身无年代款识，钟身有一人为破损处，在入馆前曾进铸造厂维修，现已修补。

长期以来，大多数人把这口梵钟视为"元至正六年朝廷为弘扬法派人在朝鲜所铸"，因钟身所铸内容又称"祈福钟"。这个说法源于劳动公园的一通介绍性碑文（图2），原文内容为：

> 该钟距今已经有六百五十六年的历史。公元一三四七年（元顺帝至正六年间），元朝朝廷为在高丽国弘扬佛法，由皇家出资并派使臣在朝鲜铸此钟。

公元一九零五年，日本东愿派佛教法师阿部荣全来大连布教并着手建造东本愿寺（现大连京剧团团址）。公元一九零六年，他将自己在朝鲜仁川布教时获悉的中国元朝古钟身世报告日本当局，日本当局遂将古钟运至大连，并安放在东本愿寺。

一九五八年，东本愿寺周边改建，古钟被迁至劳动公园。古钟缺口是在一九五七年被人损坏。该钟钟体文为兰查体梵文《阿罗尼咒》经文，主要内容是祈祷各方佛祖保佑平安、健康。故名"祈福钟"。

图2　大连劳动公园碑文

由上文的碑铭可知，该碑是2003年立起来的，我们按这个线索查找了当年的相关信息并寻访有关当事人，得知2003年大连劳动公园管理部门对公园进行整修，关注到了当时早已立于该公园的大钟（包括钟亭）的来源等情况。为此，公园管理部门通过当时大连的纸媒（大连日报、大连晚报、半岛晨报）对社会进行了信息征集，寻访一些知情的老人。据受访者说，该钟原来在日本殖民时期所建的大连东本愿寺别院附近，1958年移至劳动公园内。而对钟本身的年代、流传过程，囿于缺少第一手材料，学者们只能通过其原存放地推测也许与当时日本殖民时期京都本愿派活跃的布教活动有关，并进一步推测也许与东本愿寺重要的布教僧人阿部荣全有关。鉴于当时辽东半岛与朝鲜的关系，学者们又据已有的朝鲜开城南大门演福寺铜钟铭文，认为这件铜钟也许就是演福寺铜钟铭中提到的由元顺帝时的工匠铸造的另一件存放在金刚山长安寺的铜钟。该钟的年款"至正六年"正是在以上"也许"的推论中，被确定为了"真实的历史"。

长期以来，由于对此钟的研究甚少，其年代和来源多人云亦云，未经仔细推敲，以至于引发误解。

且不说流传经历的准确与否，单从碑文对钟体本身的阐述来看就有两个不恰当之处，首先开篇第二句讲到的"公元一三四七年（元顺帝至正六年间）"这个时间就是有误的，"公元一三四七年"实际对应的正确年份应该是"至正七年"，"至正六年"应为"一三四六年"。再则，关于钟体文字的内容，碑中提到"该钟钟体文为兰查体梵文《阿罗尼咒》经文"是不确切的，经专家研究，文中所谓"阿罗尼咒"应当指"陀罗尼"，也可以称为"咒"，没有"阿罗尼咒"这种说法。钟上所铸的广本《心经》是按照"经"的体例来的，其本质上算一种陀罗尼，但比一般其他陀罗尼又有区别[1]。由此看来撰文的人并未对大钟进行过详细研究。

那么，这个大钟是否如碑文所说，就是元朝廷出资在朝鲜铸的呢？是否是演福寺钟铭中提到的金刚山长安寺铜钟呢？

据高丽大臣李谷在《稼轩集》卷7《演福寺新铸钟铭并序》记述：

元末，顺帝命（曲城府院君廉悌臣）降香金刚山……至正六年春，资政院使姜公金刚、左藏库副使辛侯裔奉天子之命，以金币来，铸钟于金刚山。

上文说的是，至正六年（1346）春天，姜、辛二使遵元顺帝之命，来到高丽国，为金刚山长安寺铸钟。有关专家由此推断旅博梵钟即为这件。诚然，在演福寺钟之前元朝政府的确给金刚山长安寺铸了一口铜钟，但是这件长安寺钟早已毁于一场大火[2]，所以在昭和二年（1927）及昭和七年（1932）出版的《朝鲜国宝的遗物及古迹大全》和《朝鲜美术史》这两本较全面记录朝鲜宝物的著作中，均提到演福寺大钟，而绝口不提长安寺铜钟。如果旅博梵钟是长安寺钟且还存世，必定可入朝鲜国宝目录，因此演福寺钟铭中提到的另一件"至正六年"铜钟并不是旅博现藏的这件。从另一个角度说，所谓旅博藏梵钟"铸造于至正六年"的记录是错误的。

图3　朝鲜演福寺大钟（图片来源于网络）

---

[1] 此处表述的学术支撑来源于现任职于兰州大学敦煌学研究所的张丽香教授。
[2] 《长安寺钟记》，摘自朝鲜总督府：《朝鲜金石总览》，日韩印刷所，1919年，第1054页。

图4　东莞资福寺铜钟（图片来源于网络）

从现有的演福寺钟铭的叙述来看，元朝政府当时给金刚山长安寺铸造的必是一口与演福寺钟（图3）极其相似或相同的汉钟。国内现存也有几件至正六年铜钟，如广东东莞市博物馆收藏的资福寺铜钟（图4）基本形制也与演福寺钟相似。而旅博梵钟的形制与之截然不同。

二、对旅博梵钟本体的考证

对于藏品个案的研究是博物馆学术研究的重要内容，从大钟入藏旅顺博物馆之日起我们就将其作为文物研究的一项内容，但由于钟体本身相关资料缺乏，加之可参考的资料甚少，所以此项工作推进很慢。

真正促使研究提上日程的，是2020年韩国外事部门提出将大钟借展至韩国仁川，博物馆的专业人员在整理该钟的相关信息时意识到必须先对该钟原始信息进行厘定，并对其年代、历史价值给出专业认定。关于这件大钟有三个关键问题：一是原始信息中的年款"至正六年"没有依据，二是钟的梵文内容尚未具体释读，三是钟的器型、纹饰等缺少文物学判定。

对于年款上文已提出质疑，下面重点讨论后两个问题。

1. 对钟铭的考证

旅博藏的这口钟钟身铸满了阳文的兰札体梵文，由于旅博无人能识读梵文，我们有幸邀请到了兰州大学的张丽香教授[①]。张丽香是国内为数不多的梵文专家，认真且严谨。正是她的细致工作，解决了该钟的关键问题。她对铭文一一识读，确定其内容主体为兰札体所书梵语《般若波罗蜜多心经》广本，《心经》后为《坚牢不动金刚咒》《法身偈》（ye dharma 偈颂）《总佛菩萨咒》。

文初曾交代过，大连劳动公园碑文上写道"钟体文为兰查体梵文《阿罗尼咒》经文"，以至于后来的各种转载也是沿用此说，张老师的释读对钟体梵文进行了确证，进而纠正了原碑文记载的不当之处。

张丽香教授从梵文书写、梵文心经在汉地的流传等几个方面，认为该钟梵文心经是学术界所称的广本心经。在对此梵文《心经》进行不同版本对勘时，发现此铭文与孔泽（E. Conze）所用版本中三个出自

---

① 张丽香：德国慕尼黑大学博士，先后任教于中国人民大学国学院西域历史语言研究所、兰州大学敦煌学研究所，在梵语文献与梵语写本方面颇有研究，出版有《中国人民大学博物馆藏于阗文书——婆罗谜字体佛经残片：梵语、于阗语》等著作。

中国的梵文版本相同之处较多。在查找资料的过程中，张丽香教授发现一个意外的惊喜，孔泽在考证梵文心经的版本时注引了俄国梵文学者米罗诺夫（N. D. Mironov）于1932年发表的一篇相关论文，在该文中，米罗诺夫提到了一件他曾调查过的有梵文心经的大铜钟，并对钟铭做过不完整的转写（米氏转写了19行铭文中的11行）。米氏文章[①]说明其转写的是一件来自北京寺庙、当时存于大连并为T. Kosugi所有的梵钟铭文。张丽香教授认为米氏曾做过部分铭文转写的梵钟即旅博所藏梵钟，原因如下：

第一，米罗诺夫的转写共有11行（共19行），对应钟体前两部分铭文，即钟顶到钟肩的3行和钟体上部的8行，缺钟体下部的8行，在这11行中除了第5行结尾多了śi-（应在第6行开头）之外所有行的起止处均与现旅博大钟铭文一致；第二，钟体下部文字排列顺序颇为特殊，八字一组倒序排列给解读造成了相当大的困扰，这很可能就是当时米罗诺夫没有给出下面八行铭文转写的原因；第三，在米氏转写中很多拼写错误与现存旅博大钟铭文一致。以上第一点和第三点很难说是纯属巧合。因此可以确定，这就是同一件梵钟的铭文[②]。

既然如此，旅博梵钟的来源也就锁定了，按照米氏所给信息，这件梵钟最初是从北京一寺院迁至大连的，按其文章发表的时间，这口大钟最迟应该是于1932年从北京运到大连的。

米罗诺夫对于旅顺博物馆来说并不是陌生人，他与之还有一定的渊源。米氏是旅博西域语文书早期的主要整理者，20世纪20年代米罗诺夫曾对其馆藏的吐火罗语、回鹘语、梵语文书残片等进行了初步整理，1923年8月在上海发表了《属于大谷门主的婆罗迷文写本的残片目录》，奠定了我们今天的保管基础。

历史给人的惊喜何其多！

2. 对大钟的器型及纹饰考证

为了更明确地厘清梵钟的造型、装饰与年代的关系，我们辗转找到了国内梵钟研究专家全锦云老师。全老师毕业于北京大学考古系，曾就职于北京大钟寺古钟博物馆，多年来致力于全国古钟的普查及中日韩三国梵钟文化的综合比较研究工作，代表著作《东亚梵钟文化研究》[③]用考古类型学的方法来研究东亚梵钟文化，是国内唯一一部系统研究梵钟的著作。

全老师多年前曾来大连进行过梵钟调查，但很遗憾当时并未见到旅博这口梵钟，全老师表示旅博梵钟除裙部分有简单的装饰外，从钟肩到钟体全部只刻梵文，没有任何分区及其他文字及图纹装饰，这种装饰手法为目前仅见，这也为梵钟研究增添了新的内容。凭借其深厚的专业素养及多年来的研究心得，全老师将旅博梵钟与中国和韩国的梵钟做了详尽的对比和分析，得出的结论是：旅博梵钟是明代中晚期的北方钟。

其依据如下：

关于中国明代的梵钟，从造形上看，

---

① N. D. Mironov：" The Prajñāpāramitāhṛdayasūtra as an Inscription", *Journal of Urusvati* 1932, pp.73-78.
② 张丽香：《旅顺博物馆藏梵字大钟及其铭文解读》，《旅顺博物馆学苑2022》，上海古籍出版社，第94页。
③ 全锦云：《东亚梵钟文化研究》，文物出版社，2018年。

该时期钟体更显厚重、端庄，基本上下同宽，口沿微敞；从口沿形状上看，分波形口和平口两种形态，其中波形口是北方钟的形制；从钟钮上看，圆雕蒲牢钮从唐代开始就集中分布在中原腹心之地，明清时代尤以北京一地为大宗；从钟裙的纹饰上看，海水及浪花纹饰出现于明宣德年间，在嘉靖以后则很少见，且早期的波浪比较随意，越到后期越规范。

全老师类比了国内多口明代钟，指出旅博梵钟都与之在造型上呈现一脉相承的时代特征。此前因钟身无年款对年代判定产生困扰，研究重心都放在了对梵文的解读而忽略了其他细节，全老师从钟钮特别是钟裙的纹饰入手，对浪花纹饰给出了明确的时间界定，并指出这是特定时代的产物，结合造型特征锁定了梵钟的年代。也有专家认为水波浪花纹为明清以后多见的图案，类似图案在明代皇室及贵族的衣服下摆已有出现，但所见梵钟钟裙此图案为目前仅见，或可从图案方面做文化背景相关性探讨[①]。

就旅博梵钟而言，其基本形制为双头圆雕蒲牢钮，钟体修长，波形口，钟裙装饰规则波浪纹，非常明显属于明代以后的梵钟形制，且是北方特别是北京及其周边地区比较典型的造型。

三、结　语

在对梵文大钟的调查研究取得阶段性成果的基础上，旅顺博物馆于2023年7月8日召开了"梵文大钟学术交流会"（图5），我们邀请了全锦云和张丽香两位老师进行研究成果分享，不少来自社会各界对此一直关注和支持的学者也参加了此次交流。两位老师从钟体本身出发，从空间属性、文化属性、社会属性、区域文化属性等维度展开阐述，确定旅博所藏梵钟为明代中晚期来自北京地区寺庙的佛钟。其结论有理有据，无懈可击，得到了与会学者的一致认可。学术谜题得到破解，一系列争端也迎刃而解。

这个问题的解决也给旅顺博物馆藏品个案的研究提供了重要的启示，提示我们学术研究要尊重事实，要多维度地全面思考问题。当然，这只是阶段性的成果，新的问题也随之产生：该钟原来在北京的存放地是哪里？1930年代在大连的收藏者小杉又谁？是在什么背景下运过来的……这都将是值得我们深入研究的内容。

图5　旅顺博物馆藏梵文大钟学术交流会

---

① 张丽香：《旅顺博物馆藏梵字大钟及其铭文解读》，《旅顺博物馆学苑2022》，上海古籍出版社，第92页。

神圣的一生
——从佛故事浮雕中的佛陀图像谈起

徐媛媛

旅顺博物馆

内容提要：佛故事，记录了佛教圣者——佛陀从诞生直至涅槃的这一历程。这些故事被视为佛教历史的重要组成部分，被雕刻家们镌刻于窣堵波及佛教寺院之上，以供僧侣及信徒们礼拜、瞻仰。本文试图从佛故事浮雕中的佛陀图像出发，在探讨图像的出现、主题及演变的同时，对佛陀从导师到神祇这一演变过程进行初步分析。

关键词：佛陀　佛故事　导师　神祇

乔达摩·悉达多（Gautama Siddhartha），喜马拉雅山麓下迦毗罗卫国（Kapilarastu）王子，优秀的王位继承人，他与美丽的妻子拘利族公主耶输陀罗（Yaśodharā）育有一子，却在29岁时放弃了曾经拥有的一切，毅然离家，走上修行求道之路。35岁时，他创立了佛教，开启了弘法之路，直至80岁步入彼岸。那些被工匠们镌刻于石头之上存留至今的佛故事，记录了他从投胎至涅槃，甚至包括前世之事，向佛教徒们展现其神圣的一生。

一、从无像到有像

在早期佛教中，佛教徒们遵循佛陀的教诲，坚信"佛身虽逝，佛法永存"，他们认为"深奥的学理已超越具体的形象"，只有佛法才是最重要的，强调舍弃肉身，才能最终达到无余涅槃，从而彻底摆脱六道轮回之苦。于是，早期佛教雕刻中并没有给佛陀以具体形象，一些代表了"难以言喻的灵性和佛法的实质"的象征物则应运而生，例如：一头小象（或带有光晕），代表佛陀从天乘象下凡（图1）；莲花，通常是佛陀诞生的象征，为了使画面的表意更为清晰，有时还会加上佛陀的母亲摩耶夫人，她站或坐在莲花上；一匹无人乘骑的马，代表佛陀离开迦毗罗卫国，离家修道；菩提树，表示佛陀的觉悟；一个法轮以及其两侧的信徒和鹿群，则象征佛陀悟道后在鹿野苑（Deer Park）说法（图2）；一连串足印，则被用来象征佛的精神之

典藏研究

图1　石刻白象入胎故事浮雕　旅顺博物馆藏

图2　石刻初转法轮故事浮雕　旅顺博物馆藏

旅，等等①。

实际上，佛像经历了一个从无到有、从隐到显、从小到大、从群像到独立成像的过程。那么，佛陀的人物形象是何时产生的？又是如何创造的？其原型是谁？学术界对此类问题的争论已经持续了一个多世纪之久，至今仍未能达成一致。且这一问题与犍陀罗艺术的起源紧密相关，一直是学界无法回避的热点。现存诸多假说和观点大致可归为两大方面：

第一，受西方古典艺术影响，主要可分为希腊起源说和罗马起源说。

希腊起源说，认为佛陀的原型应该是希腊神话中的阿波罗神（Apollo），即"希腊—佛教艺术"（Greco-Buddhist art）。最早讨论佛像起源问题的是负责印度考古工作的考古学家亚历山大·坎宁安爵士（Sir Alexander Cunningham，1814—1893），其在1874年便提出"西北印度的雕塑可能沿袭了希腊雕刻艺术"这一猜想。英国考古学家约翰·休伯特·马歇尔（John Hubert Marshall，1876—1958）则提出佛像诞生于公元1世纪中叶贵霜王朝时期的犍陀罗地区。他认为用象征手法表现佛陀形象，正是早期印度流派区别于犍陀罗流派的特征之一，并进一步提出犍陀罗艺术是由印度艺术和希腊艺术融合演变而成。希腊起源说得以正式确立。被誉为"犍陀罗研究之父"的法国考古学家福歇（A. Foucher，1865—1952）则明确指出，正是亚历山大之后希腊人对印度的统治，促使佛教与希腊艺术的结合，从而由当地的混血希腊人，或在某个皈依佛教的希腊人或欧洲人指导下的当地人，创作出了这种以阿波罗为原型的佛陀。希腊起源说得以壮大②。

罗马起源说，则认为佛陀的人物形象源自罗马身着托加（toga）的人物雕塑，甚至来自罗马皇帝奥古斯都的雕像，即"罗马—佛教艺术"（Romano-Buddhist art）。由20世纪40—50年代欧美学者提出，代表

---

① 徐媛媛：《旅顺博物馆馆藏古代印度佛教造像概论》，《旅顺博物馆馆藏文物选粹·古印度雕塑卷》，大连理工大学出版社，2012年，第6页；《旅顺博物馆藏古代印度佛教造像摭谈》，《收藏家》2013年第8期。

② 伊家慧：《从犍陀罗佛像起源问题看佛教文化的本土化和多元化》，《西南民族大学学报（人文社会科学版）》2023年第6期，第69—70页。

人物有H.布弗塔尔（H. Buchthal）以及M.惠勒（Mortomer Wheeler）、本杰明·罗兰（Benjamin Rowland）、亚历山大·C.索珀（Alexander C. Soper）等，他们认为犍陀罗佛像产生于公元1世纪末前后的犍陀罗，其中的西方文化影响并非来源于希腊，而是贵霜王朝在与罗马帝国进行海上贸易时文化交流、碰撞产生的结果①。

第二，受印度本土文化影响，其中以"马图拉起源说"最为盛行。

佛陀原型从印度的宗教和文化传统中发展而来，没有固定的原型，此即印度起源说。此派学者们从印度宗教与文化传统中，寻求佛陀形象的起源，如印度的自然精灵之神夜叉（Yaksha）和耆那教的人物形象，认为马图拉（Mathurā，又译"秣菟罗"）是佛陀人物形象的发源地，此地的佛像早于犍陀罗的佛像，而且佛陀形象的出现在迦腻色伽在位之时或之前，因此佛像起源于印度，与印度—希腊人无关。自1923年开始，以郭鲁柏（V. Goloubew）为首的学者便开始反驳"犍陀罗起源说"。1927年，斯里兰卡裔美国学者库马拉斯瓦米（A. K. Coomaraswamy，1877—1947）明确提出"马图拉起源说"，认为犍陀罗和马图拉两地的佛像于公元1世纪初叶或中叶同时产生，相互独立，而马图拉佛像才是此后的印度佛教艺术发展的主要源头②。

图3　奥林匹亚的阿波罗③
希腊奥林匹亚考古博物馆藏

图4　望楼的阿波罗（Apollo Belvedere）④
梵蒂冈博物馆藏

---

① 伊家慧：《从犍陀罗佛像起源问题看佛教文化的本土化和多元化》，《西南民族大学学报（人文社会科学版）》2023年第6期，第70页。
② 伊家慧：《从犍陀罗佛像起源问题看佛教文化的本土化和多元化》，《西南民族大学学报（人文社会科学版）》2023年第6期，第70页。
③ 约公元前460年。
④ 又译作"贝尔维德雷的阿波罗"。原为青铜雕像，公元前350—前325年间希腊雕塑家莱奥卡雷斯（Leochares）制作。此为罗马复制品，哈德良时期（约公元120—140年）。

事实上，从现有的佛故事浮雕中的佛陀图像来看，无论佛像最早出现在马图拉或犍陀罗，还是出现在印度—希腊人或印度—斯基泰人时期，或者出现在贵霜王迦腻色迦时期，其中蕴含的古典元素或者说希腊化元素，比如故事母题、人物、神祇、纹饰等等，是显而易见的。佛教造像起源的多元性，及其所具备的多元文化特征如今已为学术界广泛接受。那么，这些诸如希腊化等的外来元素与印度本土元素是如何结合在一起的呢？

图5　石雕佛头像
旅顺博物馆藏

二、从希腊到希腊化

1. 希腊罗马神话中的阿波罗

阿波罗，又被称作福珀斯·阿波罗，是古希腊罗马神话中的光明之神。阿波罗作为一位永生的神，通常被塑造成一位精力充沛、血气方刚的年轻人形象。他头上通常戴着用月桂树、爱神木、橄榄树或睡莲的枝叶编织的冠冕，前额宽阔，容貌英俊，长发垂在肩上，精明、坚定、安详、端庄且自豪。

在希腊神谱中，阿波罗是奥林匹斯十二神之一，众神之王宙斯（Zeus）和暗夜女神勒托（Leto）的儿子，月亮女神阿耳忒弥斯（Artemis）的哥哥。在众多的奥林匹斯山神中，阿波罗备受推崇。他主管音乐和竖琴，兼管诗歌的灵感，诗人和预言家都靠他的启示。阿波罗很擅长弹奏竖琴，美妙的旋律有如天籁；他还精通箭术，百发百中，从未射失；他也是医药之神，把医术传给人们；而且由于聪明通晓

图6　奥古斯都像[①]
梵蒂冈博物馆藏

---

① 大理石雕像，创作于公元前19—前13年，出土于罗马近郊。

世事，所以他也是预言之神。掌管音乐、医药、寓言的阿波罗，是希腊神话中最多才多艺，也是最美最英俊的男神，是男性美的象征。

在罗马神谱中，他是主神朱庇特（Jupiter）和黑暗女神拉托娜（Latona）的儿子，月亮女神戴安娜（Diana）的哥哥。虽然罗马人几乎接受了希腊所有的神，但几乎都赋予了其新的名称，而太阳神阿波罗却是其中极为少见得以保持原名的神。除了保留原名外，阿波罗的职能也同样得以延续。在希腊神话中，阿波罗主管了光明、预言、医药、畜牧、音乐等，是人类的保护神、光明之神、预言之神、迁徙和航海者的保护神、医神以及消灾弥难之神；在罗马神话中，阿波罗同样代表了光明、治愈、医疗、音乐、诗歌、预言、箭术和真理。

虽然马其顿亚历山大大帝并不是传统意义上的古希腊城邦公民，但正是他的东征（Alexander's Expedition），把希腊的神以及希腊神人同形同性的宗教观念带到了中亚、印度。也是他的后继者，以及希腊—马其顿人的后裔在此地长达三个多世纪的存在，才使得这些希腊神被当地的佛教信徒所熟悉进而接纳，并根据其原来的属性、功能和外形做了一定程度的改造，将他们引入佛教，成为佛教中的神明或护法。这一演变过程漫长且缓慢，至少要延续到公元4世纪的哈达时期。

此外，犍陀罗艺术在贵霜时期也可能受到通过海陆丝路远道而来的罗马艺术的巨大影响。罗马帝国初期的艺术风格也随着海上丝绸之路的开通，传到印度、中亚。然而，由于罗马艺术一般被认为是希腊艺术的延续和发展，其为犍陀罗艺术带来新形式和理念的同时，仍保留了希腊神的基本特征，对希腊化文化有继承、扬弃、改造和发展，保持了一定的"希腊性"（Greekness）。因此，相对于东方艺术和宗教而言，来自地中海地区的希腊、罗马艺术都可以归入广义的希腊化艺术范畴。它们与当地文化、艺术的结合，是自亚历山大以来数百年东西方文化交往互动的结果①。

2. 希腊化②文明中的阿波罗

公元前327年，马其顿国王亚历山大大帝征服波斯帝国后，越过兴都库什山（Hindu Kush），于公元前326年攻占印度五河地区，即巴基斯坦北部和印度河中上游地区，并在当地建立了由希腊人统治的城邦国家。然而由于士兵厌战和印度人民的反抗，公元前325年亚历山大不得不率军撤回到巴

---

① 杨巨平：《犍陀罗艺术中的"希腊神"及其在中国的演化——一项基于图像的初步考察》，《西域研究》2022年第1期，第120—121页。
② "希腊化"（Hellenism）这一概念，由德国历史学家德罗伊森（J. G. Droysen，1808—1884）提出，之后被认定为希腊古典时期之后的又一个时代，并与希腊文化东传的历史现象紧密相关。"希腊化"包含三层内涵：①"希腊化文化"，即希腊文化向东方传播后与东方文化相融合的产物；②"希腊化时代"（Hellenistic Age），指从亚历山大东征（前334年）到埃及托勒密王朝最后灭亡（前30年）之间的历史时期（杜继文主编：《佛教史》，江苏人民出版社，2008年，第11页）；③"希腊精神"，即希腊、罗马的古典文化。值得注意的是，这一概念产生的历史背景导致其又带有"希腊中心主义"和"西方中心主义"色彩（[日]森谷公俊著，徐磊译：《亚历山大的征服与神话》，北京日报出版社，2020年，第11页）。

比伦，仅留下部分驻军。与帝国的其他地区一样，亚历山大均采取分而治之的方式，委托原来的印度地方首领（Porus和Taxiles）来管理新征服的地区，但在战略要地仍然部署军队驻守。亚历山大帝国崩溃后，驻守印度的将领欧德谟斯（Eudemus）和佩松（Peithon）率军于公元前316年撤出，印度西北部归于新兴的印度孔雀王朝管辖之下①。公元前312年，留驻于此的人们在这里建起了由希腊人统治的王国——塞琉古王朝（the Seleucid dynasty）②。

塞琉古王朝，由亚历山大大帝的部将塞琉古一世③（胜利者，前358—前281年）创建的王朝，其以叙利亚为中心，包括今伊朗和亚美尼亚在内（初期还包括印度的一部分），都城位于安条克，以塞琉西亚作为陪都（位于今伊拉克首都巴格达附近），中国史书称为条支（ntiochia）。

塞琉古一世，上马其顿④奥勒提斯（Orestis）贵族安条克之子，23岁时随亚历山大大帝远征。公元前327年，已担任上马其顿军队中近卫步兵（即持盾卫队）的皇家团（agema）指挥官，保卫国王平时和战时的安危，这支部队也是日后银盾兵的前身。塞琉古凭借在远征中尽职的表现，于公元前324年春天的苏萨集体婚礼中迎娶了巴克特利亚贵族斯皮塔米尼斯的女儿阿帕玛，孕育了长子安条克一世⑤（救星），以及两个女儿劳迪丝和阿帕玛。公元前323年，亚历山大大帝在没有指定继承人的情况下，于巴比伦去世。他的将军佩尔狄卡斯（Perdiccas）成为摄政王，而亚历山大同父异母且心智上有残缺的哥哥阿里达乌斯（Arrhidaeus）继任国王，即腓力三世。不久亚历山大大帝的遗腹子在出生后同样也被拥立为国王，并继承他父亲的名字，即亚历山大四世。在"巴比伦分封协议"⑥中，塞琉古被已摄政的佩尔狄卡斯授予辅政大臣⑦（chiliarch）职务。公元前320年，佩尔狄卡斯在进攻埃及时，因手下培松、塞琉古及安提贞尼斯变节而被刺身亡，安提帕特（Antipater）成为帝国摄政。在第一次继业者战争（前322—前320年）中联合起来对抗佩尔狄卡斯的各将军们，再一次对亚历山大帝国领土进行分配，即"特里帕拉迪苏斯分封协议"（前321年），塞琉古因背离佩尔狄卡斯而得到了奖赏，获得富饶的巴比伦总督

---

① 杨巨平：《希腊化还是印度化："Yavanas"考》，《历史研究》2011年第6期。
② 徐媛媛：《旅顺博物馆馆藏古代印度佛教造像概论》，《旅顺博物馆馆藏文物选粹·古印度雕塑卷》，大连理工大学出版社，第6—7页。
③ 前311—前305年，总督；前305—前281年，国王。
④ 马其顿，分为下马其顿和上马其顿两个地区。上马其顿位于西部，现在分属阿尔巴尼亚、希腊、保加利亚，以及马其顿共和国；下马其顿位于北部，现在属于希腊共和国。
⑤ 公元前291年起，与父共治；公元前281年至前261年，单独统治。
⑥ 巴比伦分封协议出现于公元前323年，该协议主要是为了确定如何瓜分亚历山大大帝死后遗留下的大片疆土，此协议由他手下众将领主持。经协商，最终腓力三世当上国王，佩尔狄卡斯摄政。佩尔狄卡斯摄政期间将疆土重新分封给亚历山大大帝的前将领及总督。公元前320年，随着第一次继业者战争结束，此协议被另一协议"特里帕拉迪苏斯分封协议"所取代。
⑦ 此职位为亚历山大所创，用来分担国王处理庞大帝国的一些事务。

职位。公元前319年，帝国摄政安提帕特去世，第二次继业者之战（前319—前315年）爆发。安提帕特略过自己的儿子①卡山德（Cassander，前350—前297年），宣布由波利伯孔②（Polyperchon，前394—前303年）继承摄政之位。波利伯孔与卡山德之间的一场内战随即在马其顿及希腊爆发。卡山德得到安提柯及托勒密的支持，塞琉古再度幸运地站在最终取得胜利的阵营——安提柯一方。公元前315年，欧迈尼斯最终因被自己的银盾兵部队出卖而被杀，安提柯得到了帝国在亚洲领土的控制权。然而，由于塞琉古在未得安提柯的许可下就处罚了安提柯的军官，并明确拒绝了向他贡献行省收入的要求，二人的关系降到冰点，塞琉古带着50个亲近的侍从逃往埃及。逃到埃及后，塞琉古派人前往希腊，向卡山德和色雷斯的利西马科斯控诉安提柯的行为。此时，安提柯的实力已经壮大到其他的继业者无法容忍的地步，于是卡山德、利西马科斯、托勒密联合起来，要求安提柯归还塞琉古在巴比伦领地，但遭到安提柯拒绝，第三次继业者战争（前314—前311年）爆发。公元前312年，在加沙战役中，安提柯先前任命的巴比伦总督培松阵亡，塞琉古准备返回巴比伦，并最终于公元前311年攻陷这座要塞，占领了全城，并击退、收编了安提柯方的残余部队，进而开始其征服东方的进程。塞琉古在短短半年内几乎拥有了波斯帝国的大部分领土，并赢得了"胜利者"的称号。公元前306年，亚历山大四世的死讯被公布，安提柯一世与其子德米特里一世开始使用巴西列斯（basileus，即国王）这一头衔，其他的继业者托勒密一世、利西马科斯，也为自己冠上巴西列斯以示对抗。而塞琉古也同样使用了这一头衔，正式建立塞琉古帝国，并在底格里斯河畔建造一座以自己的名字命名的新城市——塞琉西亚。

传说在塞琉古出发跟随亚历山大大帝远征波斯之时，他的母亲劳迪丝告诉他其真正的父亲是太阳神阿波罗，梦中阿波罗给了劳迪丝一个刻着船锚图形的戒指，梦醒后也在床上找到了这个戒指。之后塞琉古诞生，身上也有一个船锚似的胎记，而且据说塞琉古的后代子孙也有这个胎记。虽然，这个故事与亚历山大出生的传说过于雷同，很可能是创造出来用作宣传，以说服人们相信他是亚历山大真正的继业者。然而，塞琉古王国

图7 阿波罗头像钱币③
欧西德莫斯二世（EucratidesⅡ），青铜，头戴月桂花冠

---

① 也有记录为兄长。
② 马其顿将领，追随亚历山大大帝，参与了整个远征。
③ 闫丽：《中亚出土古希腊神像研究》，兰州大学硕士学位论文，2017年，第22—23页。

图8 阿波罗立像钱币①
祖罗斯二世（Zoilos II），青铜，双手持箭

的确是将阿波罗当作了王国的保护神，塞琉古王国钱币背面以阿波罗神为主，且此后从塞琉古王国独立出来的巴克特里亚希腊人王国和后来的印度—希腊人王国，也都发行过"国王—阿波罗型"的钱币。这些钱币的流通、延续无疑也加深了佛教徒对阿波罗神的熟悉和接受，这可能也是"阿波罗—佛陀"得以出现的重要原因之一。

三、从王子到神祇

一般认为，佛陀的一生大概可分为三个阶段：第一阶段，出生至29岁，居住于王宫之中，过着安逸的生活，为居家期；第二阶段，29至35岁，离家寻求解脱之法，可谓苦行期；第三阶段，35至80岁，得道成佛，并开始弘法，最终走向涅槃。佛陀是如何从一个觉悟者、传道者，有生有死的凡人，转变成为一位无所不能的神祇的呢？这与大乘佛教的出现与盛行有十分紧密的联系。这一造神过程，既是佛教内部发展的需要，也是外部多元文化的自然融合推动。

1. 记录了超凡事迹的佛故事

佛故事，不论是佛本生故事，还是佛传故事中，都记录了一些神化了的传记故事。其中，佛本生故事取自佛《本生经》（Jatakas），这是佛经中最具文学性的作品之一，它不仅是一部宗教典籍，而且是一部年代久远、规模庞大、流传极广的民间故事集。这些故事描述了佛陀从入胎、出生、成长、出家、苦修、悟道、降魔、成佛以及涅槃神化。而佛传故事则主要是描写佛陀一生教化事迹的，它并不是根据佛陀一生中真实发生过的事，而多是一些神奇的传闻。其内容一般有：仙人布发掩泥得燃灯佛授记；菩萨在忉利天②（Trayastrimsatdeva）说法；白象形降神人胎；右胁而生；父王奉太子入天祠，天神起迎；阿思陀（Asita）为太子占相；入学习文；比试武术；太子纳妃；太子田间观耕后，树下静观；太子出游四门，见老、病、死和沙门；太子在宫闱中的生活，见妇女姿态深可厌恶；逾城出家；六年苦行；降魔；成道；梵天劝请说法；鹿野苑初转法轮，度五比丘（manks）；降伏毒龙，度三迦叶；游化摩揭陀国③（Magadha）；还回

---

① 闫丽：《中亚出土古希腊神像研究》，兰州大学硕士学位论文，2017年，第23—24页。
② 忉利天（巴利文 Tāvatiṃsa，梵文 Trayastriṃśa），又意译为三十三天（belonging to the thirty-three [devas]），是佛教世界中"欲界六天"的第二层天，因有三十三个天国而得名。忉利天位于须弥山（Sumeru）顶端。
③ 位于恒河（Ganges）中下游地区，大体相当于今比哈尔邦的中南部，是古代中印度的一个重要王国，其都城为王舍城（Rajagaha，今拉杰吉尔 Rajgir），后迁至位于松河（Son）和恒河汇合处的华氏城（Pataliputra，今巴特那 Patna）。

迦毗罗卫，与父净饭王（Suddhodana）相见；给孤独园长者奉献祇陀树园；升天为母摩耶（Maya）夫人说法后下降人间；提婆达多①（Devadatta）以醉象害佛，佛调伏醉象；教化伊罗钵龙王（Erpattra）；在双林入涅槃；迦叶来礼佛，佛从金棺现双足；八王分取舍利等等。而镌刻了佛陀被"神化"的"神奇"之事的浮雕故事，更多是集中在第三阶段，即其弘法的过程之中。这些浮雕所表现的内容，场面宏大，人物众多，极力地向信徒们展现着佛陀的不凡。

旅顺博物馆所藏石刻帝释窟禅定浮雕（图9），高72厘米，长60厘米。

佛陀居中，为主尊，有头光，高发髻，眼睑低垂，双目微睁，双唇微抿，施禅定印，结跏趺坐于洞窟中。表情肃穆，处于三昧状态的佛陀，发出的火焰舔卷着洞壁。佛陀周围的浮雕分为五层，从上至下分别为：第一层，刻有前来拜访的诸天、树木、及形态各异的动物，如猴子、鹿、羊等，表示故事发生在荒野；第二层，存五人，左侧二人，一人蹲坐，手持金刚杵，望向佛陀，应为护法神，一人双手合十做礼拜状，其后似还刻有一人，已无法辨识；右侧三人，一人似在呼唤身后二人，三人均向佛陀处张望，身后还刻有一棵树；第三层，存四人，左右各两人，均身体微屈，望向佛陀，左侧似刻有围栏门；第四层，刻有八个人物，似在奏乐并歌舞，应为奉命前来唤醒佛陀的乐师们；第五层，可辨识出七个人物，从构图看居

图9　石刻帝释窟禅定浮雕　旅顺博物馆藏

中的可能为坐于方座之上的佛陀，可见头光，两侧应为礼拜或献礼之人②。从浮雕所雕刻的内容看，应该是佛陀游历摩揭陀国时，暂住王舍城附近毘陀山因陀沙罗窟（Indrasala Cave）禅定的故事，亦即帝释窟禅定。"帝释窟禅定"，讲述的是帝释天派乐神般遮翼（Pañcasikha，五髻乾闼婆）通过美妙的乐音唤醒了禅定的佛陀，最终求得解脱的故事。

旅顺博物馆所藏石刻佛故事（大神变）浮雕（图10），长41厘米，宽34厘米。

浮雕整体构图如绽放的花朵，中心为圆形的花蕊，其外为逐层递进的花瓣，共三层。立于莲座之上的佛陀处于花蕊的中心位置，礼拜佛陀的众人则环侍四周。中心花蕊浮雕，自下往上分五层：第一层，中间为两个对称且内部光滑的圆形小盘，两盘相接空隙处雕有细长花瓣，左右两侧

---

① 出身刹帝利释迦族，释迦牟尼的堂兄弟，佛侍者阿难罗汉亲生兄长。他曾加入释迦牟尼领导的僧团，但是后来因为意见不合与权力斗争，离开释迦牟尼，另外成立教团。

② 旅顺博物馆编：《大美之佛：旅顺博物馆藏犍陀罗造像精品》，文物出版社，2023年，第31—33页。

图10 石刻佛故事（大神变）浮雕 旅顺博物馆藏

各刻有一只有翼怪兽。第二层，中心一人跪坐，双手高举，紧贴佛座之下，两侧各雕有一头卧象，象鼻卷于由上层垂下的石柱之上。从构图上看，应是由此一人两象撑起了第三层空间。象后各立一人，似正探身出来，仰头上望。象首后各刻有三人，均呈仰首之姿态，望向佛陀的方向。佛陀立于浮雕三、四层的中间位置，身形高大，圆肉髻，面部表情肃穆，右手举于胸前，施无畏印，左臂抬于腰部，手握衣襟，赤足。第三层人物，左五右四，共计九人，立于仰莲之上，应为佛修者（菩萨）和力士。第四层人物，左四右五，共计九人，似立于空中，应为天人。第五层，对称刻有两位手捧花束的有翼天人[①]。

2. 明显出现变化的造像比例

除了超凡的故事外，浮雕中佛陀与其他人物造像比例的变化，尤其是与被引入佛教故事中的其他神祇对比的变化，也可以作为其从人到神转变的标志。这一变化在梵天劝请故事浮雕中有较直观的表现。

"梵天劝请"主题故事浮雕中的主要人物有三个：佛陀、梵天，以及帝释天，梵天和帝释天通常会侍立于佛陀两侧。梵天，是婆罗门的象征者，是修行者、圣者，通常装束简单质朴，头发挽起，手持修行者的水瓶，几乎没有任何装饰物；帝释天（因陀罗），是刹帝利的象征者，为贵族、世俗王者，装扮更似世俗的王子形象，经常是敷巾冠饰，佩戴项饰和耳饰。

以下两件均为旅顺博物馆所藏石刻梵天劝请故事浮雕：

图11中，帝释天（图左）、佛陀、梵天（图右）相对比，并无太大的差别，从构图看帝释天最低，佛陀居中，而代表修行者的梵天最高。

图12中，帝释天（图右）、佛陀、梵天（图左）的比例则存在着明显的差距。居中结跏趺坐的佛陀，不仅高度略高于二者，其宽度甚至可以说是二者的总和，如此明显的构图，可以证明佛陀的地位已经远远高于代表世俗王者的帝释天，以及代表修行者的梵天，此时的佛陀或许已经完成了由一位凡人导师到一位法力无边的神祇的转变。

图11 石刻梵天劝请故事浮雕 旅顺博物馆藏

---

① 旅顺博物馆编：《大美之佛：旅顺博物馆藏犍陀罗造像精品》，文物出版社，2023年，第38—41页。

图12　石刻梵天劝请故事浮雕　旅顺博物馆藏

四、小　结

1955年，意大利考古队启动"斯瓦特考古项目"，经过一系列考古发现及考察研究，学者们认为犍陀罗艺术中首次出现以人的形象表现佛陀、以"精神传记"的形式讲述佛传故事一系列行为的推动者可能并非贵霜王朝，而是塞人及其附属国[①]。1967年，日本学者高田修在其著作《佛像的起源》中提出，佛像在犍陀罗和马图拉几乎同时出现，犍陀罗稍早一些，两者互相独立。犍陀罗佛像是受到希腊艺术影响、欧亚文化混合下的产物，马图拉佛像可能是在听闻犍陀罗佛像已经产生后以自己本土的风格对这股潮流做出的呼应[②]。之后，随着多学科研究的不断深入，希腊、罗马、印度三种起源说虽然仍是讨论的焦点之一，但学术界已经普遍认同了希腊化或罗马化的影响真实存在，佛教造像的起源具有多元文化特征。

犍陀罗，地处亚欧大陆的中心地带，是丝绸之路的贸易中心，印度文明、波斯文明、希腊文明及草原文明汇集于此，并在此交流、碰撞、融合，这使得多元文化特征在被称为"古典时代人类文明的熔炉""东西方文明的十字路口"的犍陀罗地区出土的佛教造像中尤为明显。犍陀罗，与希腊的接触始于亚历山大大帝远征，是"希腊文化与印度文化的混合区"[③]，跟随亚历山大大帝远征而来的希腊人在这片"地处中国、印度、西亚之间""希、印、中文明的相逢之地"[④]建立了希腊—巴克特里亚王国。公元1—2世纪，犍陀罗不仅成为丝绸之路上的佛教艺术中心，同时也是佛教思想中心。佛陀的人物形象在这里出现，人们按照理想化的、美善合一的原则塑造了佛陀形象，这一演变满足了使佛教进一步发展的迫切需要。"为了达到宣传的目的，没有比（通过雕刻艺术的）图像更为有效的办法了。在大乘佛教，对于一个不识字的教徒来说，图像对佛教及其诸神，特别是对众多的菩萨的崇拜和宣传，具有根本的宗教意义。"[⑤]"释迦的活动和奇迹般的故事，使他的生涯'视觉化'，从而走向'现实化'，拉近了佛与人之间的距离。在这种

---

① ［意］卡列宁等编著，魏正中等编译：《犍陀罗艺术探源》，上海古籍出版社，2015年，第54页。
② 高田修：《佛像的起源》，《世界佛学名著译丛（89—90）》，华宇出版社，1986年，第164页。
③ 吕澂：《印度佛学源流略讲》，上海人民出版社，1979年，第33页。
④ 杨巨平：《碰撞与交融：希腊化时代的历史与文化》，中国社会科学出版社，2018年，第62页。
⑤ ［巴基斯坦］穆罕默德·瓦利乌拉·汗著，陆水林译：《犍陀罗——来自巴基斯坦的佛教文明》，五洲传播出版社，2009年，第96页。

宗教意识作用下，由于没有'圣地'，使得人们更加强烈地追求佛陀的姿影。"①同时，原类属于其他宗教文化中的神祇，也在这一过程不断被吸纳进来，融入佛教之中，这些外来神祇在佛教造像中也时有出现，其地位可以通过工匠们所塑造的佛造像直观地表现出来，这也是佛教发展状况的直观表现之一。

---

① [日]宫治昭著，李萍译：《犍陀罗美术寻踪》，人民美术出版社，2006年，第82页。

葫芦岛市博物馆藏"屯留"戈铭文考释和年代再商榷

张大鹏[1] 崔 蕾[2]

1.葫芦岛市博物馆 2.锦州市博物馆（锦州市考古和文物保护研究所）

内容提要："屯留"戈在东北地区属首次发现，并且仅存一件，藏于葫芦岛市博物馆。该采集品由于缺乏地层单位和遗迹单位，其年代多年未得到详考。曾有学者仅通过"屯留"二字对戈的年代进行初步的历史价值判断，但说服力不足。近年来，随着辽宁地区青铜兵器新材料和新研究不断出现，有必要对"屯留"戈铭文考释、年代判定、历史价值等重新讨论。

关键词："屯留"戈 铭文考释 年代判定

一、"屯留"戈的基本情况

"屯留"戈于1977年在辽宁省建昌县石佛公社汤土沟村西北山采石场发现，现藏于辽宁省葫芦岛市博物馆。形体较大，援、内稍翘。狭前锋，尖锐。脊部微隆，两侧及胡均有刃，凹刃锋利；栏旁共四穿，皆规则长方形；内两侧有刃，当中一穿。内上竖刻铭文"屯留"二字，紧邻穿，位于内尾。字体刻划工整，器身布满绿色锈斑。通长26.2厘米，高16.1厘米，援长16.3厘米，内长9.7厘米（图1—3）。《葫芦岛文物精粹》一书认为该件有铭文的兵器为铜戈，铭文作地名[①]，无其他描述。

图1 "屯留"戈

二、关于"屯留"戈的年代判定

曾有一些学者依据形制推测铜戈"年

---

① 葫芦岛市博物馆：《葫芦岛文物精粹》，辽宁美术出版社，2008年，第128页图版六十五。

图2 "屯留"铭文

图3 "屯留"铭文（放大）

代较晚，可能是秦代戈"①，"战国晚期韩国遗物"②。但根据秦晓华和朱力伟对战国兵器地名类铭文研究的不断深入③，笔者认为这件青铜戈应为战国晚期秦国兵器，铸造于韩。另据对"屯留令"戟铭文"二十二年屯留令邢丘附司寇郑含右库工师隰□冶甸造"④考，其中"令""司寇""工师""右库"都是韩国兵器铭辞的基本框架，前二者代表监造者身份，后二者代表铸造者身份。战国早中期韩国流行"物勒工名"，但到了晚期如"屯留令……""阳翟令……"等辞逐渐将"令"字省略，直接写铸造地名。此外，根据吴良宝先生考证，"韩擅筑工事……造器以利防""多傍水……靠山石取材锻铸兵器"⑤。由此可见，屯留不仅是地名，也是韩国制造兵器的重要场所。

战国初至秦，屯留的归属时有变化，这也是此件"屯留"戈为秦国兵器的佐证之一。在今山西省长治市西北的屯留，古时位于上党地区，处于韩、赵两国的交界地带。战国初期三晋在上党均拥有领土，韩、赵两国曾置有上党郡，魏国的情况尚不能确定⑥。《史记正义》对三晋的上党及其演变有详细的解释："秦上党郡今泽、潞、仪、沁等四州之地，兼相州之半，韩总有之。至七国时，赵得仪、沁二州之地，韩犹有潞州及泽州之半，半属赵、魏，沁州在羊肠坡之西，仪、并、代三州在句注山之南。"黄盛璋认为赵的上党在北，韩、魏在南⑦。

后"梁惠成王十二年（前358年），郑

---

① 王成生：《辽宁出土铜戈及相关问题的研究》，《辽宁考古文集》，辽宁民族出版社，2003年，第228页。
② 韩彦：《辽宁出土战国铜戈及相关问题》，《辽宁大学学报》1993年第2期，第107页。
③ 朱力伟：《东周与秦兵器铭文中所见的地名》，吉林大学硕士学位论文，2004年；秦晓华：《东周晋系文字资料研究》，中山大学博士学位论文，2008年；秦晓华：《战国三晋兵器铭辞格式特点研究》，《中山大学学报（社会科学版）》2015年第3期，第67—73页。
④ 杨宽：《战国史料编年辑证》，上海人民出版社，2001年，第997—998页。
⑤ 吴良宝：《新见韩兵屯留令戟考》，《中国国家博物馆馆刊》2011年第5期，第9—11页。
⑥ 吴良宝：《战国时期上党郡新考》，《中国史研究》2008年第1期，第49—60页。
⑦ 黄盛璋：《试论三晋兵器的国别和年代及其相关问题》，《考古学报》1974年第1期，第13—44页。

取屯留、尚子、涅"①。其时韩已灭郑，因迁都新郑，又称郑，国君为韩懿侯。魏因迁都大梁亦称梁，可见屯留曾是魏国的领地，后被韩夺取。秦昭王四十五年（前262年），上党太守冯亭把上党的十七个城邑献给赵国，屯留又在其中。《秦本纪》载，秦昭王四十七年（前260年）"攻韩上党，上党降赵"。范雎觐见秦昭襄王阐述秦国一统天下的战略。范雎认为，只有做到"得寸则王之寸，得尺亦王之尺"才能真正消化所取得的领地，主张"远交近攻"，即将韩、魏、赵作为秦国兼并的主要目标，同时与齐国等保持良好关系，秦昭王拜范雎为客卿。公元前266年，他又提醒秦王，秦国的王权太弱，需要加强王权。秦昭王遂废太后，并将国内四大贵族赶出函谷关外，拜范雎为相。"远交近攻"策略把斗争重点先放在离秦国较近的韩赵魏三家，而暂时对较远的齐楚置之不顾。"远交近攻"不仅巩固了秦国所攻取的土地，还破坏了东方诸侯国的"合纵"联盟，加快了秦国统一的步伐。

不久，秦攻赵，范雎被赵国使者说服，便向秦王建议接受议和，秦王采纳了范雎的意见，允许韩国割垣雍、赵国割六城，达成和议，于周赧王五十六年（前259年）一月下令罢兵。白起得知此事后与范雎产生矛盾。秦昭襄王没听白起的建议，在错过好时机的情况下攻打邯郸，结果在后来的邯郸之战中，秦国战败。长平大战，秦军取得了巨大胜利，大大地削弱了赵国，为秦完成统一创造了有利的条件。《秦本纪》有"司马梗北定太原，尽有韩上党"。此后，上党反，秦又一次平定上党，即《韩世家》中载桓惠王"二十六年（前247年），秦悉拔我上党"。《史记正义》云："上党又反秦，故攻之。"由此可知，在长平之战后上党曾经被韩收复，对此杨宽先生有详尽的论述："《秦本纪》昭王四十八年既称'尽有韩上党'，必已尽取之。自魏、楚联军破秦军于邯郸，又大败秦军于河东之后，韩即参与合纵攻秦，秦相范雎之封邑应既为韩所收复，则上党亦必为韩所收复，盖与赵之收复太原同时。故是年秦在攻赵再定太原之后，继而攻韩，再悉拔韩之上党。"②据《珍秦斋藏金——吴越三晋篇》收录的《二十二年屯留令戟》的铭文证实，桓惠王二十二年时（前251年）屯留还是韩国领土③。秦庄襄王三年（前247年），秦攻占韩之上党，置上党郡，屯留归秦，设令、武、冶、司寇监之。因此"屯留"戈铸于韩，后为秦兵所常用。

三、"屯留"戈的历史价值

迄今为止，这件有铭青铜戈在辽宁省属首次发现。"辽宁地区出土了近四十件商周有铭青铜器，它们不仅是辽宁地区青铜文明的物证，其铭文更承载着极其丰富的历史文化信息。对这些铭文进行辑、解，既是语言文字学及古文字学研究的重要部分，又可以为揭示辽宁地区悠久的文

---

① 方诗铭、王修龄：《古本竹书纪年辑证》，上海古籍出版社，1981年，第80—81页。
② 杨宽：《战国史料编年辑证》，上海人民出版社，2001年，第1153—1154页。
③ 吴良宝：《新见韩兵屯留令戟考》，《中国国家博物馆馆刊》2011年第5期，第10页。

明史提供更为可靠的文献学依据"①。由于排除了民间收藏交流的可能,我们可以推断,秦国势力范围已经到达了秦灭燕后设置的辽西郡地区,且建昌是辽西郡重要关隘之一,不仅扼守辽西北部地区的"西大门",还掌控着小凌河和六股河上游的水系资源,地理位置可见一斑。有学者将"屯留"戈连同"盲"戈(1977年发现于建昌县玲珑塔公社后杖子)一同视为"秦灭燕过程中或秦兵戍守辽西时的遗留"②,这无从查证。纵观全国,铜戈不仅出土数量多,而且形制随时代不断发生细微的变化。可惜所用木柄皆腐朽无存,戈的完整形制不明朗。但是对于这件东北地区目前唯一保存完好的"屯留"戈来说,其对研究戈的起源、形制演变以及与古代王权相关的礼制发展、辽西远古地域活动等问题,都是不可多得的实物资料。为研究秦国的文字、历史和郡县制等问题都有一定参考价值。

---

① 俞绍宏:《辽宁所出商周铜器铭文辑、解》,《大连大学学报》2012年第4期,第56—61页。
② 冯永谦、邓宝学:《辽宁建昌普查中发现的重要文物》,《文物》1983年第9期,第66—72页。

《阳羡帖》流传考述

何泽豪

山东大学

内容提要：《阳羡帖》是苏轼在宜兴所书，宋时即刻入《东坡苏公帖碑》中。时苏轼49岁，书艺纯熟，是帖用笔精妙、跳荡多姿、节奏明快、醇厚朴茂，是苏轼书迹中不可多见的精品。《阳羡帖》经元代郭畀，明代沈周、项元汴等文人雅士收藏，清初流入内府，民国时期被溥仪带入东北，后流入民间，辗转来到旅顺博物馆。可谓历经千年，饱经风霜。此文以《阳羡帖》现存与佚失的题跋、印章为线索，以著录和文献考索为基础，考证帖中题跋、印章及所涉人物身份与年代，并通过版本收刻做有益的补充。旨在还原《阳羡帖》历代流传过程，对此帖的研究提供明晰的历史脉络。

关键词：苏轼　阳羡帖　流传　题跋　印章

《阳羡帖》是1086年苏轼于阳羡（今江苏宜兴）所作，得名于首句"轼虽已买田阳羡"。因此又称为《买田帖》《买田阳羡帖》。苏轼《菩萨蛮》有云："买田阳羡吾将老，从来只为溪山好。"①后人遂用"买田阳羡"来表达辞官归隐的人生态度。《阳羡帖》为苏轼买田故事之续，记录了苏轼为买田事奔波的经历，宜兴最后也成为苏轼的第二故乡。

此帖现存纸本藏于大连旅顺博物馆（图1），纵27.5厘米，横22.6厘米，全卷68字。现存有元代郭畀、陆友，明代沈周、崔深、项元汴，清代元揆及弘历收藏印69方。《阳羡帖》现存版本较多，其墨迹本3种，刻本8种。墨迹本有旅顺博物馆藏本、周退密藏本和项元汴双勾本。刻帖收刻者则有宋代《东坡苏公帖碑》，明代《荆溪苏帖》《晚香堂苏帖》《玉烟堂法帖》《海宁陈氏藏真帖》《净云枝藏帖》，清代《御刻墨妙轩法帖》《小清秘阁帖》。著录于明晁瑮《晁氏宝文堂书目》，清《钦定石渠宝笈续编》、吴其贞《书画记》中。《阳羡

---

* 本文为暨南大学大学生创新创业训练计划项目"元明清刻帖中所见苏轼书迹丛考——以《容庚藏帖》为中心"（项目编号：Cx21435）的成果之一。
① 张志烈、马德富、周裕锴主编：《苏轼全集校注·词集》，河北人民出版社，2010年，第476页。

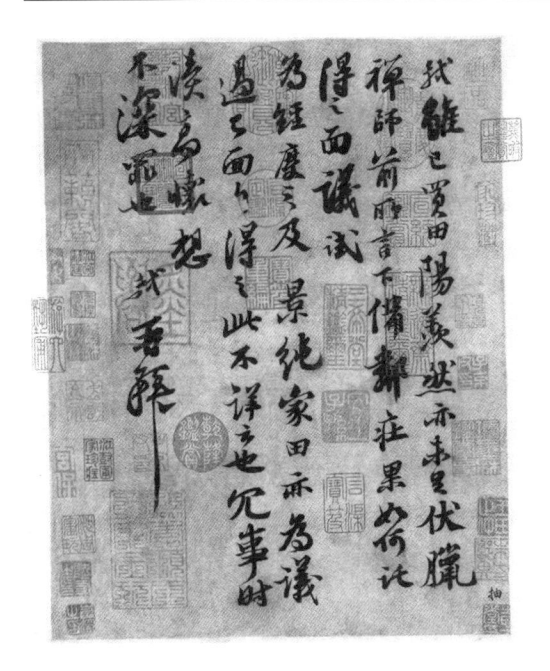

图1 旅顺博物馆藏《阳羡帖》

田,亦为议过已,面白得之,此不详云也。冗事时渎高怀,想不深罪也。轼再拜[③]。

东坡书此帖时正在北归途中,朝廷的不重用让苏轼有了归隐的念头。加上对宜兴美景的留恋,1084年苏轼上《乞居常州奏状》,乞求在宜兴常住。《阳羡帖》中苏轼与友人商讨买田之事便是为此。

一、《阳羡帖》题跋

结合《钦定石渠宝笈续编》第八册所著录与现存纸本的情况,《阳羡帖》从右到左的内容依序为:

乾隆(1711—1799)御题诗(今佚)

苏轼(1037—1101)元祐元年(1086)《阳羡帖》全文

来复(1319—1391)洪武四年(1371)题跋

董其昌(1555—1636)万历四十年(1612)题跋(今佚)

项元汴(1524—1590)隆庆六年(1572)题跋(今佚)

旅顺博物馆所藏《阳羡帖》纸本(图2)仅存元末明初僧人来复跋(图3)。

1. 来复跋

其云:

东坡公文章节义高一世,在宋熙宁、元丰间已为天下学者所师表,故

帖》为清宫散佚之物,现卷后仅剩来复跋文,余题尽失。《阳羡帖》历来多有评述,明董其昌定为真迹,评价极高,题云:"此真迹今为澈如所藏,真可传之子孙,知忠孝大节,远师古人。"[①]乾隆皇帝为其御题诗,钤印二十余枚。明首辅大臣徐溥云:"窃喜此为阳羡故事也,遂用摹刻于石,临视惟谨不敢失真。"[②]徐邦达、杨仁恺等先生则认为此为原迹"廓填本",虽真伪有所争议,但其艺术价值仍是被肯定的。

据孔凡礼句读录《阳羡帖》全文如下:

轼虽已买田阳羡,然亦未足伏腊。禅师前所言下备邻庄,果如何?讬得之面议,试为经度之。及景纯家

---

① [清]王杰等辑:《钦定石渠宝笈续编·乾清宫第五》第一册,海南出版社,2001年,第295页。
② [明]徐溥撰:《谦斋文录》卷三,《四库明人丛刊·谦斋文录》,第546页。
③ [北宋]苏轼撰,孔凡礼点校:《苏轼文集》第六册,中华书局,1986年,第2532页。其题名为《与某禅师一首》。

图2　旅顺博物馆藏《阳羡帖》全卷

其遗篇断简流传至今，观者无不兴起。此帖乃答钱济明所书，才五十余言，刚毅之气犹可想见。宝是帖者，当知公之所存有不待笔画之精而后传也。洪武四年岁次辛亥子月晦日，灵隐毗丘来复谨题。

来复（1319—1391），字见心，号蒲庵，俗姓黄。一作豫章丰城（今江西丰城）王氏，辑有《澹游集》①。来复云此为"答钱济明所书"，但《阳羡帖》中苏轼只谈到了"禅师""景纯"和"得之"三人，并没有言及张济明。来复题跋中除了说明此帖是苏轼所写之外，并没有与《阳羡帖》相关的任何信息。除此之外来复言全帖"才五十余言"，而《阳羡帖》全帖68字，字数显然不符，更令人生疑。四库全书编纂大臣对此亦有怀疑，其云："谨按，是札本集不载，不知僧来复何以定为与钱济明书。"②

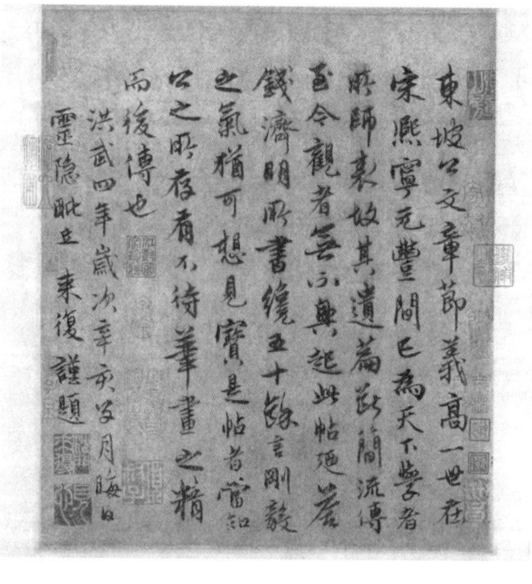

钱济明为苏轼好友，两人交往甚密，只《苏轼文集》便记录苏轼与钱济明诗词十六首③，因此苏轼与钱济明书迹在元明之际有流传的可能。《晚香堂苏帖》（图4）卷十二便存苏轼《与济明书》④一帖，共53字，恰与来复所言五十余字相符。

《阳羡帖》的书写对象是为苏轼"经度"田地之人，但未见史料记载钱济明为苏轼经营田地。孔凡礼也不认为此帖为"答钱济明书"，录此帖为《与某禅师书一首》。有学者推测此帖对象为蒋之奇，而西南大学崔永升则认为对象为佛印禅师。

图3　旅顺博物馆藏《阳羡帖》后来复跋

---

① ［明］释来复：《澹游集》，顾廷龙主编：《续修四库全书》第1622册，上海古籍出版社，2002年，第212页。
② ［清］王杰等辑：《钦定石渠宝笈续编·乾清宫第五》第一册，第296页。
③ ［北宋］苏轼撰，孔凡礼点校：《苏轼文集》第四册，第1549页。
④ 程存洁主编：《容庚藏帖》第六册第九十一种，广东人民出版社，2016年，第75—77页。

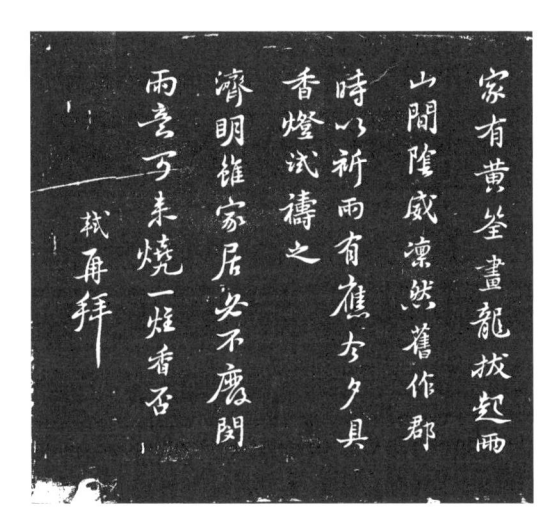

图4 晚香堂本 苏轼《与济明书》

苏轼于元丰七年（1084）九月有《书浮玉买田》云："浮玉老师元公，欲为吾买田京口，要与浮玉之田相近者，此意殆不可忘。"①此与《阳羡帖》所言"禅师前所言下备临庄"相互契合。又据《苏轼全集校注》所考，京口为古城名，东汉时称为京城，南朝时称为京口城，其地在北宋润州丹徒县，今江苏省镇江市。蒜山、金山都在润州，佛印禅师居此。可知此处"浮玉"即佛印禅师。

由此知来复此跋，应是明代好事之人挪移，《阳羡帖》也未曾经来复之手。明末蒋如奇将此帖收刻于《净云枝藏帖》中，后附董其昌跋而不收来复跋，或许是认识到了这一点。

2. 董其昌跋

董氏题跋今帖后不存，见蒋如奇《净云枝藏帖》收刻（图5）。据《钦定石渠宝笈续编》录原文如下：

> 此东坡先生真迹，已自可藏，又是阳羡故事。徐文靖公得之，刻石洑溪书堂，诧为风流胜赏。顾文靖平生际遇，如饱风帆，于东坡流离坎坷、可骇可叹之事无有也。余同年吴澈如光禄，虽名满天下，而拜官未及三百日，又曾谪官湖州。计其出处，大都

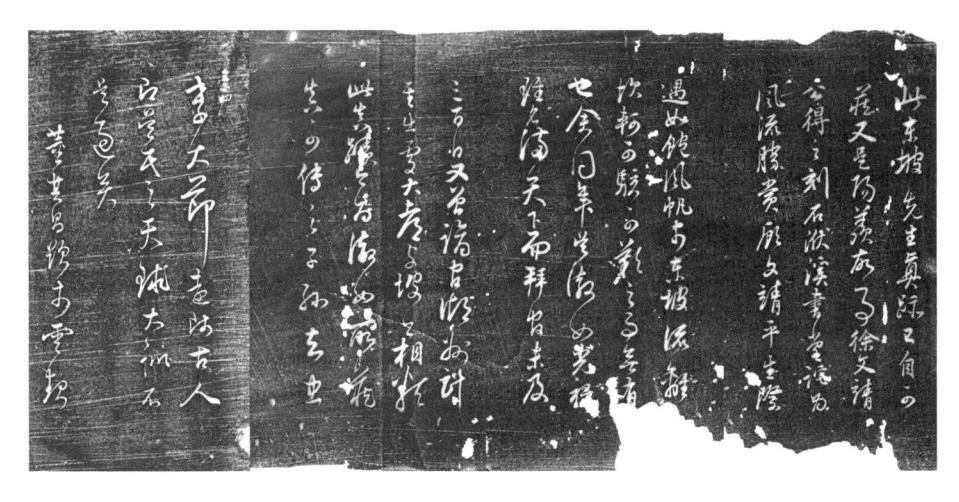

图5 净云枝本《阳羡帖》后董其昌跋

---

① 张志烈、马德富、周裕锴主编：《苏轼全集校注·文集》，第8080页。

与坡公相类。此真迹今为澈如所藏，真可传之子孙，知忠孝大节，远师古人。即吴氏之天球大训，不是过矣。董其昌题于云起楼中。壬子二月。（钤印二"元赏斋""董其昌印"）①

《阳羡帖》自清初便入内府，王杰等辑《钦定石渠宝笈续编·乾清宫第五》尚录此跋，清没后此帖才被溥仪带出宫，在清内府收藏期间此跋应仍在帖后。此跋最有可能被割去的时间在伪满政权亡后至旅顺博物馆购得此帖之间。

董其昌跋中提到两个人，"徐文靖公"和"吴澈如"。其云此帖曾为徐文靖公所得，刻石于汱溪书堂。徐文靖公为明代首辅大臣徐溥，《明史》有传，徐溥（1428—1499），字时用，宜兴人。弘治五年即为首辅，弘治十一年进华盖殿内阁大学士。逾年卒，赠太子太师，谥文靖②。他藏有很多金石碑帖，著有《谦斋文录》一书，卷三《跋苏东坡手书后》跋云："既又得公《乞居常州奏状》，乃予家藏旧一小简言买田事者复次第刻之。"③徐溥所录言买田事者，即为《阳羡帖》。徐溥是宜兴人，喜好收集苏轼在宜兴的书迹，如他本人所言"所以起乡人子弟景仰先贤之意"④，最后将《乞居常州奏状》《楚颂帖》与《阳羡帖》一并刻于汱溪书堂。

另一人吴澈如则有些争议，四库全书编纂大臣按："吴澈如乃华亭吴炯。"⑤徐邦达在《古书画伪讹考辨》中对这一按语后加注释："应为宜兴吴正志。"⑥吴正志（1562—1617），字之矩，号澈如，直隶宜兴县人。与董其昌同为万历十七年（1589）进士，擢仪制司主事，陞任改光禄寺丞⑦。吴氏收藏古书画甚富，藏有黄公望《富春山居图》、米芾《云起楼图》等，并在无锡筑有云起楼，著有《泉上语录》《云起楼诗文集》。现存米芾《云起楼图》上"云起楼图"四字为董其昌题，可知董其昌落款所说"云起楼"是吴正志的收藏之处，跋中所云吴澈如为吴正志而非吴炯。

3. 项元汴跋

《钦定石渠宝笈续编》载今佚项元汴跋：

> 宋苏文忠《买田阳羡帖》，明隆庆壬申岁春王正月，博雅堂墨林山人项元汴真赏，原价八十金。

项氏不仅题款于《阳羡帖》后，亦钤盖印章于其上，前后多达二十余枚，如"项元汴印""神品""宫保世家""子孙永保"等。项元汴题跋时间为明隆庆壬申岁（1572），董其昌题跋时间为万历四十年壬

---

① [清]王杰等辑：《钦定石渠宝笈续编·乾清宫第五》第一册，第295页。其中"元赏斋"之"元"字，是为避康熙玄烨之讳，应为"玄赏斋"。
② 见[清]张廷玉等撰：《明史》列传第六十九，中华书局，1974年，第4805页。
③ [明]徐溥撰：《谦斋文录》卷三，《四库明人丛刊·谦斋文录》，第546页。
④ [明]徐溥撰：《谦斋文录》卷三，《四库明人丛刊·谦斋文录》，第602页。
⑤ [清]王杰等辑：《钦定石渠宝笈续编·乾清宫第五》第一册，第296页。
⑥ 徐邦达：《古书画伪讹考辨·壹》，《徐邦达集·十》，故宫出版社，2015年，第285页。
⑦ 见[明]俞汝楫编：《礼部志稿》卷四十四，《文津阁四库全书》第198册，商务印书馆，2005年，第272页。

子二月（1612），但董其昌的题跋在项元汴之前，由此可知此帖在入清内府之前曾经重装割裱，项元汴的几枚骑缝印已缺一半的情况亦可证之。

二、《阳羡帖》钤印

《阳羡帖》中最早的鉴藏印为元代书法家郭畀所钤，之后陆友、沈周等文人、书画家亦有钤印（图6—8），举例如下。

图6　朱方郭畀　图7　陆友之印　图8　沈周审玩

全帖钤印69方，《钦定石渠宝笈续编》所载钤印有51枚，未言重复者。其中"梅田江氏""桃花源""菊篱收藏印""元揆所藏""江氏珍玩""菊篱秘玩""树圃绅印""曾孙江树圃鉴藏""元揆一字树圃别号菊篱""清赏""鉴定真迹""子京所藏""静学斋墨誉"共13枚印章今不存。而《钦定石渠宝笈续编》未收者有"太上皇帝之宝""乾清宫宝""嘉庆御览之宝""宣统鉴赏""无逸斋精鉴玺""乾清宫鉴藏宝""宣统御览之宝""豫章山房""沙门来复""见心""墨誉""子孙永保""元揆赏鉴""项子京家珍藏""西畴耕耦""墨林子"共16枚印章①。（图9—12）

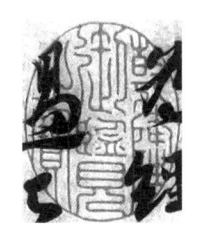

图9　乾隆御览之宝　图10　嘉庆御览之宝

图11　宣统御览之宝　图12　项元汴印

帖中落款中"轼"字上之印为"墨誉"（图13），主人不详②。《钦定石渠宝笈续编》著录有"静学斋墨誉"一印，可知主人书斋为静学斋，又因"静学斋墨誉"一印今不存，可知此印钤在跋尾之上，为明至清初之印（下限为入清内府时）。《钦定石渠宝笈续编》著录还有"桃花源"一印，同理为明至清初所钤，其印主不详。赵孟頫《自书七言诗句并评稿》一帖中有项元汴"桃花源里人家"一印，故而推测"桃花源"一印可能是项元汴之印。

图13　墨誉

---

① ［清］王杰等辑：《钦定石渠宝笈续编·乾清宫第五》第一册，第295—296页。
② 此印释读尚不确定，"墨誉"为《钦定石渠宝笈续编》所录。

《阳羡帖》印章钤盖表

年代	收藏者	籍贯	钤印/附注
元	郭畀（1280—1335）	江苏镇江	朱方郭畀
	陆友（1301—1348）	江苏苏州	陆友之印
明	来复（1319—1391）	江西丰城	豫章山房、沙门来复、见心
	王行（1331—1395）	江苏苏州	王氏止仲
	沈周（1427—1509）	江苏苏州	沈周审玩
	崔深（入朝时间1506—1521）	江苏苏州	崔深之印
	项元汴（1525—1590）	浙江嘉兴	现存：神品、项子京家珍藏（2次）、项元汴印、子京父印（白）、项墨林鉴赏章（2次）、项叔子志□堂印、子京父印（朱）、檇李项氏世家珍玩、天籁阁、子孙永保、墨林山人（2次）、虚朗斋、宫保世家、寄傲、西畴耕耦、墨林秘玩、子孙世昌、子京、项墨林父秘笈之印、项叔子、墨林子，共24枚。今佚：清赏、鉴定真迹、子京所藏、桃花源。
	静学斋	不详	现存：墨誉。今佚：静学斋墨誉。
清	江元揆①	湖南郴州	现存：江菊篱藏、元揆赏鉴、江树圃家珍藏（2次）、绅印、元揆，共6枚。今佚：梅田江氏、菊篱收藏印、曾爹江树圃鉴藏、元揆一字树圃别号菊篱、元揆所藏、树圃绅印、菊篱秘玩、江氏珍玩。
	乾隆（1711—1799）	北京	游六艺圃（4次）、几暇鉴赏之玺（5次）、乾清宫宝、太上皇帝之宝、御赏（3次）、内府图书（2次）、五福五代堂古稀天子宝、八徵耄念之宝、三希堂精鉴玺、宜子孙、石渠宝笈、乾隆御览之宝、石渠定鉴、宝笈重编、乾清宫鉴藏宝、乾隆鉴赏，共26枚。
	嘉庆（1760—1820）	北京	嘉庆御览之宝
	溥仪（1906—1967）	北京	宣统鉴赏、无逸斋精鉴玺、宣统御览之宝

三、《阳羡帖》的流传脉络

据上文所述，《阳羡帖》的流传脉络可从两个大的方面来探寻。一是印章，《阳羡帖》全卷共有12人钤印，其中来复钤印不能说明其收藏过此帖，应除去，清代皇

---

① 年代不详，应为明中晚期至清初之人，据王家胜、郭富纯总主编《旅顺博物馆馆藏文物选粹·书法卷》（辽宁美术出版社，2009年）第30页录为清代。

帝钤印则应看作内府收藏；二为题跋、版本和文献等线索，董其昌跋中说明徐溥、吴正志都藏过此帖，蒋如奇《净云枝藏帖》虽收刻此帖但亦或是向好友借来上石。其余刻帖如《东坡苏公碑帖》《玉烟堂帖》等虽收刻《阳羡帖》但没有确凿的证据说明上石之帖为旅顺博物馆所藏本，清代钱泳撰集《小清秘阁帖》虽收刻此帖惟妙惟肖，但此时旅顺博物馆藏《阳羡帖》藏于内府之中。民国时期《阳羡帖》被溥仪从内府带出，放于伪满政权小白楼中。1945年政权垮台后被大兵何成山带走，送给王战友，后被唐秀峰收藏。1963转藏旅顺博物馆收藏，直至今日[①]。

至此，本文通过题跋、印章与文献考索几方面对此帖的流传脉络做了较为完整的梳理，整理如下[②]：

元代：郭畀、陆友

明代：王行、徐溥、沈周、崔深、项元汴、吴正志、静学斋

清代：江元揆、清内府

民国至今：何成山、王战友、唐秀峰、旅顺博物馆

结　语

一纸阳羡，千年波澜。《阳羡帖》前后虽无宋印，但自元开始有序流传，清初便入内府，珍藏数百年，民国又再度流散民间，历经战乱洗礼、朝代更迭。在明代中后期的一百年里，经沈周、徐溥、崔深、项元汴、吴正志、江元揆等收藏，短短十余年即转交他手，来复跋的挪移即在此时。民国战乱期间，其辗转流落，导致董其昌、乾隆、项元汴题跋被裁割丢失。《阳羡帖》跌宕的流传故事，是其艺术与文献价值所引发的，其嘉惠后人的笔墨，辞官隐居的态度让历代观者的心灵得到滋养。

---

① 孙德宇：《"双珍"落难记——记〈阳羡帖〉〈青园图〉流散经过》，《大连城市历史文化研究》2018年第1期，第228页。赵墨：《山高水长——唐宋八大家主题文物展作品赏析》，《中央美术报》2020年12月14日第4版。

② 静学斋、江元揆二人都是明至清初人，但年代顺序不能确定，暂放此处。

近代学术与文物收藏研究

旅顺口海防营务处工程局人物史料三则

孙海鹏

大连图书馆

内容提要：旅顺口海防营务处工程局是北洋海防建设的重要机构之一，旅顺口海防建设工程艰巨，施工项目众多，工程局中外多位施工人员生平难以考证，今据相关文献记载，钩沉黄瑞兰、王仁宝二人史料三则。

关键词：海防营务处工程局　黄瑞兰　王仁宝　人物生平

旅顺口海防营务处工程局是北洋海防建设的重要机构之一，工程局肩负着海防工程建设和协调海陆联防等重任，直接由常驻于天津的李鸿章（1823—1901）领导，李鸿章对北洋海防的总体设想是紧密围绕拱卫京师这一核心主题展开的，所以旅顺口海防营务处工程局所处地位之重要性不言而喻。袁保龄（1841年2月16日—1889年8月16日）自光绪八年十月初三日（1882年11月13日）清晨抵达旅顺口，至光绪十二年九月二十二日（1886年10月19日）在天津节署突然发病，旋留养于天津，前后总计在旅顺口任职5年之久。工程局在袁保龄领导下，聚集了中外众多人员，大家各司其职，勠力合作，保证旅顺口海防建设工程顺利完成，并且在施工过程中积累了宝贵经验，培养了一批海防建设人才，为中国近代工业发展开辟了道路。然而，受文献所限，工程局多数人员生平事迹难以考证，现据相关文献记载，钩沉黄瑞兰、王仁宝二人史料三则。

一、《肥东石塘黄氏敦伦堂宗谱》中黄瑞兰史料一则

袁保龄到任前，在德璀琳（1842—1913）举荐下，李鸿章曾聘请汉纳根（1854—1925）负责修筑旅顺口黄金山炮台。光绪六年（1880）冬，李鸿章派遣陆尔发协助汉纳根开展工程建设。光绪七年（1881），又派遣道员黄瑞兰（1830—1893）督建旅顺口海防初期工程，由于陆、黄二人能力有限，未能令李鸿章满意，只能做罢论。袁保龄初期接手的主要工程是为建船坞而由黄瑞兰监工兴修的拦海坝，此坝根基不实，四处漏水，每逢大潮，则此坍彼塌，险象环生。袁保龄到任第一个月，即面临拦海坝种种棘手的险情危况，几乎无法应对。光绪八年十一月初八日（1882年12月17日）他在写给李鸿章的《抢救坝

工及筹备坝澳事宜禀附估折》中详细介绍了此次抢险过程及补救危坝方法，在写给周馥（1837—1921）的书札中更具体地描述了当时险况，同时也对黄瑞兰的能力与行事方式有所质疑。黄瑞兰所监造的拦海坝工程质量堪忧，主要原因在于其不懂施工原理，一味蛮干，并由此引发众怨，施工团队纷纷向新到任的袁保龄呈递状纸，前后达四十余份。袁保龄到任之初，即稳妥化解黄瑞兰与众人的矛盾，并解决了夫头欠款问题。为此，袁保龄曾经在《交盘事宜禀》《黄道在旅众论禀》中有情况汇报，诸如"吁不知这般人前世欠黄佩老何等帐目，今日来替他了此冤孽公案"①之语在《阁学公集》公牍、尺牍部分皆有所见。

正是因为袁保龄对黄瑞兰的这些评价，加之李鸿章在《黄瑞兰考语片》中的评价也不高，在袁保龄历史形象衬托之下，黄瑞兰遂被脸谱化、边缘化，其生平除了《清实录》中《光绪朝实录》里零星记录之外，其他事迹无从可考，甚至生卒年也不为人知。

安徽省图书馆藏有2004年第五次所修《肥东石塘黄氏敦伦堂宗谱》，系由黄氏后人累年递修。在此宗谱的第十一卷中记录了黄瑞兰及其家庭成员的事略：

> 承惠公四子瑞兰字莒芗，号佩卿，亦号韦斋。附监生。同治甲子科举人，戊辰科考取觉罗官学汉教习。军功五品衔。江苏补用县丞，工部虞衡司主事，改官直隶候补道。诰授中宪大夫，诰封通议大夫。生于道光庚寅年三月二十九日丑时，卒于光绪癸巳年九月初六日申时。聘候选从九品李桐生公女。配刘氏，太学生蓼照公女，生于道光癸巳年三月初五日未时，卒于光绪己卯年二月十五日未时。诰封恭人，晋赠淑人。生三子，乾济原名昌燿、敏生殇、昌圻殇；女一，适前山东布政使余思枢公次子受祜，光绪癸未年谕吉十月二十日于归，届期闻讣奔丧，釟誓殉，仍于原择日期载木主新迎，吉凶如礼，是月三十日遂志致命。计自十月十八日起至是日止，绝粒十三日，从容就义。阖邑绅耆呈请奏明旌表。侧室任氏生于咸丰戊午年五月初八日酉时，卒于光绪戊申年八月初七日子时。例赠宜人，晋封恭人。生六子，昌培、乾治、昌澧、昌期、昌年、昌时；女三，长适花翎总兵衔尽先补用副将南昌城守营都司葛步青公四子五品衔江苏补用典史锡藩；次字二品衔赏戴花翎两江补用参将张云升公三子试用县丞家楷；次字花翎五品衔分发补用知县阚廷钧次子家毂②。

《肥东石塘黄氏敦伦堂宗谱》中关于黄瑞兰的记载属于家传性质，着墨不多。其中简要交代了黄瑞兰的字号、科第、任职经历与生卒年、子嗣情况。由此可知，黄瑞兰生于道光十年（1830），卒于光绪十九年（1893），其在工部虞衡司担任主事的经

---

① 袁保龄：《阁学公集》书札卷一《复津海关周观察》，宣统辛亥夏清芬阁编刊，1911年，第9页。
② 安徽省图书馆藏：《肥东石塘黄氏敦伦堂宗谱》卷十一《清公世考》，2004年第五次重修，第86页。

历或许就是李鸿章命其至旅顺口海防营务处工程局任职的主要原因之一。

二、《莫厘王氏家谱》中所见王仁宝史料一则

光绪十二年（1886）三月十一日，袁保龄在《遵覆奉部驳查赴朝出力人员禀》中向李鸿章禀报关于旅顺口海防营务处工程局提调王仁宝（1840—1917）赴朝鲜办理军务事宜，在这件禀报中简要记录了王仁宝的履历。

> （前略）又，抄单内开，候补知县直隶蠡高县丞王仁宝请以同知在县丞任候补。查奏定章程，各省有印之官概不准调往军营差遣。今王仁宝系直隶现任人员，因何派往朝鲜差使，应令查明，详细覆奏，再行核办。各等因。奉此，伏查王县丞仁宝系于光绪八年四月间，蒙前署督宪张咨补蠡高县丞，奉部复准，并未接印任事。即于是年十月间，蒙宪台派赴旅顺，随同职道当差。旅顺为水师屯泊重地，每遇兵船操巡朝鲜仁川、马山各口，随船来往，无役不从。迨十年冬间，朝鲜变起仓猝，职镇汝昌躬率各船克日东渡。因该县丞熟悉朝鲜情形，又于各船管驾皆能联络，气谊夙孚。与职道保龄公同商酌，仍饬随船驶赴马山，偕前敌水陆将士昼夜操防，不辞劳瘁，实系水师各营尤为出力之员①。

旅顺口海防营务处工程局提调中王仁宝、李竞成（？—1902）是袁保龄重要助手，王仁宝负责炮台、船坞工程施工事宜，李竞成负责钱粮预算和管理事宜。在袁保龄发病之后，旅顺口海防工程款项汇总禀报最终在王仁宝、李竞成两人协助之下，于光绪十三年（1887）汇集为《遵照造报经收澳坞坝岸土石各工禀附清折》《核结水雷营正杂各款禀》《陈报节省盈余款项并请另储备用禀》等三个汇总性质的报告，其以袁保龄之名上呈给李鸿章，实则出自王仁宝、李竞成之手。

苏州博物馆藏民国丁丑（1937）印行《莫厘王氏家谱》，在该谱卷十五述德下中，有《穀卿公传》一文，撰写者署名"季烈"。

> 公讳仁宝，王氏，字晋良，号穀卿，江苏吴县人也。先世自汴扈宋南渡，居吴之洞庭东山，十传至我十四世祖明太傅大学士文恪公，族始大。公为文恪公从兄壑舟公之十二世孙，五世祖讳金增，性孝友，以诸生居乡，多善行。高祖讳世锦，官嘉峪关巡检，能诗，有节概。曾祖讳庚，官永定河宛平县丞，妣氏叶。祖讳仲兰，历仕至永定河南岸同知，妣氏朱、氏顾、氏陈。本生祖仲芝，河南浚县典史，妣氏周。父希鹏，浙江候补县丞，妣氏席。三代皆以公官及助赈加级，膺一品封。公自幼侍祖永定河任所，故于茨防决塞诸务，少而习

---

① 袁保龄：《阁学公集》公牍卷九《遵覆奉部驳查赴朝出力人员禀》，宣统辛亥夏清芬阁编刊，1911年，第54页。

焉。同治初，入赀为县丞，需次北河者十年，历署霸州、固安、东安等河工缺，勤以趋事，洁以持身，遂受知上官，补固安县丞。固安地洼，众水所壑，赖堤防以奠民居。时值大兵之后，库空如洗，岁修无赀，公每于农隙水涸之际，周历河堤，指导当地人民，增卑培薄，为桑土绸缪之计。民不劳而事集，费不繁而工固，终公任无漫决之灾，民怀其德。光绪丁丑，以母忧去官。庚辰起复，补蠡高县丞。地居上游，工少事简，合肥李文忠遂留公析津，办理永定等河筹勘事宜。累以畿辅诸河抢险合龙功，进阶至知府。嗣复委公筑威海卫炮台，未几，调至旅顺，办理船坞、炮台工程。公所至，节减浮费，核实用材。在旅顺工次，凡六年之久，人以地僻途远，勤能无由自见，劝公求调津保河工，岁可邀奖。公曰："我为朝廷宣力而已，作宦利钝，非所计也。"乙未，始回天津，时东局所制枪械，皆窳不堪用，当道檄公整顿其事，公革除陋规，购良材，雇巧匠，于是所制驾沪、汉两厂之上。庚子，局毁于兵，次年移德州，故事购洋商机器材料，皆有回用。公经营新局，所得回用十余万金，悉归公家，因之上游益为器重。时已累保至道员加二品衔，又明保送部引见，简记御屏，从此始矣。癸卯，简授天津河间兵备道，仍兼德州制造局差。丙午，擢浙江按察使。先是袁世凯私人某，曾任德州局提调，受贿，公发之，遂自引去。迨公将离直，袁即委某继公局差，某衔宿怨，造蜚语以伤公，且于交代时故留难，公于是请袁澈查，如有弊，愿甘参处。袁不允，谓公曰："某与君皆予一手提挈，若澈查，必有一败，非余成全属员之意。"公退而叹曰："原来制台保举人，非为公也，以植私党耳，其居心不可问矣。"遂乞休归里。时公年未悬车，精神甚王。次年，袁入政府，又招公出，公坚以疾辞。时次子方佐袁幕府，公促之速归。人讶其故，公曰："我以微员仕至三品，此国家之恩，祖宗之德，方惧无以报称，所堪自信者，生平未敢一毫非分之财，未作一点亏心之事，今若托足权门，希图富贵，将来身败名裂，余不足惜，如累世清芬何？"未数年而袁果窃国，北洋能员无不见污于伪命，而公独鸿飞冥冥，人乃服公之有先见也。公归后，时事悉不问闻，惟于修葺祠墓，整顿义庄，重修家谱，则竭尽心力而为之。待人和易率直，不设城府。一生坚苦卓绝，在工时往往数日不食，食则虽粗粝，一餐可竟数日之量。车服朴素，声色玩好，胥为屏绝。事母孝，初仕河工时，与妻子厌脱粟，而堂上甘旨无关。初娶费，继娶童，皆先公卒，封一品夫人。童夫人以多病，属公置媵，会有皖人挈其妹至德州，谓将从军，愿妹得所事以释累。童夫人为公纳之，公诘之，则非兄妹而实夫妇，以岁歉鬻妻耳。公急命人追其夫回，使完聚，且助以资俾归里。嗣是终身不设姬侍。公生于道光庚子四月二十四日，卒于国变后丁巳四月二十八日。子叔荣，分省补用通判；叔鑫，分省补用同知。孙季钊，殇。季钧，殇。季铭、季镛、季铨、曾孙守梧。叔鑫、季镛，为公弟后。公卒时，子已亡，孙曾惟季镛、季铨、守梧存。是岁冬，季镛卒。守梧颇好学，越十一年亦卒。今惟季铨及其子守昆存。明德达人，卜其后之必昌，于季铨父子是望焉①。

这篇家传出自王仁宝族人王季烈（1873—1952）之手，作为晚清遗老的王季烈在这篇家传中比较详细地记录了王仁宝的家世和生平，其中还准确记录了王仁宝的生卒年、生平大事和家族成员情况，王仁宝之孙王季铨，即后来声名卓著的书画家、收藏家王季迁（1907—2003）。

王季烈撰《縠卿公传》中与旅顺口海防营务处工程局有关的内容不多："嗣复委公筑威海卫炮台，未几，调至旅顺，办理船坞、炮台工程。公所至，节减浮费，核实用材。在旅顺工次，凡六年之久，人以地僻途远，勤能无由自见，劝公求调津保河工，岁可邀奖。"这样的记载与袁保龄《阁学公集》公牍、尺牍中对王仁宝的记载是吻合的。

三、《畿辅同官录》中所见王仁宝史料一则

2022年，广西师范大学出版社影印出版《天津社会科学院图书馆藏〈畿辅同官录〉》，此书系光绪三十年（1904）北洋官报局奉直隶总督袁世凯之命编印，其中收入了王仁宝履历。

天津道王仁宝。曾祖父讳庚，永定河南下汛宛平县县丞，诰封荣禄大夫，曾祖母氏叶，诰封一品夫人。祖父讳仲兰，道员用候补知府，永定河南岸同知，署理永定河道，诰封荣禄大夫，祖母氏朱、顾、陈，诰封一品夫人。本生祖父讳仲芝，诰封荣禄大夫，本生祖母氏周，诰封一品夫人。父讳希鹏，浙江候补知县，诰封荣禄大夫，母氏席，诰封一品夫人。永感下。

号縠卿，行一。道光庚子年四月二十四日吉时生。江苏省苏州府吴县民籍。由监生遵筹饷例报捐县丞，指分北河。咸丰十一年十一月到省，分永定河当差。同治年间，历办河工，递保补缺后知县用，花翎五品衔，咨署蠡高管河县丞。光绪八年九月调赴旅顺提调船坞局事宜，并随办海防各差，递保道员，仍留直隶补用，并加二品衔。二十二年十二月初三日经吏部带领引见，奉旨：着照例用，钦此。二十五年三月于保荐人材案内奏请录用，奉上谕着给咨送部引见，钦此。八月初二日，经吏部带领引见，初七日奉旨：直隶候补道王仁宝着以道员仍发直隶尽先即补，并交军机处存记，钦此。二十七年十二月恭办回銮差务出力，奏请交军机处记名简放。是月初五日奉旨：着照所请，钦此。二十八年奉委署通永道篆，五月十二日接印任事，十二月初二日交卸。当因派办顺属赈抚善后洋务出力，奏

---

① 苏州博物馆藏：《莫厘王氏家谱》卷十五述德下《縠卿公传》，民国丁丑（1937）印行，第47、48页。

保请候补道员缺后，以应升之缺开列在前。十二月二十三日奉旨：着照所请，钦此。是月二十七日奉上谕：王仁宝著补授天津道，钦此。二十九年六月二十四日接印任事。

　　胞弟仁恕，故。妻费氏、童氏均殁。子二：叔荣，分省补用通判；叔鑫，分省补用同知。

　　世居吴县洞庭山①。

　　袁保龄记录王仁宝抵达工程局的记录是"即于是年十月间，蒙宪台派赴旅顺，随同职道当差"。王仁宝在履历中自述抵达时间是"光绪八年九月调赴旅顺提调船务局事宜，并随办海防各差"。从文字上看两者相差一个月，实则王仁宝是当年九月奉命赴旅顺口，而于十月初三袁保龄到任之后方才抵达旅顺口。

　　王季烈所撰《穀卿公传》侧重家族人物自然情况和道德操守的记述，王仁宝自述履历则必须是准确无误的禀报。两篇文字相结合，可将王仁宝一生主要事功相对完整地呈现出来。

四、结　语

　　旅顺口海防工程建设项目巨大，包括坝澳、船坞、炮台、厂房等工程以及枪炮、艇船、鱼雷、水雷等多项建筑施工，袁保龄、汉纳根、王仁宝、李竟成等人所面临的情况复杂且严峻。袁保龄对工程人员相当重视，裁撤了黄瑞兰旧用下属四百

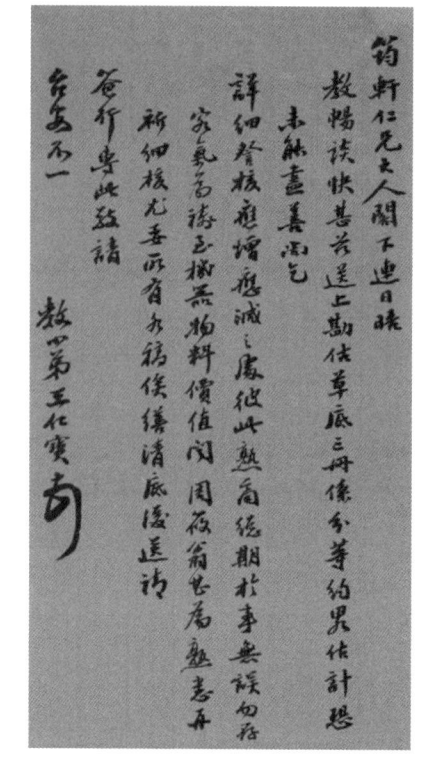

王仁宝书札

余人。同时利用公私两方面关系，在周馥、章洪钧（1846—1888）、张佩纶（1848—1903）等人推荐下，申请奏调多位能吏到旅顺口海防营务处工程局效力，其中即包括坝澳工程提调王仁宝，军库工程提调牛昶昞（1839—1895），管钱委员李竟成，专司出纳事宜委员谢子龄，澳工委员朱同保、潘煜，库工委员刘献谟，管煤委员李培成，管库委员吴燮元、张葆纶、黄士芬，军械委员谢梁镇，管理导海大挖泥轮委员黄建藩（1840—1907），以及裴敏中、关敏道、张葆纶、王鹤龄等文案人员，还有挖泥船委员陶良材，司事吴树勋、徐金淦、方文

---

① 杨莲霞、郭登浩编：《天津社会科学院图书馆藏〈畿辅同官录〉》第一册，广西师范大学出版社，2022年，第65页。

灿，总管厂务都司霍良顺，利顺轮管驾郭荣兴，导海挖泥船匠首陆昭爱（？—1885）等技术人员。这些人各有所长，各司其职，构成了旅顺口海防建设与防务的中坚力量。

旅顺口海防营务处工程局先后从德国购买了大量机器及武器装备，在挖泥疏浚海澳、营造水雷营、鱼雷营和诸多炮台过程中，袁保龄需要外籍顾问及其他工程技术人员的帮助。这些洋员包括级别较高的海关税务司德璀琳（1842—1913），北洋水师顾问琅威里（1843—1906），还包括工程具体施工人员，如旅顺口炮台工程师汉纳根，挖泥船洋匠勒威，水雷营教习满宜士，炮台教练瑞乃尔、额德茂，台澳工程师哲宁，鱼雷营教习施密士，浮重船工匠刁勒，导海挖泥船管轮丁治、士本格，导海挖泥船副管轮核粗、为而得，导海挖泥船水手司特巴、格温瓦而脱、海力希康喇脱，土木工程师舒尔次、善威等人。

在旅顺口海防营务处工程局中外众多人员之中，人物小传相对详细者并不多，即便是字号、籍贯、生卒年、任职情况、到任与离职时间等信息也多语焉不详。除袁保龄《阁学公集》中零星记录外，工程局里中外人员并无文集、日记行世，这给相关人物生平事迹考证带来很大困难。所以，我们还需要在相关人物的家族文献、履历、日记、信札中进一步搜寻，以期发现更多文献资料，弥补旅顺口海防营务处工程局人物研究的空白。

西域文物与历史研究

吐鲁番出土白叠布及相关文物的探究

徐东良[1]　邓永红[2]

1.吐鲁番学研究院　2.吐鲁番博物馆

内容提要：在丝绸之路的历史进程中，吐鲁番作为重要的交通要道和经济文化交流中心，扮演着重要的角色。吐鲁番出土的白叠布、棉籽以及相关的历史文献为我们研究吐鲁番棉花的历史提供了宝贵的资料。本文通过对这些文物的综合研究，探索吐鲁番棉花的起源、发展和在古代丝绸之路上的地位。

关键词：吐鲁番　白叠布　文献　丝绸之路

一、吐鲁番出土白叠布、棉籽等有关棉花的文物

（一）白叠布的考古发现及其意义

1. 白叠布的出土情况

吐鲁番古称高昌，是丝绸之路的重镇，东西方物质文化交流荟萃的地方。东汉以来，源自非洲的棉花在这里落地生根，优越的自然条件适合它的生长，棉花得到广泛种植，棉纺织业得到迅速发展，棉花也成为这里的土特产品，进贡中央政府，并沿河西走廊传到内地。让文物说话，让历史说话，让我们通过吐鲁番出土文物和史料记载，了解新疆棉花悠久的历史。

棉花的名字很多，历史上被称作白叠子、白叠、白氎、白緤、帛叠、白莕、钵吒等。在史书中最早记载种植棉花和棉纺织的是《梁书·诸夷传·高昌国》："多草木，草实如茧，茧中丝如细纩，名曰白叠子，国人多取织以为布。布甚软白，交市用焉。"[①] 说明古代吐鲁番不仅种棉花、织棉布，而且以棉布作为商品进行交易。

据《新唐书·地理志》记载，西州"土贡：丝、氎布、氎、刺蜜、蒲萄五物"[②]，说明在唐代叠布即棉花已列为吐鲁番当地的土特产品，与葡萄、刺蜜等一道作为贡品进献给中央政府。陈城《西域番国志》中记载"土产棉花，能为布而纰薄"[③]（今新疆鄯善鲁克沁一带）。

宋人洪皓《松漠纪闻》亦载回鹘地产

---

① 《梁书》卷五十四，中华书局，1973年，第811页。
② 《新唐书》卷四〇，中华书局，1975年，第1046页。
③ 《西域番国志》，中华书局，1991年，第111页。

"兜罗绵、毛毹、狨锦"①等。毹为草棉，为西域普遍种植者，有别于南方的木棉。玄应《一切经音义》有言："劫波育，或言劫贝者，讹也。正言迦波罗。高昌名毹，可以为布。"古代西域盛产的"白毹布"②，就是以"毹"为原料的。《宋史·高昌传》中有简略记载，文云："高昌……出貂鼠、白毹、绣文花蕊布。"③高昌出产"白毹"，应即白叠布。"花蕊布"应该也是棉织物，在高昌回鹘王国西鄙的龟兹地区，"国城有市井而无钱货，以花蕊布博易"。这里的花蕊布，其实就是粗棉布。

1975年，吐鲁番阿斯塔那古墓第75号墓出土一件十六国时期的蓝棉布④（图1），长13.5厘米，宽6厘米，这件棉布平纹组织，经、纬线均成Z拈，单根排列，密度14×14根/厘米，保存有两块棉布的缝合痕迹及与棉布缝合在一起的棉絮。

1975年在阿斯塔那古墓第60号墓出土一件棉布怪兽（图2），距今至少有1600多年的历史，长30厘米，宽38厘米，高29.2厘米。它的外面一层是棉布，里面的絮物有棉花。怪兽的头部有3条并行弯曲的鸭喙状物，三喙之间分别缝缀一个扁平半圆形小布囊，中部大概是怪兽的身子，缝成2个形似乳房的突状物，下部又缝了2个对称的半圆形，似表示臀部。

图1 蓝棉布

图2 棉布怪兽

阿斯塔那170号墓出土了一件文书《孝姿随葬衣物疏》，时代为高昌章和十三年（543）。其中有这样的记载："故白绢卌匹 故金钱百枚 故银钱百枚 故布叠二百匹……"⑤叠布的数量多达二百匹，说明当时吐鲁番棉花种植和棉布生产十分兴盛。

2004年在吐鲁番木纳尔102号墓出土了一件文书《宋武欢移文》（图3），时代

---

① ［宋］洪皓著，翟立伟标注：《松漠纪闻》，吉林文史出版社，1986年，第13页。
② 《一切经音义·慧琳音义》卷一《大方等大集经》卷十五，徐时仪校注：《一切经音义三种校本合刊》（修订版），上海古籍出版社，2012年，第799页。
③ 《宋史》卷四九〇，中华书局，1977年，第14111页。
④ 穆舜英：《吐鲁番哈喇和卓古墓群发掘简报》，《文物》1978年第6期，第8—9页。
⑤ 国家文物局古文献研究室、新疆维吾尔自治区博物馆、武汉大学历史系：《吐鲁番出土文书》第二册，文物出版社，1981年，第60—62页。

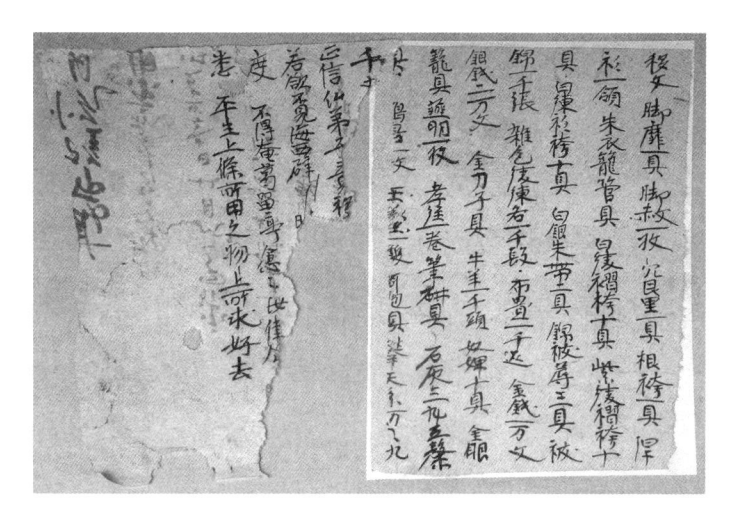

图3　宋武欢移文

为唐显庆元年（656），其中记载："被锦一千张　杂色绫练各一千段　布叠一千疋　金钱一万文……"[①]在这件移文中，布叠的数量多达一千疋，可见唐代吐鲁番地区植棉和棉纺织业已相当发达。

吐鲁番还出土了一些回鹘文的文书，包括种植棉花、租佃契约以及七克台出土U5242（TⅡČiqtim7）回鹘文《认可奴隶婚姻与分配奴隶占有权契》等文书，也说明回鹘西迁高昌，从游牧转为定居，从事农业和手工业生产，继承和发展了吐鲁番一带的植棉业与棉织业。在高昌回鹘王国，棉织物用途广泛，除日常衣着外，棉布还用于货币流通等。这些反映出当时高昌地区棉布不仅产量可观，而且在商品经济中扮演着重要角色。

2. 白叠布的特点与意义

白叠布是吐鲁番出土的一种重要纺织品，其独特的质地和图案使其成为了研究吐鲁番棉花历史的重要证据。白叠布通常以纯白色为主，采用细致的纺织工艺制成，纺织密度较高，纤维细腻，且布面平整光滑。白叠布纹饰多样，常见的包括几何图形、花卉图案以及象征性的动植物形象。这些图案设计精美，反映了吐鲁番古代纺织工艺的高度发展和艺术水平。

总之，吐鲁番在古代是一个重要的棉花纺织中心。大量出土的白叠布表明吐鲁番古代纺织业的规模庞大且具有高度的组织性。这些白叠布的保存状况良好，其中一些甚至保留了细节丰富的纹饰。通过对这些文物的研究和比较分析，我们可以推测吐鲁番在古代丝绸之路上扮演着重要的纺织品生产和贸易角色。

（二）棉籽的考古发现及其意义

在吐鲁番阿斯塔那古墓我们还发现了唐代时期的棉籽，它们呈黄褐色，但保存完好，距今有1400多年的历史（图4）。棉籽的考古发现也揭示了吐鲁番古代棉花种植的规模和技术水平。这些棉籽的保存状况良好，表明吐鲁番古代农民在种植棉花

---

① 荣新江、李肖、孟宪实：《新获吐鲁番出土文献》，中华书局，2008年，第105页。

图4　吐鲁番阿斯塔那古墓棉籽

方面具备一定的农业知识和经验。

棉籽的考古发现为我们提供了关于吐鲁番棉花起源和发展的重要线索。通过对这些棉籽的形态特征和遗传学研究，学者们推测吐鲁番的棉花可能源自非洲草棉。随着丝绸之路的开通，各个区域之间的经济联系更加紧密，吐鲁番很可能还从其他丝绸之路沿线地区引进了不同品种的棉花。古代商旅和文化交流的频繁往来促进了棉花种子的交换和传播，进一步丰富了吐鲁番地区的棉花资源。

棉花属喜温、喜光作物，在土壤水分充足且大气比较干燥的环境下生长良好，而吐鲁番的光照资源丰富，全年日照时间长、强度大，昼夜温差也大，具有得天独厚的棉花种植条件，棉花也成为这里的土特产品。

通过对吐鲁番出土的白叠布和棉籽等文物的研究，我们可以深入了解吐鲁番古代棉花的纺织技术、种植方式，并还原吐鲁番古代棉花的历史面貌，揭示其在丝绸之路经济和文化交流中的重要作用。

二、从出土文物探析历史上吐鲁番关于棉花的管理制度、赋税制度

公元640年，唐朝统一高昌，设立西州，下辖5个县，唐朝的政治制度如户籍制、府兵制、均田制、租庸调制在吐鲁番也得到推行。租庸调制规定按人丁交纳粟二石，称作租；交纳绢二丈、绵三两或布二丈五尺、麻三斤，称作调；也可以"纳绢代役即为庸"，也叫"输庸代役"。吐鲁番作为一个重要的棉花产区，政府需要从农民那里收取棉布作为税收，这些税收在一定程度上反映了吐鲁番政府对棉花产业的控制和利用，以及相关的管理制度和赋税制度。

租庸调制作为唐代的主要赋役制度，在征收过程中采取了"随乡所出""任地所宜"之原则，由于唐西州地区广泛种植棉花，緤布自然成为主要的征纳对象。如《唐西州蒲昌县户曹牒为催征逋悬事》有"欠籍口钱廿九贯，今年输丁庸緤，长史判十二千，到检讫，言余限十五日申"[1]。《唐西州高昌县史张才牒为逃走卫士送庸緤价钱事》"逃走卫士后送庸緤价银钱壹伯陆"[2]。这两件逃兵文书也可以证明西州的租庸调制所征的"庸""调"为緤布。

唐代，府兵制在军事体系中占有重要地位。西州的府兵主要由当地的百姓检点而来。按照规定，戍边的府兵需要自备资装。阿斯塔那178号墓出土的一件文书《唐袁大寿等资装簿》就详细罗列了府兵的御寒资装，如"□善保緤襖子一（件）""徐□□

---

① 唐长孺主编：《吐鲁番出土文书》图录本（肆），文物出版社，1983年，第389页。
② 唐长孺主编：《吐鲁番出土文书》图录本（肆），第85页。

袴、奴末额、黄衫各一 緤襖子一""緤襖"等，文中提到的"緤"就是棉布。

从吐鲁番出土的白叠布及相关文物中，我们可以了解历史上吐鲁番关于棉花的管理制度和赋税制度，以及其与周边地区棉花制品的关系。这些文物为我们提供了珍贵的历史资料，为保护和传承吐鲁番的棉花文化遗产提供了重要的依据。

三、古代丝绸之路上棉花的传播路线及吐鲁番的历史地位

根据历史文献和考古发现，棉花最早起源于古埃及，并逐渐传播到印度次大陆。随着丝绸之路的兴起，棉花的种植和纺织技术逐渐传入中亚地区。吐鲁番地处丝绸之路的要冲，成为了棉花在西域地区传播的重要枢纽。吐鲁番地区适宜的气候和土壤条件使棉花种植在此蓬勃发展。通过贸易交流，吐鲁番的棉花制品被引入中原。此外，吐鲁番地区还扮演了棉花贸易的集散地和交流中心的角色。来自东方和西方的商人在吐鲁番进行了频繁的贸易活动，将各地的棉花制品交换、销售和再分发。通过深入研究吐鲁番与周边地区棉花制品的关系，我们可以更好地理解吐鲁番在古代丝绸之路上的地位和影响，以及棉花贸易在丝绸之路经济中的重要性。这也为我们进一步探究吐鲁番棉花的历史和文化背景提供了重要的参考视角。

早在阚氏高昌时期，叠布就被用作交易的货币。吐鲁番鄯善县洋海古墓出土的《阚氏高昌永康十二年（477）闰月十四日张祖买奴券》记载了张祖买一个三十岁的胡奴，"交与贾行緤百叁拾柒匹"①。吐鲁番哈拉和卓90号墓出土永康年间《高昌主簿张绾等传供帐》：

3 ▢ 出行緤卅匹，主簿张绾传令，与道人昙训

4 ▢ 出行緤五匹，付左首兴，与若愍提勲。

5 ▢ 出赤违一枚，付爱宗，与乌胡慎。

6 ▢ 阿钱条用毯六张，买沽缯。

7 ▢ 匹，付得钱，与吴儿折胡真。

8 ▢ 赤违一枚，付得钱，与作都施摩何勃

9 ▢ 緤一匹，赤违一枚，与秃地提勲无根。

10 ▢ 月廿五日，出緤二匹，付▢富买宾（肉）供▢。

11 ▢ 出毯一张

12 ▢ 出行緤▢

13 ▢ 行緤▢

14 ▢ 行緤三匹，赤违三枚，付隗已隆，与阿祝至火下。

15 ▢ 张绾传令，出疏勒锦一张，与处论无根②。

这件官府传供帐，文中有"出行緤""毯""疏勒锦"等作为出行资费传供

---

① 荣新江、李肖、孟宪实：《新获吐鲁番出土文献》，第125页。
② 唐长孺主编：《吐鲁番出土文书》图录本（壹），第122—123页。

政府官员，以备路途之需。说明早在麴氏高昌时期，高昌地区不但种植棉花、纺织棉布，而且这种㲲布还成为国内乃至国际通行的货币。

唐西州时期，吐鲁番的植棉和棉纺织不仅表现在本土的兴盛，还向东传入河西地区，甚至远至首都长安。敦煌文书中有不少吐鲁番㲲布行销敦煌的记载。敦煌文书《庚寅年（930？）十月一日已后破㲲数》记载：

1. 庚寅年十月一日已后住儿西州到来破粗㲲数：
2. 官家土物安西㲲一匹、粗㲲一匹。瓜州家矕价粗㲲□□匹
3. 官家骆驼价粗㲲一匹。东河北头刺价与孔目
4. 细㲲一匹，粗㲲一匹。帖绫价细㲲三匹，粗㲲六匹。肃州去
5. 细㲲六匹，粗㲲十一匹。子弟粗㲲一匹。音声粗㲲
6. 一匹。高家粗㲲一匹。宋郎粗㲲一匹[①]。

文书中记载了商人"住儿"从西州贩运大量的㲲布到敦煌出售，其中，"安西㲲"就是西州生产的棉布，安西为唐代西州24乡之一，其生产的㲲布远近闻名。

敦煌文书《癸巳年七月廿五日谨录人送路物色名目》中也出现了"安西㲲一匹"[②]，说明当时西州棉纺织业发达，其生产的棉布大量销往河西地区。《唐叠布袋账历》记有"叠布袋贰佰柒拾口，八月卅日，付怀旧府"[③]，文书中提到的折冲府府号"怀旧府"隶属于雍州，说明唐代西州叠布袋作为军用物资运往内地。

总之，吐鲁番地区作为丝绸之路的重要节点，与周边地区有着密切的贸易和文化交流，尤其是在棉花的传播过程中扮演了重要角色。

总 结

综上所述，吐鲁番出土的白叠布及相关文物，能帮助我们深入了解吐鲁番棉花的历史，历史上吐鲁番关于棉花的管理制度、赋税制度，丝绸之路上棉花的传播史以及吐鲁番在古代丝绸之路中的地位，具有重要的学术和文化价值。研究吐鲁番的棉花历史和丝绸之路上棉花的传播史，有助于探究吐鲁番棉花的种植、纺织和贸易对吐鲁番及其周边地区的经济和文化交流产生的深远影响，进一步拓宽我们对古代西域地区与内地之间经济和文化交流的理解。同时，它也为今天的纺织业和丝绸之路的研究提供了重要的参考。

---

① 唐耕耦、陆宏基：《敦煌社会经济文献真迹释录》第三辑，书目文献出版社，1990年，第288页。
② 唐耕耦、陆宏基：《敦煌社会经济文献真迹释录》第四辑，书目文献出版社，1990年，第9页。
③ 唐长孺主编：《吐鲁番出土文书》图录本（叁），第71页。

汉唐时期刘向《列女传》中"妇女观"的流传
——由旅顺博物馆本《列女传》谈起

王卫平

旅顺博物馆

内容提要：本文写作缘起于旅顺博物馆藏唐代《列女传》写本残片的发现，通过梳理《列女传》从宫廷至民间的流传及吐鲁番出土唐西州女性墓志中刘向"妇女观"的体现，讨论其对中原乃至边疆地区女性日常生活的持续影响。

关键词：《列女传》 刘向 妇女观 西州

《列女传》，西汉刘向编撰，此书为中国历史上第一部以女性为记载对象的传纪类史书，为最早使传体脱离经、纪而独立成书的史学著作，是刘向探索使经典学术走向经世致用的成果，流传广泛、影响深远。《列女传》在流传过程中，逐渐由宫廷藏书转变为民间普及文本，校勘、注释、称引、节抄、评论，或抄录或刊刻，被广泛地传播。

旅顺博物馆藏有一批新疆出土文书残片，整理时发现其中一件即为唐代《列女传》写本残片，从文字内容来看，为《古列女传》卷八《汉孝平王后传》。该残片的发现，说明在当时的吐鲁番地区，这样的《列女传》写本已然作为书籍在世俗教化中发挥作用。

一、《列女传》由宫廷至民间的流传

现存诸本《列女传》，多与南宋蔡骥刻本形式相类。分《传》七类：《母仪》《贤明》《仁智》《贞顺》《节义》《辩通》《嬖孽》，每类一卷，每卷十五传（唯卷一逸一传，只十四传；传主或谓鲁师春姜，或谓黄帝妃嫫母[①]），凡七卷一百零四人。《颂义》分别附于每传之后，刘向之后二十传并无《颂义》，另作一卷附于最末，作为第八卷，称《续列女传》。

"母仪""贤明""仁智""贞顺""节义""辩通""嬖孽"，可以视为刘向对女性多种品质的总结与提炼。在此之前，并没有系统完整的专门用于女性思想教化的文献，刘向最早有意识地为女性立传，"凡以

---

① 孙猛：《日本国见在书目录详考》（上），上海古籍出版社，2015年，第816页。

'列女'名书者，皆祖之刘氏"①。其将女性故事统筹于经典礼义的框架之内，将针对贵族女性的礼仪规定细则转换成为对普遍女性的道德行为规范，从而确立官方教化的主导思想。

《列女传》由宫廷至民间的扩散与流传，在汉代主要依赖于各家注解的学术活动与列女题材的图画传播两种方式。关于各家注解，对《列女传》的校勘、注释等，早在其问世后数十年便开始了，但其卷数与版本则由于流传年代久远，说法不一。关于《列女传》的篇数，刘向《七略别录》称"种类相从为七篇"，而《汉书·楚元王传附刘向传》称其"凡八篇"，此处的"八篇"当是统计时连同颂亦包含在内。《艺文志·诸子略·儒家》记述："刘向所序六十七篇。班固注曰：《新序》《说苑》《世说》《列女传颂图》也。'"顾实先生认为"《疾逸》《摘要》《救危》《世颂》，盖皆《世说》中篇目，即《世说》也。《隋志》：《新序》三十卷、《说苑》二十卷。卷即是篇，是五十篇。合《世说》八篇，《列女传》八篇，凡十六篇。又加《列女传》《颂》《图》一篇，恰符《汉志》六十七篇之数"②。东汉时，班昭（曹大家）、马融等为《列女传》作注，马融注本已佚，而曹大家注本曾十分流行，"分传，每篇上下，并《颂》为十五卷"③。继此之后，陆续有人为之作注。关于图画传播，在东汉时期的墓葬、祠堂壁画中已经采用《列女传》的故事，如出自山东嘉祥东汉武氏墓地之武梁祠中的《列女传》画像，根据榜题，其中有九位女性分别出自《列女传》的卷四《贞顺》、卷五《节义》、卷六《辨通》、卷八《续列女传》；内蒙古和林格尔县新店子东汉墓壁画中，有四十二幅内容涉及《列女传》④，这无疑也可以说明东汉后期《列女传》已然步出宫廷走进世俗生活。甚至有实物证据可以表明，这一时期《列女传》的影响已辐射至边郡地区。

1907年，斯坦因第二次中亚考察所获敦煌汉简中，有一枚编号为T.XXVIII.10的汉简，简存7字，《流沙坠简》归入杂事类二，释文："□　□□列女传书。"⑤该简出自敦二十八烽燧，王国维先生考订为西汉中部都尉及步广候官治所。该烽燧中出土的汉简，仅有两枚"永平十八年"纪年简（T.XXVIII.8与T.XXVIII.54），则这些汉简所属时代主要为东汉初年。《疏勒河流域出土汉简》一书将此简编号为789号，释文为："☒□　□分列女传书"⑥。据统计，书中所录简牍文书绝大多数为汉代遗物，纪年简中以672号简"天汉三年（公元前98年）"为最早，443号简"永和二年（公元137年）"为最晚⑦。这枚汉简上的"列女传"字样，只是作为书籍

---

① 王回：《〈古列女传〉序》，《四部丛刊·史部》，上海涵芬楼借长沙叶氏观古堂藏明刊有图本影印版。
② 顾实：《汉书艺文志讲疏》，上海古籍出版社，2009年，第109页。
③ 王回：《〈古列女传〉序》，《四部丛刊·史部》，上海涵芬楼借长沙叶氏观古堂藏明刊有图本影印版。
④ 孙猛：《日本国见在书目录详考》（上），第820页。
⑤ 罗振玉、王国维：《流沙坠简》，中华书局，1993年，第192页。
⑥ 林梅村、李均明编：《疏勒河流域出土汉简》，文物出版社，1984年，第83页。
⑦ 林梅村、李均明编：《疏勒河流域出土汉简》，第3页。

的名称存在，不足以证明《列女传》"在西汉末年即开始广泛流传，甚至远至边郡"①。20世纪90年代初，敦煌悬泉置遗址坞院北墙处编号F13的房址中出土一枚汉简，简文如下："永平七年（公元64年）四月二十九日……（正面）大司马吴公女嫁为南阳太守男，妇谒归，负期一日，就分列女传书（背面）。"该简说明：吴汉作为刘秀南阳统治集团的核心成员，其女列入《列女传》可标榜其统治集团受儒家伦理影响之深，对于笼络广大知识分子自然是有效的，并可以多角度对其核心成员进行维护和利用②。这至少可以证明《列女传》在当时知识分子中已经颇具影响力。

南北朝至隋唐时期，越来越多的学者在著述中征引、评论《列女传》，可以看出《列女传》当时备受关注，尤其是类书中节录《列女传》大大增加了《列女传》在知识阶层的曝光度，任何通过类书来获取知识的人都可以由此接触并了解《列女传》的内容，这使《列女传》在民众间普遍流传成为可能。这一时期，《列女传》作为绘画题材的传统仍然延续，唐代张彦远《历代名画记》中提到历代画家的《列女传》题材作品共计十一家二十四种③。如晋代顾恺之根据刘向"画之于屏风四堵"的《列女传图》，重新为《列女传》绘图，现存《文选楼丛书》本《古列女传》附有版画插图，题为"晋大司马参军顾恺之图画"；山西大同北魏司马金龙墓所出漆画屏风，正面与背面分别图画列女与先贤，就已经发表的部分而论，分别见于卷一《母仪》、卷三《仁智》、卷四《贞顺》及卷八《续列女传》④。

另外应当注意到，唐时统治阶层对刘向《列女传》教化之义给予充分肯定与大力宣扬，这使《列女传》得以在社会上广泛传播。唐太宗李世民为秦王时，"尝命写《列女传》以装屏风，于时无本，世南暗疏之，不失一字"⑤。特制《列女传》屏风，足见李世民对其鉴诫意义的重视；作为一国之君，身为女性的武则天公开主持编撰《列女传》类作品及女训书，如《旧唐书·则天皇后本纪》载其召集周思茂、范履冰、卫敬业撰《古今内范》百卷，《孝子列女传》二十卷；《旧唐书·经籍志》载其撰《列女传》一百卷、《保傅乳母传》一卷，诏令编撰《内范要略》。《列女传》逐渐进入个体家庭中，成为知识女性的习见文本，其教化之义为女性所接受。例如柳宗元《先太夫人河东县太君归祔志》有言："尝逮事伯舅，闻其称太夫人之行以教曰：'汝宜知之，七岁通《毛诗》及刘氏《列女传》，斟酌而行，不坠其旨。'"⑥中古时期，吐鲁番受到胡汉文化的双重影响，汉文化

---

① 张涛：《列女传译注》，山东大学出版社，1990年，第9页。
② 王裕昌：《敦煌悬泉置遗址F13出土简牍文书研究》，《考古与文物》2011年第4期。
③ 刘赛：《刘向〈列女传〉及其文本考论》，复旦大学博士学位论文，2010年，第47页。
④ 扬之水：《北魏司马金龙墓出土屏风发微》，《中国典籍与文化》2005年第3期。
⑤ 沈煦等：《旧唐书》卷七十二《虞世南传》，中华书局，1975年，第2566页。
⑥ 柳宗元：《柳宗元集》卷十三，中华书局，1979年，第326页。

的经典及教育在这里都有体现①。吐鲁番出土的唐代西州文书中，儒家经典著作一应俱全，包括《礼记》《毛诗》《尚书》《论语》《孝经》等。旅顺博物馆藏的这片吐鲁番出土《列女传》残片，仅就形式看，抄写工整且有乌丝栏格，我们可以推测其是作为书籍类的写本流传的。中央政府的大力推行加上吐鲁番地区本就有的汉文化基础，《列女传》在当地普遍流传便不足为奇了，这件书籍类写本残片的发现一定程度上可为佐证。

刘向《列女传》通过历史故事的叙述，对其中女性形象的多种品质进行总结、提炼，既树立了正面的女性榜样，也指出了某些女性的反面品行，或大加赞扬或严厉批判，以此实现教化女性的目的。《列女传》中所体现的妇女观对后世影响深远，它是"经由刘向校定实现了整齐化的典范文本"，但它并非通常意义上的经典，而是成了"世俗生活用作女性教化的典范文本"②。

二、吐鲁番出土唐西州女性墓志中刘向"妇女观"的体现

《列女传》中刘向"妇女观"主要包括女教观、婚姻观、贞节观等几个方面，特别强调了"礼"在其中的重要性，推崇女性"知礼""有礼""守礼""好礼"，却又不局限于此，他对女性的"至德""智识""节义""才能"等亦高度评价。

继刘向《列女传》之后，自《后汉书》到《新唐书》，官修史书中的《列女传》逐渐发生变化，节烈贞顺的观念不断强化，刘向《列女传》中不吝赞赏的女性的胆识才学逐渐不再被提及。类似的女教书亦纷纷涌现，如东汉班昭《女诫》、蔡邕《女师篇》、晋李婉《典式》，刘宋徐湛之《妇女训诫集》，北魏崔浩《女训》，唐长孙皇后《女则要录》、韦澄《女诫》、陈邈妻郑氏《女孝经》、宋若莘与宋若昭《女论语》、元沛妻刘氏《女仪》等等。由此可以看出，至于唐代，遵循社会礼法、养成社会所需要的德行依然是女子教育的重要内容。

1. 婚姻家庭观。《列女传》中，刘向强调：婚姻关系中女性须谨遵礼制、匡夫教子、好合妻妾、孝敬父母，安贫乐道、以义为重。《贤明·周南之妻》中记载：周南"受命平治水土，过时不来，妻恐其懈于王事"，其妻便劝诫他念及家中父母，须勤力工作不要懈怠。刘向盛赞周南之妻"能匡夫也"。《母仪·弃母姜嫄》中记载："姜嫄之性，清静专一，好种稼穑。及弃长，而教之种树桑麻。弃之性明而仁，能育其教，卒致其名。"这段记载突出了后稷之母姜嫄的教化作用。《贞顺·卫宗二顺》反映了夫人与傅妾之间互相谦让的品质，刘向赞曰："二女相让，亦诚君子，可谓行成于内而名立于后世矣。"就上述事例不难看出，刘向的婚姻家庭观受"礼"的影响很大。

这样的婚姻家庭观在唐西州女性墓志中亦有淋漓尽致的体现。《唐贞观廿二年

---

① 朱玉麒：《中古时期吐鲁番地区汉文文学的传播与接受——以吐鲁番出土文书为中心》，《中国社会科学》2010年第6期。
② 刘赛：《刘向〈列女传〉及其文本考论》，第4页。

（公元648年）张子庆妻墓表》云："幼事舅姑，有敬顺之名，雍穆五亲，有休誉之称。"① 旅顺博物馆藏《唐龙朔二年（公元662年）张君夫人毛姿台墓志》云："乡闾叹其和柔，邻里仰其贞顺……四德不日而成，六礼淡时而备。勤劳家事，难易共为。承接舅姑，寒暑弗谢。宿载君子，唯诺是从。抚育儿罗，均平为务。"《唐乾封二年（公元667年）氾延仕妻董真英墓志铭》云："幼憩女艺，行不亏言，轨外彰信。归泛族贞明为志，恭慎在怀，庶艺无乖，姬姜养志……礼教无越，母仪可纯。"②《武周证圣元年（公元695年）田府君夫人卫氏墓志》云："秦晋之匹俦，谐琴瑟之弦爱。洽八敬攸备，诚妇礼以无亏。四德允昭，总母仪而有裕，移而之轨，谅在于斯。"③ 可见唐代西州女性墓志所体现出来的婚姻家庭观，并未超出传统儒家基本理论与观念的框架，对女性操行的要求并未因唐代的开放风气而有所降低。

除墓志碑铭之外，吐鲁番地区还出土有百余件户籍、名籍、田亩簿，其中屡屡提及作为户主的"大女"，她们承担着一些赋税责任，同时也有机会与外界进行交往；其独立地位，为地方官府与社会民众所承认④。但是在墓志碑铭甚至是同一时期的壁画、帛画、俑像等中则突出描绘了女性在家庭中的活动。尤其是墓志碑铭框架相类、语言程序化，只是空泛地描述女性婉淑敬顺、事亲育子的德行，很少涉及墓主人生活状况的真实信息，墓志碑铭中的溢美之词尽管只是一种"理想"形象，却客观上反映了当时社会对女性家庭角色的普遍心理期望，是"礼"的文化内涵在墓葬制度中的体现。

2. 守节观。刘向在卷四《贞顺》中，记述多位女性不改嫁的事例，以表达"适人之道，一与之醮，终身不改"⑤的妇女贞节观。如《母仪·鲁之师母》有言："妇人未嫁则以父母为天，既嫁则以夫为天，其丧父母则降服一等，无二天之义也。"刘向借传主之口强调了"女无二天之义"。彭卫先生认为，刘向"在中国古代思想史上，第一次系统而明确地提出女子不事二夫、从一而终的观点"⑥。刘向宣扬的女性"贞一"品质，对之后相当长历史时期内女性贞节观的不断强化有不可忽视的影响。

这种守节观念甚至对边郡西州地区的女性亦影响颇深，从吐鲁番出土的唐西州女性墓志中可见一斑。《唐乾封二年（公元667年）范永隆夫人贾阿女墓志》中提及：范永隆去世后，"寡妻稚子，即日孀居"，寡妻独自将稚子"携持保抱育"成人，直至"卒于私第"未曾再嫁。另《唐乾封二年（公元667年）王欢悦夫人魏氏墓志》云："夫人魏氏，天夫早逝，即日嫔居，训

---

① 侯灿、吴美琳：《吐鲁番出土砖志集注》，巴蜀书社，2003年，第457页。
② 侯灿、吴美琳：《吐鲁番出土砖志集注》，第533页。
③ 侯灿、吴美琳：《吐鲁番出土砖志集注》，第602页。
④ 邓小南：《六至八世纪的吐鲁番妇女——特别是她们在家庭以外的活动》，季羡林、饶宗颐等主编：《敦煌吐鲁番研究》第四卷，北京大学出版社，1999年，第215—238页。
⑤ 《古列女传》卷四《贞顺·蔡人之妻》，扬州阮氏影椠重刊。
⑥ 彭卫：《汉代婚姻形态》，三秦出版社，1988年，第308页。

女教男并已成立。"①从这两方墓志中我们可以看到，丈夫去世后，妻子主动守节、不再另嫁。西州女性丧夫一般存在三种选择：继续留在夫家、归宗、改嫁，以第一种选择占多数，"社会的主导舆论还是尊行礼制的精神，鼓吹贞节观念"②。由此可以看出，西州妇女守节观念之深重，与内地并无二致。

另外，《列女传》中所记述的女性形象往往也在政治及社会生活其他方面表现出机敏的才智与能力。如《仁智传》中的卫灵夫人知"蘧伯玉卫之贤大夫也"，《辩通传》中齐威虞姬识周破胡"谗谀之臣也"，《贤明传》中楚庄樊姬使虞丘子进贤等等。而在唐西州女性墓志中亦有在择妻时关注女子才学的表述，如前文提到的《武周证圣元年（公元695年）田府君夫人卫氏墓志》称其"巽官禀淑，月宇资柔"，但对女子才学的重视远不及重视品德那样普遍，"才"并不是择妻时的首要条件。与刘向对女性"兴国显家"作用的高度评价相比，唐西州女性墓志中对女性才能仅有零星的记述，刘向依"礼"而不拘于"礼"的通达几乎不可见，"正位乎内""在室为孝女，从人为贤妇"等伦理观念进一步渗透到西州社会生活中。

《列女传》之前，虽然《周礼》《礼仪》《礼记》亦散见一些与女性道德礼义、礼仪规范相关的篇章，但专门用于女性教化系统完整的思想文献始于《列女传》。其通俗浅显、极富感召力，易为女性接受、效仿，对后世亦有深远影响，甚至得到汉唐官方教化的肯定，逐渐对女性的日常生活产生影响，并持续千年。

---

① 侯灿、吴美琳：《吐鲁番出土砖志集注》，第530、535页。
② 赵晓芳：《互动视角下唐代西州基层社会研究》，兰州大学博士学位论文，2012年，第63页。

文物科技保护

养性殿唐卡《持国天王画像》背衬的物理清洁方法研究

王 猷 方小济 张 蕊 张国庆
北京故宫博物院

内容提要：故宫博物院藏原状陈设唐卡存在多种病害，其中尘垢问题最为突出。本文着重研究物理清洁方法，采用三台博物馆级吸尘器除尘、凝胶除尘、超细纤维毛巾除尘、修复专用海绵除尘等四种物理除尘方法，经试验比对，通过三维视频显微镜镜下观察清洁效果，遴选出最佳的除尘方法。为唐卡《持国天王画像》的背衬纺织品进行除尘，取得理想的除尘效果。

关键词：故宫养性殿 《持国天王画像》 背衬 物理清洁

宁寿宫养性殿西暖阁仙楼佛堂建于乾隆四十一年（1776），仿养心殿西暖阁佛堂而建。据《清宫内务府造办处档案总汇》记载，乾隆四十年十一月二十日，太监胡世杰交画像佛四十四张，乾隆谕旨："照养心殿西暖阁楼上现供佛像一样镶边成做，在养性殿西暖阁楼上供。"可知，养性殿西暖阁楼上供有44张唐卡[1]，并记录唐卡名称，经实地考察，其与记载基本相符。自乾隆四十一年至今佛堂内的唐卡一直保持原状陈列悬挂于墙面。受自然老化等各种因素影响，唐卡均出现多种不同程度的病害问题，其中尘垢问题尤为突出。本篇着重对养性殿西暖阁仙楼佛堂其中一张唐卡——《持国天王画像》背衬尘垢的物理清洁方法展开研究。

一、文物介绍

养性殿《持国天王画像》唐卡（图1、图2），外横宽137厘米，外纵长97厘米，画心横宽110厘米，纵长82厘米，主要包括三部分：画心（颜料层）、装衬织物、配件组成，其中配件包括了竹制卷杆和楣杆、挂绳、缝线等。

《持国天王画像》的画心材质为布底

---

[1] 方小济、宋纪蓉：《〈持国天王画像〉唐卡绘制材料与工艺的科学分析》，《故宫博物院院刊》2015年第3期，第146—158页。

图1 《持国天王画像》正面
（图片来源：唐卡修复团队摄）

图2 《持国天王画像》背面
（图片来源：唐卡修复团队摄）

彩绘，四周装帧为红色带有缠枝莲纹织金锦，左右侧幅宽度均为7厘米，天池地玉等宽为13厘米，画心四周的牙子（彩虹）宽约0.5厘米，颜色为红、黄、黑三色，质地亦为织金锦[1]。背衬较薄，厚度为0.22毫米，通过裸眼和显微图像观察，对背衬黄色织物进行织物类型判断，其经纬密度为 $36×36/cm^2$，属1:1的平纹结构。背衬黄绸布满尘垢、脏污并有蛀洞且脆化。

二、织物材料检测分析

1. 仪器

赛默飞傅里叶显微红外光谱仪（Thermo Fisher Nicolet iN10 Mx）、北京和众视野纤维细度仪（CU-6型号）。

2. 检测条件与方法

红外光谱仪：MCT检测器、液氮制冷等，光谱采集范围：4000—400 cm^{-1}，分辨率4 cm^{-1}，扫描次数60次，分析软件TQ Analyst。

纤维细度仪：将黄色线剥离出单根纤维组织，制样后在显微镜做500倍、1000倍镜下观察。

3. 红外光谱与纤维细度仪分析结果

使用红外光谱仪与纤维细度仪对背衬脱落的黄线样品进行检测分析（表1）。

表1 背衬织物纤维检测结果

检测纤维	红外光谱分析结果/cm^{-1}	纤维细度分析结果
背衬黄色线	3286、3083、2972、2930、2875、1629、1520、1266、1233、1164、1067、997、974等	透明有光泽、平直光滑的棒状纵向形态

---

[1] 方小济、宋纪蓉：《〈持国天王画像〉唐卡绘制材料与工艺的科学分析》，《故宫博物院院刊》2015年第3期，第146—158页。

以黄线为例,3286 cm^{-1}处有蛋白质分子N—H的伸缩振动;3083 cm^{-1}、2972 cm^{-1}、2930 cm^{-1}、2875 cm^{-1}附近出现C—H烷基伸缩振动峰;1629 cm^{-1}处为酰胺Ⅰ带C=O的伸缩振动吸收峰;在1520 cm^{-1}处为酰胺Ⅱ带蛋白质N—H变形振动峰,这是天然纤维的特征峰。1266 cm^{-1}与1233 cm^{-1}处为酰胺Ⅲ带蛋白质分子肽键中C—N伸缩振动。1164 cm^{-1}处为C—O伸缩振动;1067 cm^{-1}附近也有较强吸收,为肽链中C—C伸缩振动。在997 cm^{-1}和974 cm^{-1}附近出现桑蚕丝的特征吸收峰。样品具有丝纤维的酰胺Ⅰ、Ⅱ、Ⅲ带特征峰、纤维特征峰和桑蚕丝的特征峰,与红外图谱数据库的图谱进行比对,发现其与桑蚕丝的图谱基本吻合,可推知样品黄线为桑蚕丝。

使用纤维细度仪对黄线样品纤维进行检测分析,发现黄线呈现平直光滑、透明有光泽的棒状纵向形态,与蚕丝的纵向结构相符,结合红外光谱和纤维细度仪的分析结果可知,背衬黄线为桑蚕丝。

三、尘垢病害

材质越丰富,便越易受环境的影响,此唐卡自清乾隆时期一直悬挂于佛堂之内,无论是画心还是装衬织物,均遍布尘垢。这些自然界存在的粉尘经过了两百多年的沉淀积累,覆盖了唐卡的表面与缝隙,有的甚至已经深入到织物的内部,填满了织物纤维的交织空隙,尘垢与织物混合为一体,并已凝结成结晶体,加速了织物的老化和粉化现象,甚至碳化变黑[①]。受自然环境影响,画心颜料层颜色变暗,部分已呈灰黑色状。装帧和背衬附着较厚灰尘,甚至已嵌入纤维组织内部,使织物发污、变硬、酥粉等病害较为严重。

从病害图(图3)中明显可见尘垢已布满整幅唐卡,亟须进行除尘保护。

图3 《持国天王画像》病害图
(图片来源:唐卡修复团队绘)

在对《持国天王画像》进行病害研究时发现,该幅唐卡主要存在大面积尘垢、颜料层部分已酥化脱落、装衬缝线

---

① 方小济、张蕊、王猷、周倩:《养性殿西暖阁仙楼佛堂唐卡的病害及病害机理研究》,《遗产与保护研究》2019年第4期,第5—12页。

开裂三个较突出的病害问题。本文针对大面积尘垢问题采用物理清洁，使用六种物理清洁工具对背衬除尘，并通过实验比对得出最适合《持国天王画像》装衬部分的除尘方法。

四、物理清洁实验

开展物理清洁方法实验，主要使用现有六种除尘工具：三台博物馆级吸尘器、修复专用海绵、文物用凝胶、超细纤维毛巾。其中三台博物馆级吸尘器包括：博物馆级吸尘器（曼茨型号为MUNTZ 555-MU-E HEPA GS）、CLE吸尘器、真空泵吸尘器。

（一）实验区域

在《持国天王画像》背衬的内侧面选取六个点位（图4）进行物理清洁实验。六个点位均为2厘米×2厘米见方的相邻试验块，试验块1#使用MUNTZ博物馆级吸尘器（挡位最小级），实验块2#使用CLE吸尘器，实验块3#使用真空泵吸尘器，实验块4#使用凝胶，实验块5#使用超细纤维布，实验块6#使用修复专用海绵。

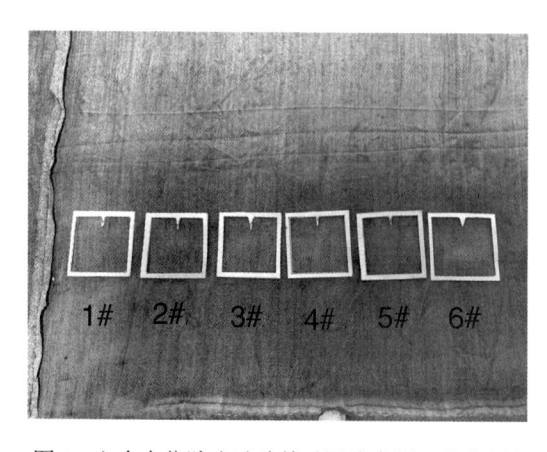

图4 六个点位除尘试验前（图片来源：作者摄）

（二）准备工作

1. 准备若干玻璃吸管，吸头以2厘米左右长度为宜，用细砂纸将吸口打磨平滑，作为CLE吸尘器、真空泵吸尘器吸头使用。作用：精准吸尘，虽除尘工作时间倍增，但可以更好地将嵌入纺织品纹理内的尘垢去除。

2. 用橡皮筋将双层Crepelne固定在MUNTZ博物馆级吸尘器的吸头和导管连接处，可起到拦截较大织物纤维以及收集颗粒物的作用。

3. 真空泵吸尘器的四个瓶子内分别注入300毫升浓度为75%乙醇和纯净水，参照如下：1号瓶300毫升75%乙醇。2、3、4号瓶分别为300毫升纯净水，均用橡胶管相连接，顺序依次为：真空泵吸风口→1号瓶→2号瓶→3号瓶→4号瓶→玻璃管吸头。

4. 准备3厘米×6厘米修复用人造海绵立方体，方便除尘过程中做切片显微镜下观察。

5. 使用吸水纸裁剪内径约2厘米×2厘米做框，作除尘实验点范围。

6. 使用吸水纸将修复用凝胶的水份吸收，避免残留在文物上。

7. 分别检测吸尘器的风速，测试距离1厘米，功率挡位均为最小级，测试时长1分钟，测试结果为：曼茨吸尘器（MUNTZ）风速2.28 m/s，CLE吸尘器风速0.3 m/s，真空泵吸尘器风速过小，测量不到有效值（原因分析：该吸尘器的风速较前两款相对柔和些，并且是纯内循环吸入式无外排，所以测不到风速）。

（三）物理清洁方法实验

实验一：

MUNTZ博物馆级吸尘器操作步骤：

吸尘器挡位最小级（Ⅰ挡位），一只手紧握吸头，另一只手轻压1号实验块，据除尘点位保持约5厘米安全距离，吸管倾斜约45度，可避免吸头与文物接触且吸力较柔和。沿纺织品经线或者纬线顺势进行5遍吸尘作业，操作步骤需按除尘作业规范执行。

实验二：

CLE吸尘器无挡位调节，并且是MUNTZ博物馆级吸尘器、真空泵吸尘器中吸力相对较弱的，按除尘操作规范进行5遍吸尘作业。

实验三：

使用真空泵吸尘器除尘，需注意保持与文物5厘米安全距离，1号瓶里的酒精会少量雾化在空气中，波及到文物表面有杀菌作用。该款真空泵吸尘器无挡位调节，用脸颊感受吸力，吸力略高于前两台吸尘器。按除尘操作规范进行5遍吸尘作业。

实验四：

文物修复用凝胶的使用方法较特殊，取适量凝胶与吸水纸反复摩擦，使其自身湿度尽可能降低，用手揉捏无潮湿感方可使用。一只手持凝胶另一只手轻压4号实验块，防止框边受凝胶粘力而变形，反复粘附实验点，约6—8次为宜。

实验五：

使用超细纤维毛巾按操作规范轻柔擦拭8—10次。

实验六：

修复用人造海绵材质具有高弹性特征，有大量孔洞，如遇灰尘量较大区域，尽可能用干净的一面擦拭除尘点，防止孔洞里的灰尘脱落导致二次污染文物本身，所以在使用期间把握力度较为关键，轻擦5次为宜。

五、除尘效果

分别使用相机和基恩士三维视频显微镜（KEYENCE VHX-5000 Digital Microscope）做镜下20倍、50倍、100倍、150倍观察除尘效果和纤维纹路变化，可清晰观察到六种除尘方式的清洁效果（图5）。将使用过的修复专用海绵、凝胶、超细纤维布分别做显微镜下观察记录（图6—8），发现其均附着有颜料粉尘、纤维组织、灰尘。

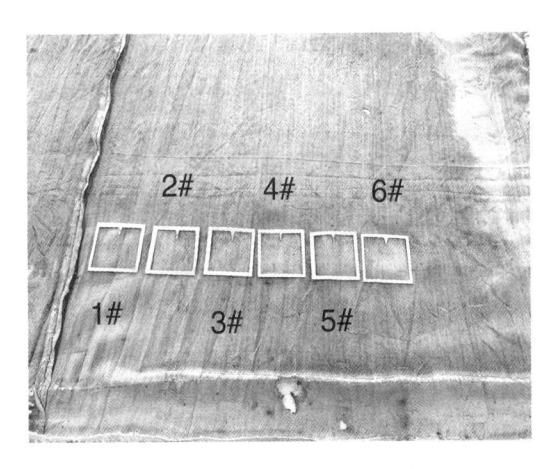

图5　六个点位除尘试验后

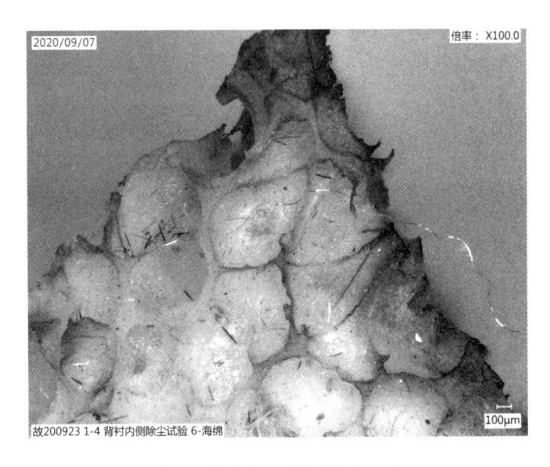

图6　修复专用海绵除尘后

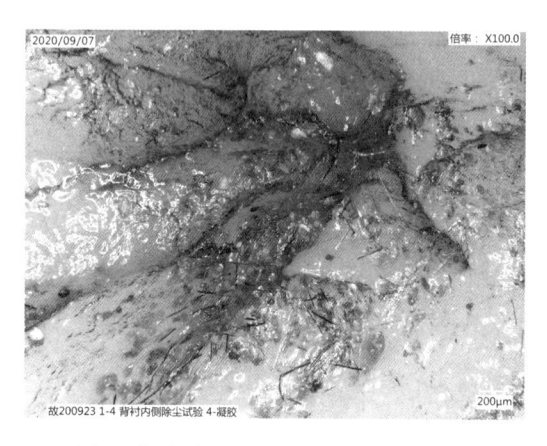

图 7　凝胶除尘后（图片来源：作者摄） 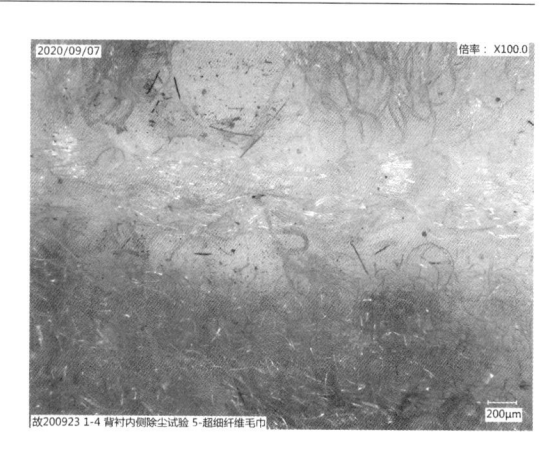　　　　图 8　超细纤维除尘后（图片来源：作者摄）

表 2　除尘前后对比及优缺点

除 尘 工 具	除 尘 工 具 特 点
MUNTZ博物馆级吸尘器	该款吸尘器优点：吸力可控，灰尘可回收。缺点：机身易发热，噪音大。通常在唐卡画心和装衬上除尘，Ⅰ挡位最小吸力即可。
CLE吸尘器	该款吸尘器优点：可长时间运行，噪音低，吸力轻柔，适用于画心颜料层和纺织品装衬的除尘作业；灰尘可回收。缺点：吸力无挡位调控，较脏的装衬区域除尘效果不明显。
真空泵吸尘器	该款吸尘器优点：有75%浓度酒精雾化效果，起到杀菌作用；可长时间运行，噪音低，吸力略强于MUNTZ博物馆级吸尘器Ⅰ挡位和CLE吸尘器；适用于纺织品、装衬除尘；缺点：吸力无挡位调控，吸走的灰尘和颗粒物全部溶于瓶内液体中，不可检测分析回收物。
文物修复用凝胶	修复用凝胶优点：沾粘性强，可轻易带走尘垢。缺点：与文物接触，有凝胶残留于文物上的风险；在较大面积的灰尘纺织品上，有粘取灰尘不均匀的风险。颗粒物不可回收。
超细纤维毛巾	超细纤维毛巾优点：除尘作业方便简捷。缺点：与纺织品文物接触靠摩擦吸附灰尘，遇较脆弱纤维断裂带有风险，纺织品文物酌情使用。
修复用人造海绵	修复用人造海绵优点：体积形状易改变，可依据文物本身尘垢形状大小切割形状；缺点：与纺织品文物直接接触，靠摩擦吸附尘垢，在显微镜镜下观察发现有改变纤维形态的风险。

MUNTZ博物馆级吸尘器、CLE吸尘器、真空泵吸尘器三种吸尘器的除尘效果良好，均达到文物修复除尘要求。显微镜下比较，凝胶除尘后效果清洁程度最为突出，修复专用海绵效果也较为突出。

六、除尘实验总结

经过对6个装衬实验区域进行物理清洁，在实验分析的基础上比对除尘方法和效果，我们得出以下结论：

（一）MUNTZ博物馆级吸尘器吸力可调节，一挡位吸力柔和，吸头处与吸尘管加Crepelne作为拦截网，回收脱落样品与装衬纤维组织，可用于唐卡画心与装衬的大面积除尘作业；纺织品如若尘垢堆积较厚，可反复使用该设备进行清洁。

（二）CLE吸尘器在此三台吸尘器中吸力表现最为温和，可多用于画心颜料层的除尘作业，但纺织品纤维缝隙中的尘垢无法彻底清除。

（三）真空泵吸尘器吸力表现较MUNTZ博物馆级吸尘器一挡位、CLE吸尘器吸力较为强劲，加之有少量酒精雾化杀菌作用，可多用于纺织品的除尘作业，在玻璃吸头的帮助下，纺织品的缝隙除尘表现尤为突出。

（四）文物修复用凝胶虽除尘效果明显，但强劲的粘黏力如用在未加固的画心颜料层以及糟朽的纺织品上，则易将松动的颜料层和糟朽断裂的纺织品纤维粘黏掉且无法回收。极易造成二次损伤，风险较大，需慎重使用凝胶处理画心和纺织品除尘。唐卡使用凝胶有待通过多次实验总结经验：1.凝胶的潮湿性是否会使其残留在文物表面；2.在纺织品大面积除尘作业中，尘垢的耐牢程度不同，使用凝胶的吸附力不可控，易造成清洁程度不均匀的现象。所以目前当慎在文物表面直接使用文物修复用凝胶。

（五）超细纤维毛巾的超细纤维具有毛细血管构造，油污与灰尘从超细纤维间的缝隙渗透，超细纤维可以吸附自身重量7—8倍左右的灰尘、颗粒。因此超细纤维毛巾本身具有极强的去污清洁功能。但唐卡的颜料层脆弱、表面不光滑，装衬纺织品的纤维组织部分断裂、粉化糟朽，大量灰尘布满缝隙内，用手持式紫外灯对清洁表面进行观察，可发现明显的残留。故超细纤维毛巾不符合唐卡装帧纺织品的修复要求，建议唐卡的纺织品除尘慎用此法。超细纤维毛巾更适用于在光滑的硬物表面擦拭，如其对唐卡上下卷楣杆的除尘效果极佳。

（六）修复专用海绵的自身布满密集孔洞，吸收尘垢能力强，在画心和纺织品上使用，虽清洁效果好，但颜料脱落的样品部分进入孔洞内无法收集，并且与文物接触摩擦产生吸附，对纺织品纤维造成的拉扯无法避免，有改变纤维纹路的风险存在。通常用作唐卡上下卷楣杆的除尘。在硬物表面擦拭，除尘效果极佳。

七、结　论

通过六种除尘工具的对比研究，了解其吸附能力，我们认为，在唐卡画心和装衬除尘作业中，不同的糟朽程度当选择对应的除尘工具，避免可能存在的风险。为确保不与文物直接接触，使用吸尘器除尘依然是最安全的方式。画心的除尘多选用MUNTZ博物馆级吸尘器第一挡位和CLE吸尘器，如遇画心颜料层较为脆弱、已松动或极易脱落的区域，应先做临时加固，再用CLE吸尘器吸头倾斜45度角，与吸尘区域保持5厘米安全距离，进行第一次除尘，将表面浮尘去除后，再用MUNTZ博物馆级吸尘器第一挡位进行二次除尘。真空泵吸尘器更适合用于纺织品装衬的除尘作业，也可先用MUNTZ博物馆级吸尘器第一挡位大面积除尘1—2次，再用真空泵吸尘器深度除尘。

基于计算机技术的超景深文物图像合成技术

时丹丹　韩一夫

旅顺博物馆

内容提要：本文旨在探讨一种基于计算机技术的超景深文物图像合成技术，通过连续采集不同焦平面的文物图像，经过对齐后进行清晰度竞争，将不同图像中的清晰部分拼合形成超越原图景深的图像。结合旅顺博物馆馆藏钿子文物进行实验，验证该技术在文物保护、考古等领域的应用前景。实验结果表明，该技术能够有效地提高文物图像的清晰度和景深，为文物保护和考古研究提供更准确、全面的图像信息。

关键词：文物摄影　超景深合成　计算机技术

一、引　言

随着数码影像技术和计算机技术的不断发展，文物保护和考古研究对于文物图像的清晰度和景深要求越来越高。而传统的单张图像采集模式越来越难以满足这些要求。因此，如何通过简洁的方式获得大景深、高质量的文物图像成为研究热点。本文提出一种基于计算机的单机位多张景深合成技术，该技术可以极大地提高文物图像质量，一定程度还原文物的原貌，为文物保护工作提供更加真实的素材。

二、文物摄影与景深

文物摄影起源于19世纪，当时主要用于艺术品的复制和记录。随着摄影技术的不断发展，文物摄影逐渐成为一种独立的艺术形式，并广泛应用于文物保护、考古研究、文化传承等多个领域。

一开始，文物摄影主要是采用干板摄影技术，通过长时间的曝光和繁琐的处理流程来制作图像。这种方法虽然能够得到较为清晰的图像，但是制作过程非常繁琐，且难以制作出高分辨率、高保真度的图像。即使后期出现了基于银盐胶片的大画幅相机，但底片尺寸依旧较大，如8×10或4×5英寸。较大的底片必然导致景深的缩短，因此早期文物摄影往往使用极小的光圈甚至小孔成像的方式以获得更大的景深。

随着120、135等型号胶卷的诞生，中型或小型片幅相机被大量应用于文物摄影中。这一时期由于镜头的限制，最小光圈多为F/32甚至F/22，相较于大画幅相机动辄F/64甚至F/128而言，最大景深依旧不能完全满足拍摄需求。况且，早期大画幅相机多可以借助"沙姆定律①"利用平移、升降、俯摆等方式灵活地调整焦平面位置与角度，在一定范围内获得类似于超景深的图像，而中型或小型片幅相机若没有价格高昂的移轴镜头则无法做到这一点。因此这一时期的文物图像多可以观察到较为明显的浅景深效果。

进入21世纪以来，数码相机逐渐取代了传统银盐胶片。随着摄影技术的发展，现代文物摄影已经可以实现高分辨率、高保真度和实时可见的图像预览。但是如何获得一张足够覆盖整件文物的大景深图像依旧困扰着文物工作者。而且，近年来随着传感器技术的发展，单个像素尺寸不断缩小，目前已低于1 μm，远超传统的银盐胶片极限分辨率，这使得焦外的文物细节更加模糊不清。因此，能否结合最新的数字摄影和计算机技术，在单张图像内最大限度地包含更多文物细节信息，已成为目前文物摄影需要突破的难关之一。

为了解决这一问题，文物工作者们采取了各种办法对传统拍摄流程进行优化：进一步缩小光圈大小，但该方法加强了镜头的衍射效应②，降低了图像锐度，使得焦内部分清晰度下降（图1）；缩小传感器面积，采用APS-C画幅、M4/3画幅甚至更小画幅的相机，在同等视角下可以采用焦距更短的镜头，但该方法降低了传感器的信噪比，一定程度上也影响了图像质量（图2）。

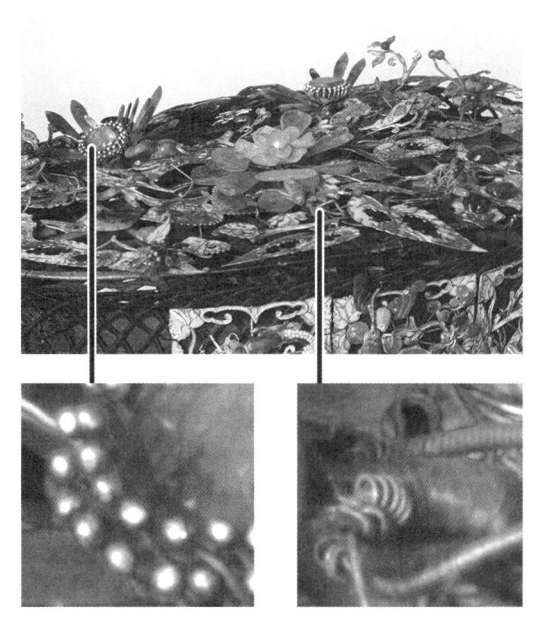

图1 135画幅相机拍摄照片及细节（F/32），可见明显的衍射效应

图2 1/2.3英寸画幅相机拍摄照片及细节（F/8）

---

① 即当镜头平面、影像平面、被摄体平面的延长面相交于一条直线时，即可获得被摄体平面的清晰影像。
② 在文物摄影中，由于光的波动行进使得部分光线无法到达图像感应器，由此造成分辨率降低，画质锐度不足。这种现象会随着缩小光圈（增大光圈值）而变得更加显著。

另外，部分工作者亦尝试采用近年来较为流行的多视角三维立体成像技术，即通过从不同角度进行文物图像采集，在计算机中通过空间拟合运算，生成文物的数字贴图模型，再从特定视角导出文物的正射影像，从而获得全清晰的文物图像[1]。该方法的优点是，不但采集了文物的图像信息，在过程中对文物的空间信息也进行了测绘。但笔者认为该方法存在三点缺陷：一是采集过程较为繁琐，即使文物的器型简单也最少需要30—50张图片，拍摄及后期计算生成图像过程耗时费力；二是对于较为精细的文物很难生成完美的空间模型，模型一旦出现粘连，那么势必影响生成图像的质量；三是正射影像与传统文物摄影的透视不同，违背了近大远小的空间透视原则，不利于建立对该件文物的空间想象。因此该方法也不是获得大景深文物图像的最佳方案。

三、基于计算机的单机位多张景深合成技术

基于计算机的超景深合成技术是一种通过组合不同焦平面图像来合成一幅具有更大景深新图像的技术。该技术使用相机在不同焦点处拍摄一系列图像，然后使用计算机软件算法将这些图像中的清晰部分组合拼接，最终合成一幅具有更大景深的新图像。

目前该技术已普遍应用于文物保护显微观测领域。如目前流行的超景深数码显微系统，通过软硬件一体的超景深合成技术，可以轻而易举地获得过去常规显微摄影无法获得的大景深显微图片，广泛应用于文物的表面检测、缺陷检测、材质鉴别等方面，为文物的保护和研究提供了强有力的技术支持[2]。软硬件一体的解决方案固然具备极大的优势，例如技术门槛低、操作简便、处理效果优良等，但也存在通用性差的缺点，无法灵活满足文物保护工作中对于不同焦段的需求。因此需要一项通用的景深合成技术用以面对工作中常见的不同类型和尺寸的文物样品。

超景深合成技术的主要步骤包括图像采集、图像对齐、清晰度竞争和图像融合等。图像采集是指使用相机在不同焦点处拍摄一系列图像。这些图像需要满足一定的重叠要求，以便在后续的合成过程中进行对齐和融合。图像对齐是指将这些图像进行精确的配准，以确保合成的图像没有明显的错位或扭曲。清晰度竞争是指对每个图像中的每个像素进行评估，以确定哪些像素对于最终的合成图像具有更高的贡献。图像融合是指将经过清晰度竞争后的像素组合成一幅新的图像，以实现更大的景深和更清晰的细节。

因此，从理论上说，我们可以从单机位对文物连续不断地拍摄一组不同焦平面的照片，再经过计算机处理，历经图像对齐、清晰度竞争和图像融合等步骤，生成一张超大景深的文物图像。这一方法的优

---

[1] 刘建国：《可移动文物的多视角影像三维重建》，《考古》2016年第12期，第97—103页。
[2] 滕昭玉：《超景深光学显微系统在文博领域的应用现状和展望》，《科技创新与生产力》2022年第2期，第125—127页。

点主要有以下几点：

1. 固定机位拍摄，在拍摄过程中不需要反复调整视角，节省了大量拍摄时间成本。同时，也可以使用固定的曝光和白平衡参数，避免了由于移动机位或文物导致的曝光差异。

2. 后期计算成本较低，仅通过对单视角的图像文件进行计算便可生成图像。相较于三维立体模型动辄30—50张的图像数量，可以极大地节省计算机的算力成本，提高工作效率。

3. 可以采用镜头最佳锐度光圈进行拍摄。一般来说，相机镜头存在一个最佳锐度光圈，更大的光圈孔径会加重非近轴光线和近轴光线追迹所得的结果，使得图像质量下降；而更小的光圈会加重衍射效应。因此使用最佳锐度光圈可以获得最佳的影像质量。

4. 由于是多帧图像融合生成，因此图像内包含的信息丰富程度远高于任一单张图片，提升了单幅图像内包含的信息量，为文物保护工作提供了更加翔实的信息。

四、在文物图像采集中的实践

为了验证本文提出的单机位多张景深合成技术的有效性，笔者选取了旅顺博物馆藏钿子文物为例，详细介绍超景深合成技术的拍摄与图像生成过程。

该件文物系清代满族妇女头饰钿子（图3），由珍珠、珊瑚、玉石、碧玺等珠石组成各色花饰，点翠铺衬，铜镀金底托。在拍摄文物细节时，由于放大倍率较大，传统的单张拍摄方法所得图像景深极浅（图4）。虽然增强了文物图像的艺术感染力和视觉冲击力，但是作为文物资料留

图3　旅顺博物馆藏清代钿子全貌

图4　传统的单张拍摄方法所得图像，可见景深极浅

存而言细节不够丰富，难以满足文物研究和文物保护的需求。

拍摄使用宾得K1 Mark2型号相机，搭配Tamron SP AF70-200 mm F/2.8 Di LD[IF] MACRO镜头。将相机固定于三脚架上，使用光圈F/5.6，速度1/180 s，iso100参数，自文物近端向远端均匀移动焦平面拍摄照片15张（图5）。

需要注意的是，本次拍摄使用的镜头为恒定光圈镜头，恒定光圈镜头可以最大程度避免对焦过程中产生的呼吸效应，从

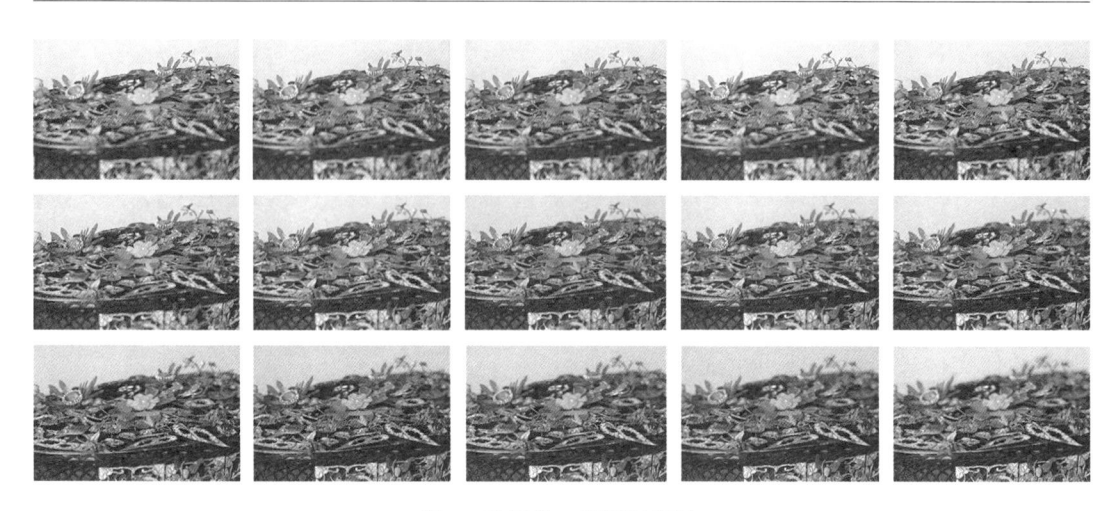

图5　采集的15张原始照片

而为接下来的图像对齐步骤提供便利。同时，该支镜头的锐度峰值出现在光圈F/5.6处，因此采用这一参数进行拍摄可以增加文物图像细节。

接下来，将图像导入图像景深合成软件中，执行图像对齐，这一步主要是消除对焦过程中产生的轻微抖动。理论上本方法亦可用于手持拍摄中，但对齐效果必然逊于使用三脚架拍摄，手持拍摄的图像需要更高的图像对齐精度。对齐后采用基于机器学习的清晰度竞争方法，对每张图像的每个像素进行评估，确定哪些像素对于最终的合成图像具有更高的贡献，据此生成每张图像的蒙版（图6）。最后按照对应的规则组合成一幅新的图像（图7）。

可以看出，景深合成的图像文物前后均呈现出清晰的边缘，同时由于采用了锐度更佳的光圈，文物表面的细节也更加丰富，整体图像质量更高，可以清晰地展现钿子表面钿花的细节和轮廓，实现从近端到远端全清晰的效果。

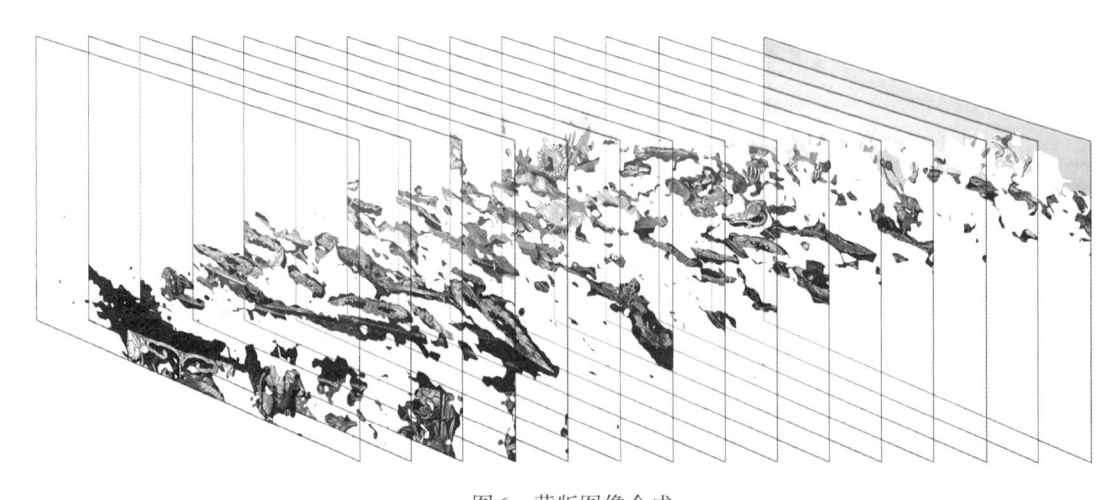

图6　蒙版图像合成

图 7　生成的超景深图像

五、结　语

通过以上实践可以看出，这种单机位多张景深合成技术具备操作简便、图像质量高等优点。通过这种技术，我们可以更加准确地分析文物的材质、结构、纹理等细节，进一步深化对文物的认识和理解。此外，这种技术还可以用于文物修复、复制和展示等领域，为文物的保护和研究提供了更加高效、精细的技术支持。

当然，本文提出的景深合成技术仍存在一些局限性，例如拍摄过程要求拍摄者具备一定的摄影技术水平，对于动态场景的适应性有待进一步提高等。未来研究可以针对这些问题进行改进和完善，进一步提高该技术的适用性和性能。

博物馆工作与研究

如何实现博物馆的社会价值

——关于"此中有真意——齐白石及其师友书画作品展"的几点思考

宋艳秋

旅顺博物馆

内容提要：博物馆的社会价值是博物馆区别于其他公共文化机构的根本属性，其由博物馆、公众、社会这几大要素构成。博物馆社会价值的实现，需要处理好博物馆与自身建设、公众需求、社会发展之间的关系，使之相互带动、共同推进。2022—2023年，由旅顺博物馆和青岛市博物馆共同举办的"此中有真意——齐白石及其师友书画作品展"分别在大连和青岛两地举办，受到观众热烈欢迎。本文从展览策划、展陈设计、社会教育、多方合作等几个方面对此展进行介绍，并作总结思考，从而探讨博物馆实现社会价值的几个相关问题。

关键词：展览策划　多方合作　社会价值

2022年，旅顺博物馆和青岛市博物馆共同承办的"此中有真意——齐白石及其师友书画作品展"在旅顺博物馆举办。展览一经推出，引起社会极大反响，吸引近3万市民群众、外地游客和外国友人前来参观，且展览专题在学习强国平台上的阅读量达到了近20万人次。2023年，此展在青岛市博物馆展出，再一次迎来了参观热潮，近5万观众涌入博物馆，并以一场主题为"博物文化与艺术城市"研讨会作为展览的收官之作。从一个展览，到一个文化热点，再到一个城市文化精神的培育和塑造，旅顺博物馆和青岛市博物馆做了一次成功的尝试。

一、他日何人识此翁——展览缘起

书画是旅顺博物馆特色之一，根据馆藏文物特色，旅博形成了自己的展览体系和规划。古代书画在2017年推出了"清代书画系列展"，近代书画在2019年推出了反映20世纪艺术家们传奇人生和艺术成就的大师系列展。首展"天地徒存此老丁——陈半丁书画作品展"在2020年推出，观众反响热烈。大师系列的第二个展览"此中有真意——齐白石及其师友书画作品展"在2022年与观众见面。

齐白石（1864—1957），原名纯芝，后改名璜，字渭清，号兰亭、濒生，别号白石山人。湖南湘潭人。近现代史上杰出的艺术家。他出身农家，曾做过木匠，后以民间画工为生。他将传统的文人画风与民间艺术相融合，创"红花墨叶"一派。所作花鸟、虫鱼、山水、人物笔墨纵横雄健，造型简练生动，充满乡间野趣和童心天真，开拓了中国画的新面貌，为中国画的现当代转型做出了突出的贡献。

从木匠到巨匠，从草根到大师，齐白石的艺术生涯可以说是一个传奇。对于这样一位大师的解读，除了文字，就是根据他的作品。旅顺博物馆和青岛市博物馆收藏的齐白石绘画作品不多，展品的数量和内容有限，想要系统地展示齐白石的艺术全貌，唯有另辟蹊径，从画家的经历入手，探寻齐白石绘画艺术的渊源、特色及其对后世的影响。

二、功夫深处渐天然——展览策划独辟蹊径

陈列展览是博物馆向社会奉献的最重要的精神文化产品之一，也是博物馆开展社会教育和公共服务的主要载体与手段。如何做好陈列展览的策划，讲好文物故事，通过陈列展览让收藏在博物馆里的文物、陈列在广阔大地上的遗产、书写在古籍里的文字都活起来，已成为当下文博行业面临的最直接的问题。

2022年10月15日—12月18日，"此中有真意——齐白石及其师友书画作品展"在旅顺博物馆举办。与以往不同，此次展览策划从画家的人生经历入手，划分为"画吾自画——齐白石作品""同侪影响——齐白石师友作品""白石门下——齐白石弟子作品"三个单元。展品选取了齐白石人物、山水、花鸟草虫、水族类作品，展现了齐白石的艺术特色和成就；同时展出了齐白石师友及弟子作品，充分体现了艺术的传承和创新。

现选取部分重要展品加以介绍：

（一）画吾自画——齐白石作品

齐白石从一介木匠成为一代巨匠，得益于1902—1909年"五出五归"的游历和1919年的"衰年变法"，这是齐白石个人绘画风格形成最关键的时期。他以书画寄情，将日常所见和笔墨情趣融入到绘画中，主张艺术"妙在似与不似之间"，形成了独特的大写意风格。齐白石的绘画题材很丰富，但以瓜果菜蔬、花鸟虫鱼为工绝，兼及人物、山水。齐白石的作品以虾最为出名。他笔下的虾通透灵动，栩栩如生。寥寥几笔，便勾勒出一只活泼、机敏的虾，画工精湛，令人叹为观止。

1. 齐白石　鱼虾蟹图轴（图1）

款识：旅顺博物馆藏，九十四岁，白石。

钤印："齐白石"白文方印、"人长寿"朱文方印。

2. 齐白石　藤萝图轴

款识：齐璜谨绘。

钤印："老木"白文方印、"齐白石"白文方印。

3. 齐白石、陈半丁　雉鸡菊石图轴

题识：白石老人齐璜画雉，半丁写菊石。

钤印："齐大"朱文方印、"陈年之印"白文方印、"半丁合作之印"白文方印。

（二）同侪影响——齐白石师友作品

齐白石"衰年变法"的成功，除因其

图1 齐白石鱼虾蟹图轴

早年的积淀和勤奋外，有几个人对他的影响也是很大的。吴昌硕是中国近现代著名国画家、书法家、篆刻家，中国海派艺术的开拓者。他融金石书画为一炉，开启金石大写意绘画的新风。齐白石在学习徐渭、朱耷、石涛的基础上，又吸收了吴昌硕的长处，创造出自己独特的画风。

陈师曾是吴昌硕的弟子。他上师古人，博习众采，山水、花鸟、人物、风俗等皆有涉及。陈师曾在齐白石绘画风格的转变上起了关键的作用，被齐白石视为知己。

徐悲鸿是油画民族化的重要推动者，也是中国现代美术教育的奠基人。他主张融国画的笔墨韵味和西画技法于一炉，对中国近现代美术发展有深远的影响。相同的艺术观念，使齐白石和徐悲鸿成为了忘年交。

1. 吴昌硕　花卉四条屏

款识："破荷写荷，时丁酉十一月。""翠豪夜湿天香露。""临摹石鼓琅琊笔，戏为幽兰一写真，中有离骚千古意，不须携去赛钱神，老缶。""仙源三月花，春潭千尺水，安得一渔舟，荡漾山光里，次竹仁兄大人法家正画，丁酉十有一月，昌硕弟吴俊卿。"丁酉为光绪二十三年（1897）。

钤印：印章"老缶"朱文方印、"俊卿之印"朱文方印、"苦铁不朽"白文方印、"五湖印丐"朱文方印、"破荷亭"白文方印。

2. 陈师曾　花卉图横幅（图2）

款识：石工命画此四品，衡恪。海棠暖湿胭脂雨，老桂寒生金缕衣，莫被卷帘人窃笑，黄花正比晚菘肥。师曾画讫戏题一绝新正。

钤印："师曾长寿"白文方印、"解衣盘博"朱文方印。

3. 徐悲鸿　奔马图轴（图3）

款识：直须此世非长夜，漠漠穷荒有尽头，廿八年六月，悲鸿。

钤印："东海王孙"白文方印。

（三）白石门下——齐白石弟子作品

受益于诸多良师益友帮助的同时，齐白石也培养了许多知名的弟子。影响最大和成就最高的有李苦禅、王雪涛、李可染、陈大羽、许麟庐、娄师白等。齐白石的后人中，齐良琨、齐良迟画艺较为突出。

图2　陈师曾花卉图横幅

图3　徐悲鸿奔马图轴

齐白石对弟子说"学我者生，似我者死"，要求弟子不要一味模仿，要加入自己的领悟。门下弟子受其影响，在学习齐白石的基础上，绘画风格各有特色，如李可染的牛、李苦禅的鹰、王雪涛的小写意花鸟画、陈大羽的大写意雄鸡、娄师白萌趣的小动物……齐白石弟子继承并发展了齐白石的艺术，给程式化严重的传统绘画注入了新的生机，丰富了中国近现代画坛。

1. 李苦禅　花鸟图轴（图4）

款识：绿禹时梳风，不贪无意□，苦禅写于十八燕之东斋。

钤印："苦禅"朱文方印、"李英"白文方印。

李苦禅（1899—1983）名英，字超三，号励公，更字苦禅。山东高唐人。1919年

图4　李苦禅花鸟图轴

在北大画法研究会从徐悲鸿学素描。1922年入北京艺术专科学校学西画，翌年拜齐白石为师。曾任中央美院美术研究所研究员、中国美术家协会理事等。以花鸟画见

长，尤善画鹰。他不喜欢在画上题诗，大多数画作只题画的标题，然后是年月、名号。他的作品继承民族绘画优良传统，并融中西技法为一炉，渗透古法又能独辟蹊径，在实践中出新创格。尤其擅长大写意花鸟画，树立了大写意花鸟画的新风范。出版有《李苦禅画集》等。

2. 王铸九 鸡桔图轴

款识：王铸九写于首都。

钤印："王铸九"白文方印。

王铸九（1900—1966），原名鼎，号两石，字嶰农。河南舞阳人，1929年到北京拜齐白石为师习画。曾为中国美术家协会会员，北京中国画研究会会员。创作以写意为主，受吴昌硕、齐白石影响尤深。作品常以农家作物为题材，笔墨老辣，浑厚华滋，富有浓郁的生活气息。作品多次入选国内重大美术展览并在报刊上发表，《葫芦石榴图》参加全国美展并入选《花鸟画选集》及《北京画院中国画作品选集》。

3. 王雪涛、曹克家合绘花猫图轴（图5）

款识："戊子小春曹克家写猫。"又识："雪涛补景。"

钤印："克家写猫"朱文方印、"迟园"朱文方印、"雪涛长年"朱文方印、"汝贤雪涛合作之印"朱文方印。

我们不能忽略的是，此次展览的策划虽然自始至终围绕画家的经历展开，但其实一条暗线贯穿始终，飞魂更怯还乡梦，这就是画家的真情实感：对故乡的眷恋，对师友的感恩，对弟子的教诲。真情实感是齐白石创作的源泉，他的真意在笔墨与观者的巧妙共鸣之间激发，至此，展览的主标题"此中有真意"也应运而生。通过齐白石的作品，读者会很自然地品尝到画里画外的个中滋味。

图5 曹克家、王雪涛花猫图轴

三、蛙声十里出山泉——形式设计突出主题

宣传海报与展板，是传递文物信息的载体，承担了文物与观众之间的主要交流。若想让展览吸引观众的注意力，形式设计就尤为重要。在该展览中，形式设计人员结合展览主题，展现在观众面前的是特色鲜明、让人眼前一亮的场景：为了突出合作双方大连和青岛都是海滨城市，设计人员采用了蓝色和类似宣纸的黄白色为展览主色调，形成强烈对比；为了让观众更好地融入展览，设计采用齐白石作品中观众最熟悉的鱼虾蟹设计元素；为了更加形象表现海水波涛，在设计中的蓝色区域，采用了连续排列的涡纹；而采用立体字的方式更是加深了游客的第一印象，顺着起伏的波浪游客会依次注意到前言与序篇的部分，以及延伸到第二面墙的小诗，将整个画面构建成一幅完整的"诗书画印"的形式，以更强的视觉冲击力激起游客对整个展览的好奇心（图6）。

图6　展览序厅

四、咫尺天涯几笔涂——宣传社教育活动丰富多彩

2022年8月，国际博物馆协会更新了博物馆的定义，同2007年相比，新定义增加了行动准则，其中把博物馆的目标从"教育、研究和欣赏"丰富为"教育、欣赏、深思和知识共享"。两个层面都强调对"人"的服务，社会层面是抽象的人，关注参与群体的广度与深度；博物馆层面是具体的人，注重个体体验。针对此目标，此次展览设计了多层次、多角度的社会教育活动，吸引了无数线上、线下观众的目光。

在开展前一周，微信公众号发布了"新展来了"视频公告（图7）。为了吸引观众，让观众更直观地感受齐白石作品的魅力，展览预告发布了以齐白石的虾为主角的动画小视频，表现小鱼小虾在虚空中遨游的灵动。

图7　新展来了视频

次展览策划人为了给观众以神秘新奇的感觉，在倒计时一开始没有明示展览主题，而是采用了逐渐揭开悬念的手段：每天发布一张展品图片作为线索，使观众逐渐了解展览的内容，最后揭晓展览主题（图8）。此微博发布后，点击率大大提升，每天收到许多观众的留言，表达对这个展览的喜爱。

（一）展览倒计时

从10月6日到14日，新浪微博旅顺博物馆主页连续9天发布展览倒计时。此

（二）抽奖活动

在展览开展半个月、展览中期和展览结束前，我馆针对此次展览，在旅顺博物馆官方微博分别举办了三次抽奖活动，以达到吸引观众、宣传展览的目的。

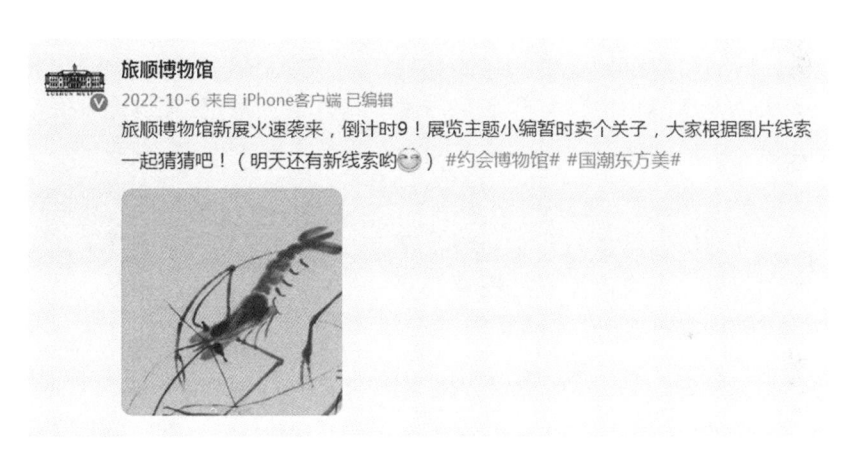

图8　展览倒计时

纪念。

（三）印章打卡

针对每次展览，旅顺博物馆都制作了相应的展览导读手册，便于观众深入了解展览。本次展览的导读手册，在末尾附录齐白石及其师友弟子的印章，设置了印章打卡页。同时，还采购订制了8位艺术家的人名印章，意在增加一个互动环节，使观众在观展之后，体验艺术家创作完成后盖章的流程，也为自己的观展行程留一

（四）临摹作品

讲解员带领观众在展厅参观，重点欣赏齐白石呈现旺盛生命活力和浓郁生活气息的"果蔬"题材。结合视频、文字、图片，通过讲解，使观众对齐白石笔下的诗、书画、印，有了更为深入的了解。随后开启国画临摹的活动，作品完成后可在空白处题诗，盖印。

由于疫情原因，有许多观众不方便来到博物馆参观，我们还专门开辟了线上课

堂。邀请志愿者杨大开老师，以虾、蟹、秋菊、蔬果为主题，展览期间以视频形式创作三期国画线上课堂，后期由宣教部配以软文编辑成唯美图文，发表在微信公众号上，形成合辑。

五、始到残秋方出色——馆际合作实现文物共享

陈列展览是博物馆向社会奉献的最重要的精神文化产品之一，也是博物馆开展社会教育和公共服务的主要载体与手段。举办优秀的展览有助于发挥博物馆的社会服务职能，博物馆通过加强馆际合作有利于整合资源，提高博物馆公共服务整体质量，最大限度实现博物馆展示宣传和社会服务价值。对于藏品来说，馆际合作办展可以使适宜陈列展出的藏品在不同的博物馆之间流动起来，既实现了藏品资源的共享，也能大大提高藏品利用效率，从真正意义上"活"起来；对于博物馆来说，它可以提高展览陈列的更新频率，有助于博物馆联合推出有思想性和震撼力的精品展览，从最直接的角度提升博物馆的社会公共文化服务能力。

此次展览整合旅顺博物馆与青岛市博物馆两馆精品文物，拓宽了展览资源，让更多的观众了解到不同文化的精髓和特色。尤为重要的是，此次展览特别注重配套学术活动与教育项目的策划实施，在展览结束之际，两馆合作召开的学术研讨会吸引了来自海内外文博机构、高校院所的多位专家学者，并以直播的方式分享给大众，线上总浏览量达到65.8万。这对普及中国优秀传统文化及促进博物馆事业的可持续发展起到了积极的作用。

"今天，全球博物馆界都在思考这样的问题：除了收藏、见证历史，博物馆还能产生什么样的社会价值？博物馆如何对构建美好生活起到关键性作用，为各年龄段人群带来福祉？"这是国际博物馆协会亚太地区联盟主席、上海大学教授安来顺在国际博协重新定义博物馆的背景下提出的一个现实问题。其实，这个问题也引发了我对"此中有真意——齐白石及其师友书画作品展"的几点思考：高品质的展览内容、新颖切合主题的陈列设计、多样化的推广方式、多元教育推广活动、馆际之间互通有无的合作是一个成功的展览不可或缺的条件，也是发挥博物馆社会教育功能的有效方式。

"胸中元自有丘壑——中国古代山水画展"策展思路介绍

闫建科

旅顺博物馆

内容提要：旅顺博物馆"胸中元自有丘壑——中国古代山水画展"于2023年9月1日正式开展。为了扬长避短，弥补馆藏山水画的不足，策展采用了不同于以往画史展的思路。展览从内容和形式两方面，分别介绍山水画中的意涵和笔墨，向观众传达传统山水画中蕴含的思想观念、情怀意识，以及为更好再现自然和表达作者主观精神而进行的笔墨艺术之探索。

关键词：山水画展　策展思路　意涵　笔墨

山水画是以描绘自然山川为主题的绘画艺术，萌芽于六朝，独立于隋唐，至宋代达到高峰。在宋代，"画学"被正式纳入科举考试之中，徽宗画院以佛道、人物、山水、鸟兽、花竹、屋木六科，摘古人诗句为考题，招揽天下画家。今天，花鸟、山水、人物作为传统国画的三大画科，已为国人所熟知。与其他两科相比，山水画的意涵更丰富，笔墨技法更多样，在具有发言权的文人阶层中也更受重视，因而在中国绘画史上具有独一无二的地位。西方风景画多喜客观描写自然景色，我国山水画则多有寄托；西方风景画常用焦点透视和明暗法，我国山水画则用散点透视，不画阴影。两种画法体现出两种文化的巨大差异。

2022年，旅顺博物馆"花鸟、山水、人物"系列古代绘画展的第二期——山水画展的策划工作正式开始。作为本次展览的策划人员，经过学习、请教和部门内部讨论，笔者对中国古代山水画的认识也越来越全面深刻，展览方案经过几次修改，终于成形。2023年9月1日，此展最终以一个比较新颖独特的面目呈现在观众面

图1　展厅效果

前。下面笔者将此次展览的策展思路和改进过程略作介绍，其中有不够成熟完善之处，敬请方家指正。

一、展览背景和本馆资源调查

如何全面而深入地诠释山水画这个丰富多彩的绘画艺术，始终是山水画研究和策展人员面临的一个严峻课题。此前的画展大多以时代为主线，局限于介绍某一位画家或某一个画派、画家群体，介绍其绘画艺术和对画坛的深远影响。旅顺博物馆在2017年推出的"清代绘画系列展"，包括"画坛正统——清初'四王'的艺术世界"（2017）、"回望十七世纪——金陵书画艺术展"（2018）、"天地是吾师——清初'四僧'与新安画派绘画展"（2019）、"二分明月——清代扬州绘画展"（2021），莫不如此。但举办中国古代山水画展，时间跨度久远，名家流派众多，场面宏大，遴选哪些展品，如何确定展览主题，采用何种结构，如何铺排叙事，都值得我们反复思考。

从展品资源来看，旅顺博物馆的书画收藏具有一定的基础，明代有浙派戴进、吴门画派的沈周和唐寅、松江派的赵左和沈士充、武林派的蓝瑛等代表性画家，还有兼学浙派和吴门画派的谢时臣及其他一些无名之璞。清代山水画的流派和画家很多，如"四王吴恽"中有王鉴、王翚和吴历；"金陵八家"中有樊圻、吴宏、叶欣、龚贤。其他画家中，受蓝瑛影响的吕焕成和蓝孟，士气作家兼备的项圣谟，与"四僧"和新安画派关系密切的梅清、查士标，擅画民俗的袁尚统，工于界画的徐玫，词臣画家董邦达，受"四王"影响的上睿、张洽、沈宗骞，摹仿宋元的高简等，在画坛也有一定的影响力。总的来看，旅顺博物馆藏山水画有一定数量，但收藏存在缺项，如宋元山水画的收藏为零，清初"四僧"的画作虽有收藏但其山水题材作品却是一件都没有，因此需要借助外馆资源才能更好更系统地完成这次山水画展。

二、展览方案的初步设想

如果按照以往思路，把山水画展办成画史展，大段画史和重要画家的缺席，会使展览显得苍白无力。由于今年几个国内大馆都要举办涉及宋元山水画的展览，向辽宁省博物馆和天津博物馆等借展经典作品充实展览的计划也很难实施。实际上，在与辽宁省博物馆、天津博物馆和沈阳故宫博物院商借文物的沟通中，也仅得到了辽宁省博物馆两件宋人册页的支持。如此一来，举办画史类型的山水画展就显得很勉强。因此，我们在展览结构方面便有了另辟蹊径的想法。

图2 敦煌壁画 第二五七窟西壁
九色鹿本生（局部）

从画史来看，山水画的出现晚于人物画和花鸟画，最初只作为人物或历史故事画的背景，如传世顾恺之名作《洛神赋图》和敦煌壁画（见图二）中的山水、树木形象，都表现出稚拙原始的特点，与成熟精巧的人物画相形见绌。南朝画家宗炳以游历山水图于壁，堪称早期的山水画。隋唐时期的展子虔《游春图》虽然仍保留一些早期山水画稚拙的笔墨，但山水形象已不再作为背景，而是作为主体表现，其间点缀人物活动。这时的山水画才真正独立出来。经过唐代大小李将军、张璪、王维、荆浩等人的探索，到五代与宋代，董源、关仝、范宽、李成、郭熙等，以熟练的笔墨再现江南、关中或山东、中原等地的自然景色，山水画已完全成熟，达到其创作的一个高峰。元明以来，以元四家为代表的文人墨客偏重抒情写意的水墨山水画创作逐渐成熟，并在画坛占据主导地位。

早期山水画的内容，如南朝宋的宗炳，好游历山水，晚年卧游江山，其所作虽然已看不到，但根据其著作《画山水序》记载，主要是探讨山水画的创作方法和观念内涵，应该是类似顾恺之《洛神赋图》的笔墨，以描绘自然山水为主。展子虔《游春图》中展现的是世俗的士人嬉游的景象。唐代张彦远《历代名画记》评大李将军李思训的作品时，称其"时睹神仙之事，窅然岩岭之幽"①。从秦始皇帝派方士入海求仙，到汉武帝求仙药，再到魏晋时期流传的刘阮入天台故事和王质深山观棋烂柯故事，特别是陶潜《桃花源记》，受此影响，后世描绘"神仙之事"的山水画也日益增多。其中既包括蓬莱仙境的意念，又涉及湖湘一带流传的"洞天"传说，且这一"洞天"传说还被道教进一步阐发，形成"十大洞天，三十六小洞天"②的说法。结合专家研究，笔者将这些表现"神仙之事"的山水画作品总结为"仙乡传说"，反映的是世人对生命的爱惜，对长生和富足的向往。

五代两宋时期，山水画已完全成熟，内容更多样。一方面是以"潇湘八景"等为代表的实景山水的创作，这一主题的山水画作品在后世屡屡翻新，成为山水画创作的一种重要意涵。在李成、范宽、郭熙等名家的作品中，访碑、行旅以及寒林、早春等反映自然美景的作品数量众多，反映世人对自然山水美景、对精神自由的向往，以及对历史、现实的沧海桑田或人间疾苦的慨叹。郭熙之子郭思，依照郭熙的创作思想，编著了《林泉高致》一书，论说山水画创作的思想与方法。这些表现实景山水以及反映文人生活情趣的作品被归为一个主题，统称为"林泉高致"。而反映行旅与送别题材的作品，表达了山水画中行旅艰辛和离别之苦，可以借用《诗经·采薇》中的"行道迟迟"来总结。

值得注意的是，历来山水画家对如何用笔墨表现自然山水，经历了长期艰苦的探索、总结和再创新。从早期顾恺之等"人大于山""水不容泛"，画山"则群峰之势若钿饰犀栉"，画树"则若伸臂布指"③，到五代以来荆浩、董源、关仝、

---

① [唐] 张彦远：《历代名画记》卷九，卢辅圣主编：《中国书画全书》第一册，上海书画出版社，2000年，第153页。
② 王冬亮：《洞天绘画研究》，中国美术学院博士学位论文，2022年。
③ [唐] 张彦远：《历代名画记》卷一，卢辅圣主编：《中国书画全书》第一册，第125页。

范宽、李成等，以各种或长或短、或曲或直的线条即皴法，表现各地不同山石地貌的纹理脉络，反映当地山水气韵，各种技法趋于完备。明清以来，以董其昌和"四王"为代表的画家们更是将笔墨的艺术性发挥到极致。可见，笔墨一道历来受到重视，而且因各人理解不同，形成不同的路径，也使画坛变得丰富多彩。

从展览主题来看，由于山水画所表现的内容题材多种多样，如仙境、听泉、观瀑、观梅、荡舟、垂钓、弈棋、修道、会客、携琴访友、行旅、送别、雅集和书斋等，以及各种实景山水。在初期的研读中，笔者认为山水画是表达了古人对自然山水的享受，进而希望健康长寿，家庭团圆美满，友朋欢洽，进而对精神自由的向往。这种向往主题的认知，首先由宋代王观《卜算子·送鲍浩然之浙东》引发。词中有"水是眼波横，山是眉峰聚。欲问行人去那边，眉眼盈盈处"，堪称千古名句。句中"眉眼盈盈"常用来形容女子仪态美好，以女子眉眼盈盈形容自然山水秀丽多姿，表达了世人对自然山水的向往。如果以"眉眼盈盈处"作展览主标题，喻指自然山水，含蓄蕴藉，又不会与展览副标题中的"山水画展"重复。因此，在展览方案的初稿中，笔者将展览标题拟定为"眉眼盈盈处——中国古代山水画展"。

为了扬长避短，弥补馆藏山水画特别是宋元山水画的缺憾，在初期的展览结构中，笔者依据画面内容将展览分为"仙乡传说""林泉高致""行道迟迟"和"笔墨畦径"四个单元，分别介绍古人对长生与富足的追求、山水间的悠游和对自然山水的向往、对故乡亲友的眷恋以及历代山水画创作在笔墨技法方面的变化。

展览方案经过部门和馆内两次讨论，大家对这种非画史展的类型感到新奇，但对主标题"眉眼盈盈处"不太认可。将宏大严肃的山水画寄于这样一个柔美纤弱的主标题，也显得不够深刻。从展览结构来看，"笔墨畦径"部分与前三个单元并非并列关系，在展览叙述方面也没有表现出山水画这一传统绘画艺术的厚重与深邃。笔者只好根据大家的建议重新考察。

三、对山水画的再认识

（一）关于山水画创作的目的和功用的认识

人类本身就出于自然，经过千万年的进化，虽然智慧增长、凌驾万物，但生产生活仍与周围的自然环境息息相关。《论语·雍也》提到："知者乐水，仁者乐山。"这句话可以理解为，仁爱而有大智慧的人，即古之圣贤，钟爱自然山水，喜欢在自然山水中悠游自适。普通人自然也喜欢在自然山水间悠游，只是不能像圣贤那样有所提炼升华。

比如《荀子·宥坐》载孔子"见大水必观焉"，由流水而归纳出君子的九种德行。《孟子·尽心上》载孔子"登东山而小鲁，登泰山而小天下"，其对山川的登临是为了考察周代封禅的礼仪制度，具有明确的目的性。而周人之所以选择到名山之巅举行封禅仪式，也是出于敬畏自然、与上天沟通的需要。仪式可以营造神秘气氛，宣示王权的合法性，又起到以礼仪制度来维护王权统治秩序的作用。圣贤对自然山水的这种体悟，笔者感觉是体现了古人对自然的敬畏，进而接受认可自然的规律并自我反省，是由外而内的。宗炳所在的魏晋南北朝，人们热衷于踏游自然山水。王羲之去官后，与道士许迈等遍游会稽山水；谢灵运好游历，作登山木鞋，人称"谢公屐"，并创作大量山水田园诗，被称为"山水诗派鼻祖"。宗炳《画山水序》对山水之游的目的或作用做了总结，其一是"畅神而已"①；其二是"含道映物""澄怀味象"②。前者是普通人群的精神需求，后者是大智慧者更高的精神追求。

宗炳本人亦好游历，因老病俱至，恐江山不能遍游，凡所游历，皆图于壁，自称"澄怀观道，卧以游之"③。可见，正是由于人们对自然山水的热爱，才有了山水画的创作。而到唐代，张彦远《历代名画记》也明确指出山水画"怡悦情性"④的功能。因此，"怡悦情性"可以说是山水画创作最初的目的和功用。宋代郭思在《林泉高致》中指出，山水画要"可行、可望、可游、可居"⑤，其描绘的乃是人类理想的精神家园。

北宋苏轼提出"士人画"与"画工画"的区别，推崇唐代王维的画"得之于象外"，主张绘画"摹写物象略与诗人同""论画以形似，见与儿童邻"。黄庭坚在《题子瞻〈枯木〉》诗中，称赞苏轼"胸中元自有丘壑，故作老木蟠风霜"。表明了苏轼的绘画是以表达个人志趣为目的的创作，开创了文人画抒情写意的先河。这种创作得到米芾和赵孟頫及元四家的认同与阐发，在画坛逐渐成为主流。这种抒情写

图3　展厅效果

意的山水画创作与古代圣贤"含道映物，澄怀味象"由外而内地接受和反省不同，它是由内而外的，更加体现出个人性情志趣的表达。

（二）关于山水画创作的思想和方法

《周易·系辞上》说"天垂象，见吉凶"，风雨雷电、洪涝干旱等自然现象被古人视为"天意"的表达方式，反映了古人对自然的敬畏，并以此反省自己的行为。《礼记·月令》则制定国君和国民不同时节的行为规范，以求得与天地万物的和谐。董仲舒在前人基础上提出"天人感应"，以维护封建统治的合理性，又借"天道"以限制君权。宋代张载明确提出"天人合一""万物一体""民吾同胞，物吾与也"。由此，人与自然的关系更加密切了。我们的祖先崇尚天地的自然之性，也在思想行动上追求人与天地自然的和谐，向往精神自由，在思想上便由"天人合一"进而发

---

① ［南朝宋］宗炳：《画山水序》，俞剑华编著：《中国画论类编》上卷第五编，人民美术出版社，1986年。
② ［南朝宋］宗炳：《画山水序》，俞剑华编著：《中国画论类编》上卷第五编。
③ ［唐］张彦远：《历代名画记》卷六"宗炳"，卢辅圣主编：《中国书画全书》第一册，第143页。
④ ［唐］张彦远：《历代名画记》卷六"王微"，卢辅圣主编：《中国书画全书》第一册，第144页。
⑤ 郭思：《林泉高致》"山水训"，卢辅圣主编：《中国书画全书》第一册，第143页。

展为"以人合天",即人在思想行为上追求符合自然规律,追求天人和谐。

宗炳《画山水序》中指出"山水以形媚道"①,即是说自然山水是以其形胜接近于"道",老子所说"人法地,地法天,天法道,道法自然","道"是自然,即自然而然,没有人为干扰。而人迹罕至的自然山水最少人为干扰,所以最接近于"道"。也正因此,圣贤才能在山水中"澄怀观道"。后人体会圣贤之心,追求天人和谐,在山水画创作中,也要追求再现自然山水与精神表达二者的和谐统一②,即自然客体与画家主体,客观自然山水与画家主观印象的统一,要体现作者眼中心中经过提炼和艺术加工的山水气韵,并不必拘泥于自然山水的具体形象。正如苏轼所说"论画以形似,见与儿童邻"。

苏轼曾评价文同画竹(苏轼《文与可画筼筜谷偃竹记》)是"胸有成竹",正是画家创作时在熟悉掌握竹的特性后,先经过内心的提炼加工,再通过笔墨再现,是由外而内,再由内而外的和谐统一。与之相似,黄庭坚评价苏轼的作品是"胸中元自有丘壑",同样体现了画家再现客观自然与表现作者主观精神的和谐统一。"丘壑"既指自然山水,又可指代人的格局、涵养、理想志趣。"胸中丘壑"与"胸有成竹"有异曲同工之妙,也被后世用于形容山水画的创作。如董迫在《广川画跋》中评价燕

图4　展厅效果

肃:"然平生不妄落笔,登临探索,遇物兴怀。胸中磊落,自成丘壑。至于意好已传,然后发之。"③《宣和画谱》中评高克明的山水画创作:"喜游佳山水间,搜奇访古,穷幽探绝,终日忘归。心期得处即归,燕坐静室,沉屏思虑,几与造化者游。于是落笔则胸中丘壑尽在目前。"④伍蠡甫先生将其归纳为:"画中丘壑,都经过'内营',决非复制自然。"⑤有学者进而将"胸中丘壑"总结为画家心中形成的"内在的山水图式"⑥。与唐代张璪的"外师造化,中得心源"相比,宋人的"胸中丘壑"理论有相似相承之处,甚至可能更进一步,这与宋代山水画创作的巅峰地位是分不开的。

四、展览的最终呈现与经验

经过进一步的研讨和整理,山水画展的新方案终于成形。

---

① [南朝宋]宗炳:《画山水序》,俞剑华编著:《中国画论类编》上卷第五编。
② 见胡松洋、王莹:《"天人合一"思想在中国山水画中的表现》,《中国民族博览》2017年第3期。
③ [宋]董迫:《广川画跋》卷之五"书燕龙图写蜀图",卢辅圣主编:《中国书画全书》第一册,第838页。
④ 《宣和画谱》卷十一,卢辅圣主编:《中国书画全书》第二册。
⑤ 伍蠡甫:《中国画论研究》,北京大学出版社,1983年,第65页。
⑥ 张晶:《"丘壑"论——兼谈中国山水画论中的艺术图式》,《北京大学学报(哲学社会科学版)》2021年第4期。

从展览主标题来看。此前的"眉眼盈盈处"出自送别诗,含蓄蕴藉,意味深长,可以反映自然山水引人向往的畅神功用,但不能反映山水画创作中再现自然山川与表现作者主观精神相统一的艺术提炼和加工过程,而且在气质上偏于女性化的柔美,至少不能涵盖宋代"大山堂堂"的雄伟峻厚的气质。最终,借用黄庭坚"胸中元自有丘壑"作为主标题。其中"丘壑"可指代自然山水,可以明确展览主题,同时又指代文人墨客心中的格局、思想、情怀、志趣。更重要的是,"胸中丘壑"这一理论,是传统文化中"天人合一"观念的反映,体现了画家的创作过程和创作方法,更加符合本次展览主题。

从展览结构来看,山水画中反映了多种主题,有的是实景山水,有的是仙乡传说,有的反映文人听泉、观瀑、携琴访友、书斋著书、桃园雅集等隐逸的生活情趣,有的反映行旅的艰难和送别的离情。这些都可以归纳为山水画的内容,而以何种笔墨来表现这些内容,就是山水画的形式。从早期《洛神赋图》和敦煌壁画中稚拙的线条,到宋代成熟多样的皴法和烘染,以及《林泉高致》等系统全面的理论著作,再到明清以来以文人写意、笔墨至上为主流,特别是以锤炼线条、摹仿画稿为手段的"四王"一脉,都体现了画坛在笔墨形式上的探索。根据这个思路,最终将展览分为"澄怀观道"和"笔墨流变"两个单元。在"澄怀观道"这个单元中,又分为"仙乡传说""林泉高致""行道迟迟"三个小的单元。其中"林泉高致"部分根据展柜条件,又特意分别展示了实景山水、山水的四时和文人在山水间的生活与志趣。

图5 清 吕焕成 玉洞桃源图(旅顺博物馆藏)

在单个文物的说明方面，本次展览有了一点小小的改进。为了向观众推介画面所体现的意涵，在文物说明版面中特意加入能够反映画面意涵的局部，引导观众理解画面内容。如在吕焕成《玉洞桃源图》（见图5）的文物说明中，加入原图下方松树下两山夹缝和空无一人的小船部分的画面，使观众一望可知是《桃花源记》中渔人弃舟登岸、由山洞进入世外桃源的情节，从而更容易引导观众了解传统文化中的洞天思想、仙乡传说。

图7　清　项圣谟　闽游图　局部（旅顺博物馆藏）

图6　明　沈周　青园图　局部（旅顺博物馆藏）

又如，在沈周《青园图》（见图6）和龚贤《松林书屋图》中，均选取画面局部山石，以引导观众认识画家独特的皴法和墨法，从而了解山水画艺术中最为重要的笔墨艺术。同时，在展厅中适当的位置，加入了山水画相关论说，以及山水画中的树木和山石的画法图示，观众可以对照文物展品欣赏，理解山水画的笔墨技巧，进而了解山水画的名家和流派。

为了体现山水画可行、可望、可游、可居的畅神功用，在展览前言和序厅的版面，用了旅顺博物馆收藏的清代名家项圣谟的《闽游图》（见图7）。这幅图也用于展览预告"新展来了"（见图8）的视频中。一艘小船从画面右侧朝左侧移动，并

图8　新展来了　展览预告

在适当时间和位置弹出展品图片。这一视频预告的方法在我馆以往的展前宣传中尚未使用过，希望今后能够进一步完善。

有些遗憾的是，在展览前期的准备中，由于相关研究不足，在展览中并没有很好地结合展品阐释传统文化中"天人合一"的理念和隐逸思想，只是在讲解词中略作说明。另外，在展厅布置方面，还想做些能够烘托展览氛围使观众有身临其境畅游山川感觉的场景，但由于缺乏灵感和

创意，都未能实施。

结　语

本次山水画展，虽然很早就开始着手准备，但由于各种因素，进展并不顺利，从方案到设计，再到布展，时间有些仓促。虽然在展览预告视频、展览结构和文物说明等方面有些小的改变，但在展览主题的重点突出和展厅氛围的营造方面，仍显不足。总的来看，此次山水画展有一些亮点和改进，但仍有许多地方有待完善。在今后的展览设计工作中，从展览前期的主题研究和资源调查，到展览中期的版面艺术和整体的系统设计，以及展览后期的宣传推广活动，都值得我们持续深入探讨。

关于引进展览再传播的几点思考
——从《唐风妙彩——唐长沙窑瓷器精品展》策展解读说起

韩晓洁

旅顺博物馆

内容提要：近来，"博物馆热"逐渐成为一种文化现象，引进展览、进行展览交流成为各博物馆展览体系内不可或缺的重要组成部分。但对于任何一项引进展览，随着巡展次数的增多，其展览传播必然会出现"瓶颈期"，如何使引进展览的"再传播"更有意义，笔者借鉴传播学的理论与方法，依托展览工作实践，作出几点思考。

关键词：引进展览　再传播　全周期　思考

在国民生活越来越富裕、文化产业越来越繁荣、国家也大力推动发展中华优秀传统文化复兴的背景下，"博物馆热"逐渐成为一种文化现象，"到博物馆去"也正成为当下社会的生活风尚。人们渴望在博物馆中看到富有多元文化内涵、彰显地域文化、凸显民族文化特色的多种展览[1]。

公众文化生活的这种新转变，以及多样化的观展需求，无形间也带动了文博单位间的交流与合作，引进展览、进行展览交流成为各博物馆展览体系不可或缺的重要组成部分。所谓引进展览，即从外馆引进的一些具有浓郁地域特色、文化特色的文物专题展览。它们大多主题鲜明、大纲结构较合理、内容较完整、展品可看度、观赏性较高[2]。这些引进展览，大多已在一地或多地博物馆展出或巡展，为了使展览最大限度地发挥其传播效益，引进方除了要有"再创作"的意识，更多地要在其"再传播"的各个环节中做足文章，推陈出新，以获得更广泛的社会影响力和关注度。

何为展览传播？"博物馆的陈列展览

---

[1] 依据旅顺博物馆历次观众调查问卷。
[2] 韩晓洁：《试谈引进展览的再创作——以旅顺博物馆引进"古韵茶香——镇江博物馆藏历代茶具精品展"为例》，《旅顺博物馆学苑2022》，上海古籍出版社，2023年，第234页。

传播是以博物馆为主要组织，以欣赏为主要目的，是同社会公众进行信息交流和信息共享的行为。陈列展览是博物馆传播学的一个重要分支。"[1]

从本质上讲，博物馆的陈列展览是一种观点与思想、知识与信息、文化与艺术，乃至价值与情感的传播媒介。因此，我们应该根据传播学的理论和方法来策划设计博物馆的展览[2]。

笔者依托展览工作的实践，通过对引进长沙市博物馆《唐风妙彩——唐长沙窑瓷器精品展》的策展解读，就引进展览的"再传播"产生了诸多思考，分享如下，不妥之处，尚祈同行指正。

一、明确传播目的，提炼展览看点，多地巡展过的展览也能"再"放异彩

所谓传播目的，通俗讲即策展人要通过展览向观众表达什么，也就是通常所说的展览主题。展览主题和传播目的的确定并不能仅仅依靠原有大纲文本，而是更多地要求策展人有厚重学术素养，通过阅读了解诸多专家学者的专著和论文内容，形成自己的认知体系，从而提炼出展览看点。此次展览，有如下三大看点：

1. 看长沙窑在辽宁首展

陶瓷器是旅顺博物馆收藏品类中的一个重要类别。在主馆展出的基本陈列"化土成玉——旅顺博物馆藏陶瓷艺术精品展"，可谓窑址丰富、精品荟萃，是观众们最喜欢看的展览之一。但若要把博大精深的陶瓷文化全面地呈现给观众，仅凭一个或几个展览是无法做到的。

为了给广大观众奉献更多精彩的展览，展示不同城市、不同地域具有突出特点的文化，也为深入解读具有不同工艺特征的各种窑系、窑口的陶瓷器，从2023年开始，旅顺博物馆计划每年陆续推出中国古代陶瓷系列展览。"长沙窑瓷器精品展"就是这一系列展览的首展，这是旅顺博物馆与长沙市博物馆的合作交流项目，也是长沙窑瓷器在辽宁的首次大规模展出。

2. 看创新

长沙窑虽然是一个不曾有史籍记载的民间瓷窑，但长沙窑的能工巧匠们极具创新和开拓精神，现代瓷器的许多技艺都可以在长沙窑产品中找到源流。

长沙窑的创新首推其釉下多彩技术，它首创了自古以来最难烧制成功的铜红釉，并开始由一种釉色向多种稳定釉色同时呈现在一件器物上发展，改变了瓷器只有单一色泽的面目。

其次，长沙窑广泛使用的模印贴花工艺，类似于现代的立体印刷术，这就使重复、大量地机械生产相同型号、相同尺寸的产品成为可能。可以说，这是一种代表先进生产力的创新工艺。

再次，当唐代各地的瓷窑还在琢磨怎么烧制更漂亮的单色瓷器时，长沙窑则开启了诗文装饰瓷器的先河。从出土的长沙窑瓷器上我们看到了大量反映唐代普通百姓喜怒哀乐、生活诉求的诗词文字。而书

---

[1] 夏天：《基于博物馆陈列展览的传播学研究》，《文物世界》2020年第5期，第64页。
[2] 陆建松：《论博物馆展览各级传播目的的设定及执行》，《自然科学博物馆研究》2016年第3期，第17页。

法艺术加上诗歌艺术在长沙窑瓷器上同时出现，这在陶瓷史上是前所未有的，但却是后来的瓷器中大量采用的装饰手法。

另外，在瓷件上用彩色绘画出大写意画也是长沙窑的创新，它对以后瓷器的绘画装饰，产生了深远的影响。

所有这些创新，使看起来平平无奇、甚至有点儿乡土气的长沙窑居然能与细腻胜雪的邢窑白瓷和出口全球的越窑青瓷三分天下，奠定了唐代"南青北白长沙彩"的瓷业局面。它也有了"中华第一彩瓷"的美誉。

3. 看兼收并蓄的文化品质

可以说，长沙窑瓷器是实用与艺术的结合，它以极高的性价比和大量的文化创意广受欢迎、行销国内各大省份的同时，还沿着海上丝绸之路，远销到全世界20多个国家和地区。据考古资料显示，长沙窑向西到达日本、韩国，向东最远到达非洲东部。它以开放包容的心境，以本土民族民间文化为主体，使华夏文明、印度佛教文明、伊斯兰文明等在同一窑址中同存互见，各美其美，美美相融，从而使长沙窑走向世界，这在1000多年前，是一个不可思议的文化和经济奇迹。

二、认真梳理展览逻辑，明确展览传播层级，为展览的全周期传播做好准备

1. 展览内容与展品的梳理

引进展览的全周期传播，应该从内容设计开始，而不是只注重宣传、造势，展览逻辑的再次梳理是展览传播的起点与基石。

任何一个引进展览的大纲，都会因实际实施展览的时间、空间发生变化，而有作进一步提升的必要。关于是否对引进展览的原始展览大纲进行修改和调整，笔者已有专文论述[①]。这次引进"长沙窑瓷器展"，笔者依然用撰写原创展览的精神对待它，深耕细作，依据确定好的传播目的，认真梳理了展览逻辑。

展览的原大纲，结构清晰，展品、展项安排十分合理，共分为"长沙窑概况""长沙窑瓷器造型""长沙窑瓷器色釉""长沙窑装饰艺术""长沙窑雕塑艺术""长沙窑瓷器外销""扬帆远航"七个单元。但依据此次展览的三大看点，笔者将展览结构调整为"序厅　带您了解长沙窑"以及"雕塑　千姿百态""色釉　丰富多彩""装饰　诗情画意""外销　扬帆远航"四个部分。每部分的主标题，只用两个字概况，精准告知观众此部分的观展重点，副标题则用四个字提炼出此部分展品的特色，即长沙窑在各个技术层面所取得的成就。同时，确立了展览传播层级，以三个循序渐近的观展层次，向观众一一解读长沙窑，即：以器物为载体，从不同角度解构、解读长沙窑瓷器的装饰、纹样、造型；以审美为途径，展现唐人的诸多真情实感——乐于思辨、情意绵绵、相思、讽戒、惆怅……领略唐人的洒脱、豪放、浪漫和悠然自得，最终引发观众的深思和深入探讨——民间的"土"瓷，何以走向世界？

---

① 韩晓洁：《试谈引进展览的再创作——以旅顺博物馆引进"古韵茶香——镇江博物馆藏历代茶具精品展"为例》，《旅顺博物馆学苑2022》，上海古籍出版社，2023年。

内容上，增加展示中华文明与印度佛教文明、伊斯兰文明在同一窑址中同存互见，各美其美、美美相融的奇妙现象，以进一步丰富展览内容，深度挖掘、诠释展览主题。

2. 设计亮点梳理

展览的形式设计，也是展览传播的重要途径。策展团队重新梳理了设计亮点，以展品背后的文化背景、展品特点、文化关联等为切入点，力求以新鲜的展览视角，给观众留下深刻的记忆。我们以"君生我未生"青釉褐彩诗文执壶、青釉褐彩云气纹瓷壶、绿釉四系瓷壶、胡人贴花陶范等重点展品为设计亮点，展开场景化、趣味化、立体化的展陈表达。设置了序厅考古发掘的瓷片展示场景，使观众进入展厅那一刻，即有一种身临考古现场之感；提炼各种题材的代表性绘画元素，以从水中至地面再至空中的层次，设置立体大展墙，既是从设计上为观众提炼展览看点，展示长沙窑瓷器极具生活气息的绘画特点，也是观众打卡的热门场景。

3. 多角度、沉浸式宣传推广，全方位传播，吸引更多观众探展

在展览的全周期传播中，宣传推广至关重要。在互联网飞速发展的今天，博物馆需要在展览的预热、开幕、中期直至结束的各个节点周全谋划，才能将精心筹备的展览全方位推广出去，使展览社会效益最大化。

展览预热：

展览预热通常以在展览开始前的一周内持续进行效果为佳，主要可以采用海报传播、预热推文、视频宣导、话题设定等方式。

在策展团队的精心策划下，我们提炼出长沙窑瓷器上5句最具代表性的诗句、广告词，在旅顺博物馆官方微博上，通过每日提供线索的方式，引导观众猜新展。持续5天的预热宣传，达到了5万的阅读量[①]。同时，我们还将重点展品制作成小视频，以视频宣导的形式发布展览预告，提升观众对新展览的期待值。

展览开幕：

博物馆之夜的活动，是由策展人亲自面向观众推介展览，将看点娓娓道来；古风演绎、惊喜抽奖等环节，则将观众代入展览中；长沙市博物馆的长沙窑瓷器研究专家张海军副馆长也受邀亲临展览现场为观众进行专业的解读；电视台等多家媒体现场采访、讲解员进行重点展项的讲解等环节，最终使展览隆重拉开帷幕。

展览中期：

引进展览一般会持续三个月左右，相对于热闹的展览开幕，展览中期的推广传播往往稍显寂寞。这就需要策展团队在展览追踪（展览解读、展品解读、深度报道、图录发布）、延伸活动（学术会议、社教活动、文化市集、衍生创作、联动合作）、舆情监测（传播监测、报道追踪、舆情分析）等环节持续关注并有效作为[②]。

"长沙窑展览"期间，笔者围绕长沙窑历史、长沙窑的技术突破与创新及长沙窑与外来文化相融合的特点，进行了五次细致的解读，并与辽宁日报、大连日报、香

---

① 数据来自孙悦：《展览回顾》，旅顺博物馆官方微信，2023年8月8日推文。
② 博物馆头条：《2024年博物馆展览传播"规划先行"》，2023年9月25日推文。

港文汇报等多家媒体联合,对展览进行立体宣传推广。针对每一篇宣传稿件,笔者都着重关注标题的优化巧妙设定。因为通过数据比对,笔者发现,一个恰当又讨巧的宣传稿件题目可以使稿件的阅读量增长成百上千人次,从而吸引更多观众进行线下观展。同时,各大媒体也会因本馆的原生宣传纷至沓来,从而形成展览传播的良性联动。以这次展览为例:一篇题为"它们,来大连'出差'了,辽宁首展",阅读量达到了4000余人次,而一篇题为"'唐风妙彩——唐长沙窑瓷器精品展'正式开展"这样中规中矩的宣传短文,阅读量却仅有1000余人次。这其中固然有观众关注的时效性,但展览题目的选取与设定还是要占相当大的比重。

根据长沙窑的器型特点,策展团队设计制作瓷壶外型的展览导读手册,在展馆中向观众免费发放,以向观众言展览未尽之言。在观众得到视觉上享受的同时,还可以对展品有更深层次的了解,受到思想上的熏陶,拥有一次更丰富、难忘的观展体验。

在展览的延伸活动方面,此次策展团队也是做足了功课。除线上的展览解读外,还通过线下"策展人带你看展览"、举办四场文博论坛,邀请学界专家分别从长沙窑的考古发现、艺术特色、外销以及长沙窑与唐诗几方面进行更为专业的解读,满足不同观众的观展需求。"展厅互动活动——模印贴花纹样打卡""湘瓷泛轻花——谷物点彩体验""唐诗大作战"等一系列富有趣味性和互动性的社教活动,也使观众得以沉浸式观展。

此外,策展团队通过线下的观众留言簿及线上的观众调查问卷及时追踪监测展览舆情。这样,既可以及时改进、调整展览的不足,又可以为下一次展览提供借鉴经验,从而不断提升博物馆的办展质量。

三、重视展览尾声宣传,认真总结,进一步提升策展能力和业务水平

文博人普遍建立的共识是展览开始之前要做好相关的宣传预热工作,展览中期要及时跟进与展览同步进行的展览解读、相关社教活动或学术讲座,然而还有一个经常被忽略的传播点——展览结束以后的宣传工作。

展览结束后的宣传工作极其重要,往往可以将展览的社会影响力进一步扩大。因此,策展团队在展品撤下展线之际,以展览回顾的方式,对展览进行了总结与梳理。从文物点交至布展、撤展,从工作人员为展览奔忙的各个环节到展览开幕活动的精彩呈现,从一场场社教活动至观众反馈,我们以图文并茂的形式,再现展览一个个精彩瞬间。

这样的宣传方式,使得策展团队与观众共情,也为下一个新展留有无限空间。同时,策展团队从工作的各个方面认真做好经验总结,改进不足,并形成详实的展陈档案,通过这样一点一滴的积累逐步提升业务人员的策展能力和业务水平。

结　语

长沙窑此展及长沙窑本身还有太多的故事等待我们去发掘,其展览内容和传播方式与广度还会随着研究的深入有更进一步的提升。

其实,对于任何一项引进展览,随着

巡展次数的增多,其展览传播必然会出现"瓶颈期",这也对策展工作提出更高要求、更多考验,策展团队需要在工作中认真钻研展览全周期传播的方式方法,不断提升学术素养,持续探索多样的展陈形式,使引进展览的"再传播"更有意义,使一项项高质量的展览从观众的眼里走进心里,使博物馆成为连接历史与当下生活、连接公众与多元文化的纽带,从而为增强中华文明的传播力和影响力做出"文博贡献"。

体验式参与互动
——对旅顺博物馆明清女性绘画展的设计

刘冠缨

旅顺博物馆

内容提要：体验式设计在明清女性绘画展览中得到多处应用，展览设计和社教活动呈现效果的反馈良好。场景设计当中的古琴、围棋、扇面，以及光影拍摄墙，使观众近距离体会"欲将心事付瑶琴""闲敲棋子落灯花"以及"几股湘江龙骨瘦""芙蓉不及美人妆"的文化魅力。围绕展览主题开展的"团扇绘制""书笺题诗"和"印章雕刻"三项体验式社教活动，让更多的观众参与体验中国书画中画法、笔法和刀法的技巧。

关键词：场景　书画展览　体验式设计

一、"心映——明清女性绘画中的情感世界"展览概况

2023年5月16日，由四川博物院与旅顺博物馆共同承办的展览"心映——明清女性绘画中的情感世界"在旅顺博物馆分馆正式开展。展览聚焦中国绘画史上掩藏于帘纱之后的女性画家们，她们受制于礼教传统，很难出现在大众的视线中，徒留"多隐而弗彰"的感慨。明清之际，文化风气的兴盛与活跃使更多女性画家自我意识逐步增强，一批女子的才情"被看见"，画作得以流传。她们通过笔墨丹青这面镜子，映照出她们独特的生活环境、文化底蕴、审美体验，也照映出自己的情感世界。此时越来越多画家开始关注女性，寄情笔墨，也留下了很多以女性为主题的绘画。

展览围绕着明清时期马守真、文俶、柳如是、方婉仪等20位女性画家的绘画作品，辅以女性社会生活中息息相关的文物，以及冷枚、费丹旭、改琦等画家的女性题材绘画，配合相关史料，通过"妙笔丹青""玉台清赏""画中粉黛"三个单元，呈现明清两代女性的才华与情感，反映时代背景下她们的心灵印记。展览共展出相关文物97件（套），以书法绘画类文物为主，辅以青铜器、金银器、瓷器、漆器、织绣、古籍图书等文物，文物数量众多，类别丰富。展览恰逢暑假，在展期97天的时间里，参观人数达41万次，得到观众们热情反馈。

二、体验式场景设计

博物馆展厅内的实景设置，通常是形成独立的空间且以围栏相隔，虽然与展览陈设形成统一整体，但观众只可远观，无法近玩。此次展览设计方面我们努力创新，打造实景造型，设置了古琴、围棋、扇面、以及光影拍摄墙，使观众能够沉浸式体会"欲将心事付瑶琴""闲敲棋子落灯花"以及"几股湘江龙骨瘦""芙蓉不及美人妆"的文化魅力。四处景致虽然分散在展厅不同位置，却组成统一整体，紧紧围绕并展现中国古典文化"琴棋书画"的艺术精髓。"想让参观者'入戏'，便要尽可能地通过对场景的营造来调动人们的感官，从而加强'身临其境'的感官感受。"[①]置身其中，观众是观者，是执琴、执棋、执扇、执画之人，亦是画中人。

1. 欲将心事付瑶琴

展览中第二单元"玉台清赏"展出了一架明代"花笑"七弦琴。琴身通长120.8厘米，肩宽15.8厘米，尾宽13.5厘米。此琴面桐底梓，仲尼式，黑栗壳色漆，琴面有蛇腹断兼冰裂断纹，螺钿徽。琴体秀美，扁而长，龙池与凤沼为长方形。此琴曾用褐漆修补多处。背面项部阴刻篆书"花笑"二字。龙池内纳音突起，腹内阴刻楷书"顶三围桐孙，笔花生制家藏"，纳音下部阴刻篆书"刘可行氏"。此琴曾收录于《中国古琴珍萃》。

古琴是中国最早出现的弹弦乐器，距今已有三千多年的历史，2003年古琴被联合国教科文组织宣布为"人类口述和非物质遗产代表作"。古琴不仅是可以演奏的乐器，更是用来修身养德、陶冶性情的工具。文人四事，琴为之首。古语有云，"君子之座，必左琴右书""士无故不撤琴瑟"。

第一展厅入口旁设置了仿古桌椅一套，附上古琴一架，背景为旅顺博物馆所藏的清改琦柳荫逸趣图卷的局部图（图1）。整体造型协调，仿古典雅，空间宽敞，琴音悠扬。此设置使观众不仅可以远观，更可以近距离感受琴弦、琴音。可弹奏更可拍照，颇得观众们喜欢。

图1　古琴互动场景

2. 闲敲棋子落灯花

展览第三单元"画中粉黛"中展出的旅顺博物馆藏清孙温孙允谟绘全本红楼梦图册，第十三册第六开"酒散暇游观鱼下棋"中（图2），绘的是大观园中的女子们下围棋的场景。原著中是第六十二回："宝钗等吃过点心，大家也有坐的，也有立的，也有在外观花的……探春便和宝琴下棋，宝钗岫烟观局。林黛玉和宝玉在一簇花下

---

① 谭奇：《身临其境：博物馆沉浸式交互场景的营造与设计》，《博物馆管理》2022年第3期。

图2 "酒散暇游观鱼下棋"（旅博藏红楼梦图册之一）

唧唧哝哝不知说些什么。"①

  围棋作为中国的传统棋种，历史悠久且影响深远，其丰富的内涵更是中国文化与文明的重要体现。以矩形格状棋盘及黑白二色圆形棋子对弈，正规棋盘上有纵横各19条线段，361个交叉点。作为琴棋书画四艺之一，围棋于2019年11月入选《国家级非物质文化遗产代表性项目保护单位名单》。

  第一展厅进门处右侧设置了仿古实木围棋盘，枣木棋罐附仿玉黑白棋子及棕色蒲团坐垫一对。后面设置仿真竹子屏风来装饰，营造君子对弈、竹叶萧萧的氛围（图3）。此设置使观众在观展的同时可稍作休息，体验围棋对弈，观赏性、体验感和参与度最高，这一区域最受关注，尤其是受青少年人群喜欢。

3. 几股湘江龙骨瘦

  展览第一单元"妙笔丹青"中展出的书画作品装裱形式以扇面为主。扇面，是

图3 围棋互动场景

书画小品的一种形式，具有尺幅小巧，易于把玩，意味隽永的特点，又分为折扇和团扇。其中折扇的扇面是上宽下窄的扇形。咫尺之间，可见江山如画、风流人物、花鸟虫蝶、山水、人物、花鸟题材尽在其中。

  第二展室进门处右侧设置了仿古实木书桌，用以展示扇面实物。左侧放置此次展览中展出的明代女画家文俶花蝶图扇面

---

① ［清］曹雪芹、高鹗著：《红楼梦》，希望出版社，2005年，第495页。

的仿制品。仿制品为宣纸材质，采用书画高仿真微喷印刷技术，非常逼真，仿真度高达95%。虽然是微缩比例，但宣纸质感和古画配色皆对应真迹，形似同时更加神似，有益于观众近距离感受书画神韵。

同时，仿制扇面的右侧放置一把古风十足的现代檀香镂空折扇。折扇绘制的图案是仕女雅琴，也契合展览围绕女性书画的主题，扇钉下配有流苏吊坠（图4）。扇文化源远流长，时至今日仍为人们生活实用品。设置现代折扇的目的也是为了视觉上可以有鲜明对比，使古与今在同一时间和空间中交织相遇。

图4 书画互动场景

4. 芙蓉不及美人妆

展览第一单元"妙笔丹青"中展出的女性画家书画作品中，有一幅是清代黄之淑[①]的墨竹图轴。其所绘竹枝挺拔修长，竹叶摇曳参差，竹的清雅气节和傲然风骨跃然纸上。因竹子独特的审美寓意颇受文人画家钟爱，历代名家多有作品存世。

第一展厅进门正对展柜处设置以清黄之淑墨竹图为背景的墙面，以轻纱薄幔覆盖其上，表现出影影绰绰的视觉效果。配合射灯的平面投影，打造圆形光晕，人立于画前，可以突出人物形象，非常适合拍照打卡（图5）。

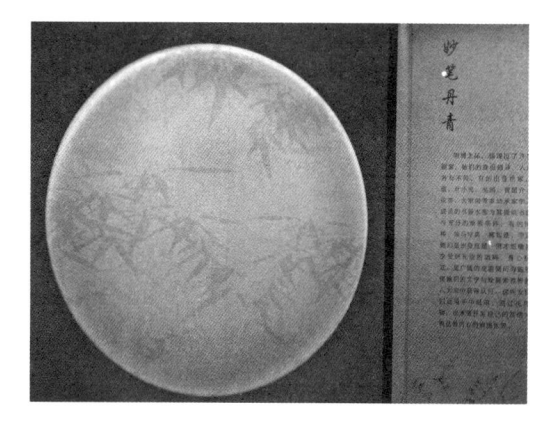

图5 光影互动场景

近年来博物馆拍照打卡成为流行时尚，为配合游客拍照，我们专门设计了相关周边，分别有馆徽形制的"旅顺博物馆"，芭蕉团扇的"我见青山多妩媚/青山见我应如是""有钱/有闲"等。内容上在贴合展览的同时，尽力迎合观众。有本馆名字，有配合展览中展出的明代女画家柳如是的相关内容[②]，更有流行趋势下年轻人钟爱的新潮词汇。

三、体验式社教活动

展览社教活动方面，除传统的媒体

[①] 黄之淑（1791或1792—1853），字耕畹，晚年自号兰嫩老人，吴川县人。清代女画家。年四十而寡，以画自娱。善山水墨竹，又用双钩水仙法写双钩墨兰，尤擅时名。黄之淑的花鸟画深受世人称誉，其名入载《历朝书史》，著有《兰嫩女史诗》一卷，诗刻入《国朝闺秀诗选》。

[②] 因柳如是的号"如是"取自宋代辛弃疾《贺新郎》中的"我见青山多妩媚，料青山见我应如是"。

推介外，宣教部门针对此次展览举办了"文博论坛""专家导览""博物馆上美术课""微博话题讨论"等多种活动。其中特别举办了团扇绘制、书笺题诗和印章雕刻三场特色免费活动，让更多观众能够参与其中，体会古代画法、笔法、刀法的艺术氛围，将色彩、墨笔、篆刻进行实际运用。活动结束后，这些手工作品皆可各自带回以作纪念。

1. 团扇绘制

团扇起源于中国，历史悠久，唐代便有"奉帚平明秋殿开，且将团扇共徘徊"的诗句。选择团扇绘制活动，一方面是团扇相较于折扇，留书作画更加便利，也更方便携带。另一方面，团扇蕴含的团圆、吉祥、如意的象征意义既浪漫又美好。

宣教部门准备了毛笔、颜料和双面加厚的宣纸团扇等相关材料。团扇上为空白，由半生半熟宣纸装裱，双面加厚卡纸不易晕染；扇柄为加厚楠竹材质，光滑且结实；下坠配不同色彩流苏更显灵动婉约。

活动伊始，讲解员带领参与活动观众到展厅实地观看书画作品并进行专业讲解，对绘画风格和手法进行简单介绍。随后参与活动的观众在分馆二楼活动大厅集合，由旅顺博物馆志愿者杨大开老师和旅顺白天鹅艺术培训中心的师生团队一起，以展览中展出的书画作品为灵感，选取花卉、虫蝶、山石等具有代表性的素材，指导观众现场绘制团扇（图6）。

活动受到参与观众的一致好评，活动结束后策展团队在展厅内专门设置"古风雅韵 点染时光"的社教作品活动展示区（图7），将部分参与观众的团扇作品以扇形墙的形式集中展示。

图6 观众现场绘制团扇

图7 "古风雅韵 点染时光"社教作品活动展示区

2. 书笺题诗

此次展览展出文物虽然以女性画家书画作品为主，但我们宣传定位并未局限于此。中国历史上的女性，不仅有杰出的画家，更有杰出的政治家、军事家和诗人。薛涛，就是历史上杰出的女诗人，她创造了"薛涛笺"，唐代称"笺纸"，又名"浣花笺""红笺"等等。薛涛改当时大尺寸的纸张形制为小尺寸，用新的染色技法染出深红、粉红、明黄、浅绿等十种颜色，用以与元稹、白居易、刘禹锡等写诗唱和，后逐步发展为信笺。古诗有"左陈端溪砚，右列薛涛笺""薛涛笺上相思字""有诗须寄薛涛笺"之句。

宣教部门准备了复古蜡染半熟浣花笺宣纸，尺寸为17×34厘米，纸面有做旧肌理和复古暗纹图案。有中国古代传统色里称为"妃色"的淡红色纸，称为"秋香"的黄色纸，也有称为"琥珀"的棕黄色纸等三种不同颜色纸张。

活动以参与观众在"薛涛笺"之上书写本次书画展中书法作品或诗词内容为中心，重点锻炼毛笔书写。把原本就是女性发明的信笺纸同展览相结合举办活动，做到既加强展览主题宣传，又能够弘扬中国传统文化（图8）。

图8　观众书笺题诗作品

3. 印章雕刻

"诗、书、画、印"是中国古代书画重要的组成元素，而钤印一方面昭示作者信息，另一方面有效增强书画色彩，提升艺术效果。同时，篆刻文化历史悠久，钤印是篆刻艺术展现的重要阵地，篆刻能够充分锻炼篆刻者的眼力、手力和耐力。展出的书画作品绝大多数皆有钤印，有作者字、号、书斋名及收藏印等，有白文印和朱文印，有单印、双印、多印及连印等。

考虑到参与观众部分年龄偏小，综合安全和材料费用等因素，印刻材料选择了橡胶材质，放弃石质、玉质、木质等质地坚硬的材料。宣教部门准备了雕刻刀、黑色印台、硫酸纸、可塑橡皮和橡皮砖等基础工具，提前准备好展览名称、吉祥图案、美好祝词等篆刻素材。

活动带领参与观众将硫酸纸附着篆刻素材之上，用拨片在硫酸纸的光滑面上反复刮几次，素材的文字或图案就凸显在硫酸纸上。之后将硫酸纸覆盖橡皮之上，同样用拨片反复刮几次，素材的文字或图案复印在橡皮之上。之后用雕刻刀阴刻或阳刻的雕刻出橡皮上的文字或图案，一枚橡皮印章就完成了，雕刻好的橡皮沾上印台墨即可落于纸上（图9）。

图9　观众印章雕刻作品

四、体验式展览设计要素

1. 确保展厅安全

体验式场景因不设围栏，安全问题尤

需重视。首先，设置的场景用具不可以有危险性，且杜绝易燃易爆和尖锐器具。其次，场景空间的位置要足够宽敞，使行走畅通。人流过多时，在狭窄空间容易引起拥挤，具有安全隐患。最后，严禁遮挡消防通道和消防器具的安放处所，确保消防安全。所以设置场景应避开出入口、消防通道和局促逼仄空间，尽量选择展厅内足够宽敞、面积大的场所。

体验式社教活动每场次限定参与人数，以免过于拥挤或宣教部门负责人数有限时不能讲授清楚、及时解答疑难。封闭空间相较于人流走动的外部空间更加静谧和安全，不易发生碰撞。使用工具时，要考虑到墨汁与颜料可能产生污渍，而刀具等工具使用不当会造成受伤。所以涉及到必须使用潜在危险工具时，当限定参与者年龄来保障安全，或者要求监护人陪同。

2. 注重搭配协调

设计要素协调。体验式设计需与展览融为一体，无论是选取展出文物还是提取展览相关元素来进行设计，都要求和展览主题一致，并能够深化展览主旨，体现统一性和契合性。

空间布置协调。展室内布景的区域选择，要根据展厅的具体环境、展室内部空间结构因地制宜，与展线的走势及展柜的位置融为一体，不显突兀。好的场景设置能够把文物与生活紧密联系在一起，既能成为展览的点睛之笔，又能够延伸至与百姓生活息息相关的日常。

视觉感官协调。注重色彩和搭配，设计的小景置于展室大景之中，背景、座椅、道具、配饰等都需要搭配协调，要致力于呈现逸韵高致、赏心悦目的观感。

3. 展现文化内涵

以古琴设置为例，从展柜中的文物扩展到可触摸的实物，古琴文化的重点不仅仅是感受琴弦、聆听琴音，感受古琴的悠扬。古琴作为君子之乐器，本身就代表着士大夫阶层文化品位及礼制的意义。与古琴相关，既有如俞伯牙和钟子期的《高山流水》历史典故，也有如司马相如和卓文君的《凤求凰》爱情传奇，琴曲、雅集融为一体，古琴成为了文化的载体。

博物馆展览举办的重要目的是传播中华优秀传统文化，展览设计的要义也是为文化内涵服务。展柜中的文物是静态的艺术内核，展柜外的一切设计都是动态的文化外延，是人与物、人与人之间的对话交流。社教活动的项目更是眼动、手动、脑动的体验。我们通过这些设计使观者能够一步步深入感知、体验、领悟，由单纯视觉扩展到听觉、触觉，进而产生深层次的心灵感受。

旅顺博物馆"青州龙兴寺佛教造像展"策展札记

张 岩 高 玉 阎 雯

旅顺博物馆

内容提要：近年来，临时展览逐渐成为博物馆开展公共文化服务的主要途径和有效手段。2022年12月底，旅顺博物馆与青州市博物馆共同举办了"穿越千年的东方微笑——青州龙兴寺佛教造像展"。这是龙兴寺佛教造像在东北地区文博场馆的首次展出，吸引大批观众到馆参观，也赢得了广泛好评。本文以此展为策展研究案例，围绕临时展览对观众的吸引力这一主题，以策展札记的方式从展览的前期筹备、内容设计、形式设计、宣传教育推广等四个角度进行分析，梳理总结策展经验，与业界同仁分享心得。

关键词：展览前期筹备　展览内容设计　展览形式设计　展览宣传教育推广

临时展览具有展览周期较短、展览主题明确、展品多样丰富、展览结构灵活、展览形式多样、艺术设计新颖等特点。"为了满足观众不断变化的、多样化的需求，吸引观众反复前来参观博物馆，我国博物馆就必须充分挖掘馆藏，或开展馆际展览交流，或充分利用社会资源，多举办临时展览"[1]。近年来，旅顺博物馆在对基本展览进行必要改陈、升级的同时，也积极举办丰富多彩的临时展览，拓宽观众文化眼界，提升观众艺术修养。2022年12月31日，由旅顺博物馆与青州市博物馆共同举办的"穿越千年的东方微笑——青州龙兴寺佛教造像展"正式开展（图1）。

青州龙兴寺佛教造像是我国20世纪佛教艺术考古最重要的发现之一。英国考古学家、大英博物馆原东方部主任、现任牛津大学副校长杰西卡·罗森教授称赞其为"一次改写东方艺术史的重大发现"。青州龙兴寺遗址被列入1996年"全国十大考古新发现"，此后入选"二十世纪中国百项考古大发现"。2021年10月，龙兴寺遗址再次被国家文物局列入"百年百大考古发现"。作为中国文物对外交流的重要专题展

---

[1] 陆建松：《博物馆展览策划：理念与实务》，复旦大学出版社，2016年，第14页。

图1 "穿越千年的东方微笑——青州龙兴寺佛教造像展"吸引大批观众前来参观

览之一,这批佛教造像曾先后赴北京、上海、香港及德国、瑞士、英国、美国、法国、俄罗斯、澳大利亚、新加坡、墨西哥、日本等国内外博物馆、美术馆展出50余场次,展出数量1300余件次,在国内外引起了巨大反响。

因此,旅顺博物馆和青州市博物馆十分重视此次展览合作。双方根据青州佛教造像的主题定位及展品特点,结合以往展览工作经验,围绕诸多展陈细节问题进行多次协商、沟通,共同实施了一次成功的临时展览原创策划。

一、展览前期筹备

1. 依托本馆坚实学术支撑

旅顺博物馆拥有丰富的馆藏佛教造像文物,且近年来曾举办多场佛教造像题材展览。目前馆内有佛教题材特色基本陈列"宝相庄严——馆藏中国古代佛教造像精品展",展品体系涵盖汉传佛教造像与藏传佛教造像两大部分,时代跨度从具有异域风格的魏晋南北朝、本土化风格形成的隋唐时期、世俗化倾向鲜明的宋代,直至元明清时期。另外,古印度佛教造像艺术品也是旅顺博物馆的特色收藏,堪称中国博物馆界之唯一。2021年7月13日,旅顺博物馆精选馆藏及新征集的古印度犍陀罗地区造像艺术品200余件,举办了"大美之佛——旅顺博物馆藏犍陀罗艺术精品展"。此展一开便在国内文博学界引发广泛关注,成为2021年大连市关注度最高的展览项目,提升了旅顺博物馆的声誉,也从侧面反映出辽宁地区观众对佛教造像文化艺术的认知度。

近年来,学界围绕青州佛教造像的学术论著甚多,成果颇丰。青州市博物馆的同仁提供了该馆学者编著的《青州龙兴寺佛教造像》《潍坊佛教造像》《龙兴寺与青州风格佛教造像研究》等专业研究书籍,为本次展览提供了重要智力支持。同时,策展团队借助中国知网、万方、维普、读秀等学术期刊网站,检索整理相关期刊论文20余篇,并对其进行分析研读,从中获取学界对青州佛教造像的研究热点与焦点问题,如文博工作者对造像的考古发掘情况、"青州风格"造像艺术蕴含的多元文化元素、东魏—北齐佛像"曹衣带水"风格的造型特点、学界对造像残损之谜的不同解析、学者对菩萨造像的艺术审美认知等,这些都成为策展文字内容设计的理论基础。

2. 总结借鉴外馆临展经验

青州龙兴寺佛教造像曾在青州市博物馆、内蒙古博物院、中华世纪坛艺术馆、中央美术学院等文博场馆及高校集中展出。策展团队对以往各馆的临时展览进行了前期调研,对展览图文资料做好收集整理,并从选题角度、展示技巧入手,分析总结它们的策展结构思路、展品陈列特征、展览设计模式，为本次策展提供参考。

以展览主标题为例，各馆在选题上的侧重点也不同，大致可分为两类：一类是侧重叙事的展览。如青州市博物馆的"一凿一磨皆菩提"（2020年），在强调青州佛教造像浓厚历史文化底蕴的同时，进一步升华为对古人追求卓越、精益求精的"工匠精神"的讴歌传颂，立意更符合当今时代主旋律。内蒙古博物院的"法相传真"（2015年），可作为博物馆传统型佛教造像展的典范，深度挖掘出"法相"诠释的文化精髓，在形式设计上有所创新，值得借鉴。另一类是侧重于审美的展览。如中华世纪坛艺术馆的"出世神韵"（2002年），从艺术角度突出青州佛教造像之美蕴含的多元文化"神韵"，在当时引领了风尚，为文博界展览模式提供了新思路，打开了新视角。中央美术学院的"破碎与聚合"（2016年），从青州佛教造像的历史出发，讲述造像的生命及其"灵力"被塑造、破除和恢复的过程，角度颇为大胆新颖，非常具有前瞻性与启发性。

品类丰富的佛像典藏、学风浓郁的研究底蕴以及对外馆临展的经验借鉴都为旅顺博物馆举办此次"青州龙兴寺佛教造像展"奠定了良好基础。

二、展览内容设计

1. 分类筛选参展藏品

旅顺博物馆策展时，青州市博物馆也正在筹备新馆建设与基本展览改造，部分馆藏佛教造像将充实进新的基本陈列，不能参加本次临展。但该馆依然提供出一百余件造像藏品作为备选展品。最终，策展团队从中选出35件造像作为展品（图2）。

图2.1　东魏　贴金彩绘佛菩萨三尊背屏式造像

图2.2　北齐　贴金彩绘佛立像

图2.3　北齐　贴金彩绘佛坐像

图2.4　北魏晚期至东魏　贴金彩绘菩萨立像

图2　"青州龙兴寺佛教造像展"部分展品组图

在筛选展品时，策展团队着重关注两点：一是要预想到展品的实际展示效果。这需要事先充分考虑佛像、菩萨像的时代演进、形态造型、艺术风格等各方面要素，保持好各单元展品衔接的系统性、完整性。在搭配组合同类展品时，需顾及展品本体特征，突出重点亮点。策展团队尽可能"寓情于展"，设身处地预想到观众在观展时可能产生的实际体验感。

二是注意处理好展品与展厅的关系。由于大多数青州佛教造像体型较高、重量较重，高矮、厚薄尺寸均不一致，且多数造像曾经过文保人员拼接粘合修复，其在展厅中一旦定位将不便二次移动，故在展前对展厅进行精确勘测比对是十分必要的，尤其是协调好展品摆放与展柜位置的尺寸比例关系。临时展览的布展时间比较紧张，所以还应考虑实际布展施工的便捷性，降低布展难度，最大限度消除复杂操作过程对展品带来的潜在安全隐患。

2. 重组设计大纲结构

临时展览的策展过程，就是将展览文物、相关学术成果、形式设计与展厅实现有机的融合。假如将一场临时展览比喻成一部电影，展览大纲相当于电影剧本，直接影响其成功与否。大纲编写应坚持以科学性、专业性为指引，兼顾注重普及性、趣味性。

本次展览在选题上突出了"穿越千年"与"东方微笑"的文化融合性。"穿越千年"强调青州佛教造像的历史底蕴，"东方微笑"则映照出"东方维纳斯"的造像艺术气息，从结构上兼顾展览历史叙述与展品艺术审美，实现互通共融。

策展前，青州市博物馆提供了原有陈列大纲作为借鉴。该大纲主旨遵循"北魏—东魏—北齐"的传统叙事式线索，这并不太符合旅顺博物馆展厅布局及参展藏品的实际情况。所以，策展团队对原有展览结构进行了调整，即将佛像、菩萨像分类展出，在每类造像中突出造型、服饰、配饰的时代演进。经馆内专家组的两次论证指导，新的临展大纲最终得以通过。这样的设计不仅保留了展览主旨蕴含的文化精髓，兼顾了展览主题叙事与展品审美，还可以使观众在观展时便于对同类造像的嬗变进行类比，加深对造像特征的直观理解。

3. 合理布局展示空间

根据大纲内容的设计逻辑，本次展览在空间布局上采用两个展厅进行文物展示（图3）。第一展厅主要展示第一单元"佛像"和第二单元"菩萨像"，从审美角度展

图3 "青州龙兴寺佛教造像展"展厅实景组图

示造像艺术，展品丰富而直观。第二展厅则集中展示第三单元的"青州龙兴寺佛教造像的前世今生"，紧扣展览主旨线索，强调造像蕴含的故事。

观众进入第一展厅后，首先看到的是序厅部分，展览路线按照内容呈"逆时针"方向分布。为了营造更适合佛教造像展示的通透大气空间感，策展团队取消了展厅内原有的独立展柜，让观众的视线直接聚焦在文物上。这种设计的好处是引导观众更为舒适地从审美角度欣赏文物，在潜移默化中感悟文物的艺术特色与历史底蕴。

第二展厅的设计则更加充分考虑观众的观展体验和文物展示的深度交流。"博物馆的教育职能会因观众的参与度提升，而观众只有通过多维度的参观体验才能更好地学习展示内容所传递出的知识"[①]。为此，设计师特别在正对门墙面上设计了"东方维纳斯"的醒目图版，即面带微笑凝视观众的北齐思惟菩萨作为观众打卡墙（图4）。观众可以在参观过程中拍照留念，加深对文物内涵的理解，激发观众与文物的互动与共鸣，提升观展体验。

---

① 闫晓白：《交互体验在临时展览中的重要作用》，《文化产业》2022年第11期，第105页。

图4　北齐思惟菩萨造像"打卡墙"

此外，第二展厅还设计了通道式回廊，以8米长的大展板作为屏障，展板上详细展示了"青州风格"佛教造像的形成原因、青州龙兴寺佛教造像的考古发掘、青州龙兴寺佛教造像的质地及青州龙兴寺窖藏佛教造像残损的原因等信息。这样设计可以营造出更为知性的展厅氛围，缓解观众的视觉疲劳，也能使观众对青州龙兴寺佛教造像有更加全面的认识。展厅设计中的细节处理，让整个展览更加富有人文关怀，为观众提供一个深度交流的互动空间。

为了更好地呈现青州龙兴寺佛教造像的历史和文化价值，除文物展示和辅助图版外，展厅内还设置了多媒体设备。在接近展览结尾的部分，策展团队放置了一台多媒体音像设备，循环播放青州龙兴寺佛教造像相关的6部微纪录片。这种辅助展示深入浅出地呈现文物的前世今生，让观众更好地了解其时代背景与文化价值。

在展览结语部分，策展团队没有采用以往的总结性陈词，而是转引国外博物馆、大学的知名专家学者对青州龙兴寺佛教造像的高度赞誉作结（图5）。这种类似于美术馆、艺术馆"审美型展览"的结语设置，既可以增加观众对龙兴寺佛教造像艺术的全面认知，又可以激发民族自豪感，坚定文化自信，凸显本次展览的品质水准。

图5　"青州龙兴寺佛教造像展"结语部分

三、展览形式设计

要想使临时展览吸引更多观众的目光，除做好内容设计外，还需要形式设计的有力支持。策展团队应当特别关注与展览设计师的密切沟通，充分理解展览主题，预想到观众的观展体验，适当采用多种设计方式表现展览精髓，把展览内容吃深吃透、把展览设计做微做细，力求做到丰富多样、独特新颖、通俗易懂。

1. 展览设计思路

青州龙兴寺佛教造像风格变化多样、材质种类齐全，是凝聚了一千年前古代工匠的伟大智慧、拥有灵魂的文物。为了更好地呈现佛教题材展览的内核，本次展览采用了非具象的设计手法，通过意象化的空间氛围来达到形式与内容的完美契合。空间的设计以通透的展陈方式为主，以此更好聚焦文物本身，从而实现佛教题材展览"返璞归真"式的设计理念。

展览所要表达的内容最终是通过文字、陈列方式及形式设计之间的相互配合来实现，"其实质可以说是一种以实物化、空间化、视觉化、体验化为主要特征的艺术形式"[①]。青州佛教造像的雕刻技艺高超，贴金彩绘工艺精湛，纹饰繁复。因此，在设计初期，我们决定采用"简约"与"朴素"的风格，将焦点放在佛像优美的线条、立体的造型、华丽的纹饰和神秘的微笑上，以突出展览的主题，并营造出宁静而稳重的展览氛围。

2. 展览配色设计

本次临时展览的展厅主色调以中国传统色中的苍蓝为主，色彩饱和度适中，蓝中带绿，绿中带蓝，给人一种冷静、纯净的感觉，营造出静谧的意境，让观众更容易进入艺术品的世界。色彩与环境的和谐统一，使观众在走进展厅的瞬间就能感受到独特的气氛，沉浸于展品的艺术之美中。在文字内容方面，策展团队最终选择白色为主体色，这种色调既沉稳淡雅，又能保证文字的阅读性。通过使用这种简约素雅的颜色搭配，陈列设计能够更好地突出展品的主题，让观众更好地理解和欣赏青州佛教造像的艺术魅力。同时，白色的运用也可体现出展览设计简洁、清新的特点。

佛教造像展的图版设计，主要包含室外宣传海报（图6）、序厅的横版版面、前言、单元说明、辅助图版及文物说明卡片，层级较为系统分明。

图6 "青州龙兴寺佛教造像展"室外宣传海报

展览室外海报的设计采用了蓝白色搭配：以蓝色为主色调，既传递了文物展览的纯净氛围，又突出了主题。为呼应造像的贴金彩绘工艺，设计师在展览主标题"穿越千年的"文字部分特别采用金色作为字体底色，与文物上的贴金彩绘相呼应。版式上采用环绕式排版，使观众更容

[①] 陈叙良：《学术与艺术的双重变奏——"在最遥远的地方寻找故乡：13—16世纪中国与意大利的跨文化交流"策展体悟》，《国际博物馆》（中文版）2018年第C1期，第142页。

易看到主要的文物展品。右半边选用了精品文物——北齐贴金彩绘石雕佛立像作为主体，着重突出了展览主题。主标题围绕文物竖排，副标题及展览时间等信息横排于左下角。同时，为了将视觉中心落在画面的上半部分，特意压暗了横排部分文字的背景，既保证内容表达，又增加了光影效果，使整个画面和谐统一。为凸显展览主题，另取佛像面部图像作弱化处理，置于"青州微笑"的"微笑"位置，旨在吸引观众的注意力并引导他们融入展览的现场氛围中，从而更好地欣赏青州佛教造像的艺术之美。

3. 展览版式设计

序厅作为展览的第一道门户，需要用独特的设计语言来引导观众进入展览主题世界。在序厅的横版版面上，策展团队选择了青州龙兴寺有代表性的背屏造型，通过艺术处理，呈现出抽象化的佛像形象。这种艺术处理形式让佛像从精神层面与展览主题产生联系，给观众们带来视觉上的启迪和灵感。同时，在背屏的线条上设计灯带结构，这种灯光效果让整个序厅的氛围更加庄重和神秘，创造出震撼人心的视觉冲击效果。整个序厅的设计风格，与主视觉海报相呼应，也使两个展厅融成一个有机的整体。在这样的氛围中，观众会更加主动地进入展览主题，去探索文物之美和佛教文化的魅力。

前言、单元说明的版面设计，需要准确传达临时展览的主题和内容，因此，策展团队在字体选择、字号大小、文字排版及艺术效果上都进行了细致考究，力图创造出与文物时代和主题相符的视觉效果。针对文物时代跨越东魏到北齐的特点，选择"魏碑体"与"宋体"作为主要字体：小标题部分采用魏碑字体，传达出文物的历史感和庄严感；正文部分采用宋体，即用衬线字体，扩大字号，提高文字易读性和流畅性，方便老幼群体参观。在小标题部分，采用"渐隐"的艺术化处理，不仅能够呼应佛教造像的光影感，还能够增加设计的美感和层次感。

为了更好地呈现重点文物的细节，设计师将辅助图版分为了两部分。其中，详细描述的版面采取全文字形式，并用"静电贴"呈现在距离地面1.5米处的展柜玻璃面，便于观众在佛教造像前立足凝视（图7）。这种方式既映衬出展览的人文关怀，还保证了科普性、逻辑性与观众审美层次感的统一。细节图则将重点文物作放大处理，选用符合文物保护环境要求材质的展板进行喷绘，固定于展柜内的展品旁，作为临时展览辅助图版。这也便于观众深入了解重点文物的背后故事和艺术细节。

图7 重点文物介绍采取"静电贴"形式

临时展览的配色与版式设计应当考虑到多方面因素，包括字体、排版、艺术效果和配色等，创造出与展览主题相符合的视觉效果，增强吸引力和观赏性。

综上，展览形式设计应当根据实际场地进行合理规划，结合展品及展示效果，适当提炼元素和进行艺术化加工，使展览更具观赏性和互动性。博物馆展览"要突出文物展品，而不是突出装饰装潢"①。在某些情况下，临时展览采用"返璞归真"式的简约化设计，反倒容易将观众的注意力聚焦到文物本身，通过细节的设计布置，引导观众在观展中不断发现和探索，适时调动观众的观展主观能动性，调节观展的节奏与律动，从而提高观众的参与度和体验感，为观众提供了一次风味独特的视觉文化大餐。

四、展览信息宣传与教育推广

临时展览具有内容多样性、展品多元性、形式灵活性的特点，是保持博物馆对社会公众新鲜感、吸引力的有效手段。由此，如何在较短时间内有效地宣传、推介临时展览，最大限度地实现展览的自身价值，是目前文博学界普遍关注的课题。而围绕展览的信息宣传与教育推广是拓宽临时展览外延的必要手段。

1. 展览信息宣传

相比基本展览，临时展览的流动性较强、专题性突出，内容丰富多样。故在拟宣传稿时，策展团队既要保持展览信息的时效性与新颖度，又要注重体现临时展览及展品特点，在展览新闻标题选择、展品亮点截取、信息发布结构排列、语言文字组织、图像资料辅助乃至信息发布时间等细节问题上多用心，结合具体宣传情况，灵活合理搭配，制定好周密的展览宣传预案。

（1）展览信息发布

展览信息主要包括预展信息和正式开展信息。

预展信息是让尽可能多的观众知悉展览的基本情况。本次展览开幕前三天，策展团队通过"旅顺博物馆"官方公众号，发布了预展信息《"东方维纳斯"即将现身大连》（2022年12月28日）。此则信息开篇引用《尚书》《周礼》等先秦典籍，为观众简单介绍了作为展览背景的山东青州的历史文化底蕴，进一步引出青州龙兴寺佛教造像的发掘概况及其在国内外考古学界的地位，团队还制作了展览微纪录片，播放展览海报、精品佛教造像图片，体现出"东方维纳斯"的艺术之美。预展信息发布的目的是"预热"，提醒观众留意博物馆展览动向，并不需要透露太过详细的信息。本次预展信息发布当日，阅读量就突破了2300人次。

展览的正式开展信息于2022年12月31日发布。开展信息里明确交代了展览的详细内容。如展览主办与承办单位、展览起止时间、地点、基本概要及主要特色，同时发布展厅环节及重点展品的图片，让满怀期待的观众形成心理定位。考虑到龙兴寺佛教造像曾多次在国内外文博机构展出，并深得学者赞誉与观众好评，策展团队还将以往国内外的展出概况予以发布，激发本地观众的好奇心与热情。

（2）对展览的深层解读

为了加深观众对展览的理解，策展团队围绕展览特点及开展后的参观反馈意见确定宣传点。截至展览结束，官方公众号

---

① 单霁翔：《浅谈博物馆陈列展览》，故宫出版社，2015年，第43页。

共发布四期"展览解读":《庄严肃穆的龙兴寺佛像》(2023年2月7日)、《端庄典雅的龙兴寺菩萨像》(2月23日)、《青州龙兴寺佛教造像的前世今生》(3月13日)、《青州龙兴寺佛教造像的残损之谜》(3月23日)。这些"展览解读"从展览背景、重点展品等方面,讲述策展理念与展品中蕴含的历史学、美学内涵。截至展览结束,总阅读量达2万余次。同时,策展团队还制作了内容丰富的展览宣传导读手册,开展期间向来馆观众免费发放。

(3)扩大展览宣传辐射面

除官方公众号进行展览宣传外,旅顺博物馆还充分借助官方报媒、网站、微博、微信等多种媒介,拓宽信息传播渠道。开展后,《辽宁日报》《大连日报》《大连晚报》及大连市文化和旅游局、大连市广播电视台等官方媒介,新浪微博、搜狐、网易等网站也对此次展览作了跟踪报道。

2023年2月3日,"青州龙兴寺佛教造像展"参加了由央视频、人民日报视频客户端视界、微博文博、腾讯新闻、人民文博、腾讯SSV数字文化实验室、雅昌艺术网、文博圈、博展联盟等联合发起的新春大展直播活动(图8)。

作为当今一种新媒体手段,展览直播的优点是"时间灵活,互动方便,能随时随地解决观众的疑惑,给观众以身临其境的感觉……在相对自由灵活的氛围中更能够激发观众的积极性和主动性,从而更好地接受陈列展览所蕴含的深刻内涵,起到良好的宣传推广作用"[1]。在本次线上直播的20多分钟

图8 "青州龙兴寺佛教造像展"参加2023年新春大展直播活动

里,浏览观众达到7.5万人,进一步让全国观众领略到佛教造像的千年之美。

2. 展览教育推广

在观众参观展览后,博物馆应当"及时、准确地捕捉观众参观的个人体验、对参观活动的满意程度和对今后工作的建议等信息,这对改善工作、提高服务质量至关重要"[2]。在青州龙兴寺佛教造像展出同时,策展团队仍在努力为广大观众提供高质量的公共文化服务,并积极策划、举办内容丰富的文化教育推广活动。

(1)讲解服务

开展期间,为了满足观众日益增长的文化需求,旅顺博物馆为观众提供免费讲解近400场。策展人通过精心设计展览内容和布局,力求将自己对文物的热爱和对展览的

---

[1] 赵先志:《辽宁地区中小型博物馆陈列展览现状研究》,辽宁大学硕士学位论文,2021年,第55页。
[2] 黄晓宏:《博物馆观众心理学浅析》,《中国博物馆》2003年第4期,第52页。

思考传递给观众。而讲解就是将策展人的理念传递给观众最直接的手段。"穿越千年的东方微笑——青州龙兴寺佛教造像展"是兼具审美性与专业性的展览，普通观众可能会感觉枯燥和晦涩难懂。讲解员和志愿者提供的讲解服务，就是在深入了解青州佛教造像基础上，用自己的专业能力将相关知识更通俗易懂地传达给观众，成为连接博物馆和观众之间的桥梁。博物馆讲解服务不仅可以向观众传达有关展览文物的基本信息，如介绍佛像的来历、艺术风格、历史意义和文化价值等，也可以通过演示互动和多媒体设备等，帮助观众更加深入地理解展览内涵和策展人理念（图9）。

图9　旅顺博物馆讲解员为小观众们讲解青州佛教造像知识

博物馆提供的讲解服务可以提高观众的参观体验。当观众看到展览的佛教造像，可以通过倾听讲解来获取更多背景知识和细节。讲解员可以在观众观展的过程中回答观众提出的问题，帮助观众更好地理解展品，增加他们的参与感和满意度。因此，这些讲解服务也提高了观众的欣赏水平，让观众不再是单一的视觉享受，而是有思考、有情感地去感受策展人的思想，这样每次参观产生理解和感受也会不同。

（2）教育活动

2023年2月28日，围绕展览中佛教造像风格独特、技术精湛的贴金彩绘工艺，旅顺博物馆在主馆一楼"博物馆之家"举办了"一纸千'金'——贴金彩绘体验活动"，吸引不少青少年观众来馆，体验"佛手莲花"贴金彩绘工艺。3月18日、19日，旅顺博物馆在分馆二楼举办了"拼合重组，一起来做考古学家"（图10），邀请热心观

图10　旅顺博物馆围绕展览策划举办的教育推广活动

众共同参观展览，学习文物考古知识，大家还现场动手组合佛菩萨三尊背屏式造像拼图，体验田野考古与文物修复工作。

这些活动的设计实施是策展团队将展览、展品特点与观众在网络平台、参观留言本的反馈意见进行有效结合的产物，团队及时捕捉到观众的兴趣点，注重展品的文化价值与艺术审美，以"寓教于乐"的方式，极大丰富了观众的文化体验，令他们的感官、思维、情感、行动等得到了满足升华，拉进博物馆与观众的距离，真正做到"让文物活起来"，产生了良好的社会反响。

结　语

博物馆举办临时展览的根本目的是满足广大人民群众的精神文化需求。因此，要想策划好一个临时展览，策展团队应当树立公共文化服务至上的理念，坚定展览精品意识，深度凝练展览主旨，彰显当今时代精神。

在前期筹备环节，策展团队应预先对展览环境、展陈方法、内容设计、形式设计等进行细致研究与多维探索，力图展览设计更趋合理科学，突出展品亮点重点，让专业性、观赏性、趣味性、知识性在展览中实现完美融合，真正达到展览服务观众、教育观众、惠泽观众的目标。

在内容与形式设计环节，应当明确二者相辅相成、密不可分的有机统一关系。内容设计是展览的学术理论基石，形式设计是展览的视觉艺术表现。佛教题材展览往往涉及悠久深奥的历史文化，普通观众群体在理解接受时可能存在困难。而临时展览正是要将抽象难懂的书本知识，借助生动的文物展品、丰富的展示手段进行直观呈现。故在设计展示这类文物时，除了注意内容设计的学术性、专业性，还要顾及形式设计的艺术性、直观性。

在展览教育推广环节，要注意提前做好周密的展览信息宣传与教育推广活动预案，以吸引社会大众关注，扩大展览影响力，使观众通过展览可以获取更多感官享受与知识提升，情不自禁地融入到博物馆营造的文化教育氛围之中，最终实现博物馆与观众的互通共鸣。

博物馆热现象下文博场馆公共文化服务的冷思考

王业鑫

中国人民抗日战争纪念馆

内容提要：近年来，"博物馆热"已成为重要的文化现象，随着疫情逐步放开，压抑了三年的博物馆文化需求得到空前释放，知名文博场馆出现抢票盛景，原本免费预约的博物馆出现了"付费购买"门票的乱象。一方面，我国文博事业繁荣发展取得"新成就"固然令人欣慰，但另一方面我们不得不冷静思考"博物馆热"现象背后的原因。本文探讨当今人民群众文化需求激增下博物馆公共文化服务承载力面临的"新挑战"，探寻我国博物馆在运营理念、内容供给、科技赋能、跨界融合、产业助力等方面如何实践，助推我国博物馆事业迈入高质量发展的"新时代"。

关键词：博物馆热　现象剖析　公共文化服务供给　理念转变

近年来，"博物馆热"已成为国内重要的文化现象，博物馆不再曲高和寡，仅作为文物藏品的收藏研究展示单位，而是更加贴近人民生活，成为区域重要的旅游目的地和教育培训基地，博物馆文化正逐步走出展厅及文物库房的"深闺大院"，融入到人民生活之中。国家文物局公布的最新数据显示：2022年，我国新增备案博物馆382家，全国博物馆总数达6565家，全年举办线下展览3.4万场、教育活动近23万场，接待观众5.78亿人次，推出线上展览近万场、教育活动4万余场，网络浏览量近10亿人次，新媒体浏览量超过百亿人次[1]。我国博物馆事业发展取得了前所未有的成就，人民群众以博物馆为载体享受公共文化服务的参与度显著提升。

2023年暑期是持续三年的疫情变为"乙类乙管"后的第一个暑假，人员的跨区域流动、旅游市场的放开，助推了博物馆重新成为人民群众外出旅行热衷的"网红打卡地"。随之而来的，是不法之徒盯上了博物馆免费门票的"蛋糕"、著名文物古

---

[1] 张影：《博物馆事业高质量发展　优质文化服务深入人心》，《中国文化报》2023年5月26日第2版。

建的商业拍摄、博物馆内社会机构的非规范讲解等行业"乱象",这些都是"博物馆热"现象下博物馆人需要面对的"新情况"。基于此,我们不禁要问:"新时代博物馆的公共文化服务是否还有提升空间,具体将走向哪个方向?博物馆如何做才能更好满足人民日益增长的文化需求?"要解决这一系列问题,需要博物馆人对当前与未来博物馆提供的公共文化产品和服务供给作出冷静且深入的思考。

一、问起源:"博物馆热"成为文化传播"新现象"

"博物馆热"现象的出现不是一蹴而就的,唯有透过现象看本质,找寻成因,问题的解决方向才能水落石出。具体来看,主要有三个因素:人民群众与日俱增的文化诉求、"博物馆+"活化文物价值的持续刺激、后疫情时代文化需求的突然释放。

(一)人民群众与日俱增的文化诉求

人民群众与日俱增的文化诉求是造就"博物馆热"文化现象的根本动因,而文化需求的产生与人民群众经济生活水平持续提高密不可分。具体可从两方面着眼:一方面,人民生活水平的不断提高。我国经过几十年不断推进经济社会发展,2020年顺利完成了脱贫攻坚,实现了建成小康社会的奋斗目标,与之配套的公共文化供给也应提质增效、提档升级。另一方面,人民群众的需求由对物质生活的渴望转向对精神世界的满足。老百姓生活水平提高了、兜里有钱了,提升精神文化的诉求便逐步显现,享受基本的公共文化服务、进行文化消费已成为时尚,而博物馆作为人类文明的收藏、研究、展示、传播机构自然就走到"文化舞台"的中央。

(二)"博物馆+"活化文物价值的持续刺激

"博物馆热"现象的出现经历了一定的演进过程。过去博物馆更注重文化遗产的收藏、保护、研究、展示等功能,而利用、传播并不是其关注的重点。随着"博物馆+"理念与实践的推陈出新,活化博物馆馆藏文化资源的形式愈发新颖。首先,博物馆公共文化服务衍生出许多文创产品,它们盘活了馆藏文物资源,是把博物馆文化"带回家"的有力抓手。过去,博物馆最重要的文化产品是展览,而现在差异化、定制化、市场化的文创产品融入,馆藏资源就得到了活化利用,故宫文创早年已突破15亿元的营业收入,便是最好的范例。其次,除了博物馆文创,让博物馆火出圈的,还有以文博类电视综艺节目、纪录片等为代表的"博物馆+"跨界融合实践。《国家宝藏》开创文博类节目新模式,后续《万里走单骑》《文物"潮"我看》《遇见天坛》《上新了·故宫》《赢在博物馆》《我在故宫修文物》《如果国宝会说话》《国宝·发现》《发掘记》等博物馆与电视媒体的跨界实践助推博物馆馆藏文物成为重要的旅游吸引点,博物馆切实成为文化旅游的"网红打卡地"。

(三)后疫情时代文化需求的突然释放

2020年年初突如其来的新冠疫情给博物馆旅游带来了前所未有的影响,三年大疫之后,文旅行业的复苏重新点燃了压抑已久的"博物馆热"。具体分析主要有三个因素:一是持续增长的博物馆需求受疫情管控长时间压抑。近年来跨区域流动限制对国民经济特别是文旅产业带来了极大冲击，作为人员聚集场所的博物馆基于疫情影响动态调整场馆接待人数，限流、临时性闭馆，以及人民群众内心对于出游的恐慌，都是疫情下博物馆文化需求受外因压制的具体呈现。二是国内文化旅游产业的不断复苏。2023年1月8日起对新冠病毒实行"乙类乙管"政策，国内文旅行业重焕生机，逐渐恢复到疫情前水平。2023年端午假期旅游的权威数据显示：国内旅游出游1.06亿人次，同比增长32.3%，按可比口径恢复至2019年同期的112.8%；实现国内旅游收入373.10亿元，同比增长44.5%，按可比口径恢复至2019年同期的94.9%[①]。三是"乙类乙管"后的第一个暑期到来。此时博物馆公共文化服务场馆接待工作将面临极大挑战，最典型如北京长安街沿线聚集了故宫、国家博物馆、军事博物馆、首都博物馆等文博场馆，利用暑期从外地带孩子来北京接受博物馆教育的家庭成为路上的一道独特风景。

二、遇瓶颈：博物馆公共文化服务遭遇"新挑战"

"博物馆热"现象持续升温，如若现有博物馆公共文化服务体系不足以应对"新形势"，势必会出现"热管理失控"的问题，特别是2023年暑期博物馆文化需求彻底释放，场馆接待水平、服务质量、管理机制等都面临诸多挑战。从直观可见的场馆"预约难"、服务"监管难"中，发现深层次原因是当下博物馆公共服务办馆理念和运营思维"提升难"和市场化运营"转型难"，从根本上看是博物馆公共文化供给存在结构性不合理。

（一）场馆接待能力有限而催生的"预约难"

暑期档博物馆参观群体主要以家庭为单位，是中年观众带领未成年人的全家出游。因受学生的假期限制，外地游客的博物馆旅行需求在七、八月全部释放。以文博资源最为丰富的北京为例，2023年暑期一度出现故宫、国家博物馆、首都博物馆等场馆预约不上、一票难求的"盛况"，一些旅行社、个人甚至干起了"黄牛"倒票的营生，更有甚者将故宫的门票"炒"至近千元，极大影响了博物馆公共文化服务的公益性、均等性，也扰乱了公共秩序。透过"预约难"而滋生的乱象，看到的是当前博物馆的公共文化服务还存在供给侧的结构性不合理问题，可见目前的服务接待水平还难以满足人民群众此类阶段性、突发式的需求，场馆管理的应急机制尚待健全。

（二）场馆文化意识形态传播面临"监管难"

随着"博物馆热"的兴起，特别是在"双减"背景下，博物馆教育备受重视，在博物馆社会教育资源难以完全覆盖的现实条件下，一些民营教育机构整合了教育和旅游资源，以博物馆研学的形式，以青少年为目标群体，开展有偿教育服务。博物馆是文化

---

① 于蒙蒙：《端午节假期国内出游人次破亿》，《中国证券报》2023年6月26日A05版。

遗产收藏、保护、研究、展示、传播的资源库，是国家提供公共文化服务的重要窗口，特别是历史文化领域属于意识形态较强的领域，未经所在博物馆专业培训的社会化讲解是否能符合当今国家倡导的主流价值观表达成为监管的一片"盲区"。为此，2023年7月国家博物馆出台了《中国国家博物馆关于规范馆内讲解秩序的通知》，对讲解人员的身份、社会教育、从业企业的资质和行为进行规范，成为我国文博场馆在应对"新形势""新挑战"下顺应人民需求、保障社会教育效果的积极应对和典型示范。

（三）场馆办馆理念运营思维凸显"提升难"

长期以来，我国博物馆都偏重收藏和研究等幕后工作，后来虽不断加大对展示和教育等台前领域的重视，但对观众服务这项非核心的外围工作，始终投入不足，并直接导致"一流的藏品、二流的展览、三流的服务"窘境[1]。不可否认，征集、收藏、研究带来的丰实的馆藏与研究成果是博物馆安身立命的根本，但博物馆是公共文化服务的窗口，馆藏研究成果需要转化为教育传播效果，这也是博物馆与历史学、考古学等社科研究院所的本质区别。唯有让展柜里的文物史料"说话"，博物馆的运营价值才能有效发挥。但在当前博物馆"纯公益"的体制机制下，资金、人员、分配等均停留在计划经济下的"铁饭碗"模式中，资金来源单一、人员流动性差、非市场化薪酬体系等问题，造就了提供的场馆运营缺少市场观念、主动服务、提供增值服务的意识，极大限制了博物馆公共服务提质增效的进程。

（四）文旅融合下场馆市场化运营"转型难"

目前我国博物馆绝大多数是国有博物馆，且主要以公益类事业单位性质为社会提供公共文化服务。"博物馆热"的文化潮流把社会各界的关注都聚焦在博物馆身上，特别是集中在博物馆开展社会服务的运营水平上。人民的文化需求呈倍数增加，但博物馆开展社会服务赖以生存的财政支持却无法得到同步提升，缺少人员和资金支撑的服务必将在应对"大考"时漏洞百出，因此，博物馆应注重吸纳社会资本和资源参与场馆运维。"逐利"是社会资本决定是否投入的关键点，但博物馆在与其合作时可以进行必要引导，确保公共服务的方向选择不变色不褪色。然而，目前国有博物馆的"纯公益"属性无法解决，社会资本和人才无法进入，也将成为博物馆公共文化服务实现跨越式发展的最大"拦路虎"。

三、析举措：博物馆事业步入高质量发展的"新时代"

"博物馆热"现象的出现是传承弘扬优秀传统文化的觉醒性事件，是中国人民对几千年来延绵不息的中华文明认识逐步提高的过程。面对"大考"，博物馆公共文化服务实现高质量发展还有诸多需要提升之处，特别是在运营理念、内容供给、科技赋能、跨界融合、产业助力方面应给予革新，助推我

---

[1] 郑奕：《博物馆强化"观众服务"能力的路径探析》，《行政管理改革》2021年第5期，第54—63页。

国博物馆事业发展迈入"新时代"。

（一）传统文博场馆向新型服务型机构转变

"实践未动，理念先行"，文博事业单位必须要改变思想观念，加快对各类文博资源的优化整合，助力文博事业公共文化服务体系建设[①]。首当其冲便是从办馆及运营理念上进行革新。一是树立"以人民为中心"的办馆理念。坚持以人民为中心的发展思想是2015年10月29日在党的十八届五中全会上由习近平总书记明确提出，并在后续党的十九大、二十大报告中多次强调，是习近平新时代中国特色社会主义思想的重要内容，贯穿中国经济社会发展的方方面面。博物馆作为公共文化服务的窗口，理应坚持以人民为中心的办馆理念，把满足人民需求作为开展工作的着力点，强调博物馆建设全民参与，发展成果由全民贡献。二是由研究保护教育型场馆向文化服务机构转型。博物馆的服务意识还需持续加强，博物馆应由过去对"物"的研究转向对"人"的关注，加强对受众的行为研究，提供人民群众喜闻乐见的公共文化产品，将"服务立馆"作为办馆宗旨，尽可能解决观众在观展过程中产生的教育、餐饮、购物、娱乐等需求。

（二）扩大场馆文化展示的覆盖面和服务面

针对博物馆文化需求呈现"阶段性"暴涨情况，提前做好应对预案。一是适当增加票源，做好人员疏导。科学监测入馆人数及人员停留地点，及时做好人员疏散，在接待条件允许下加大博物馆票源发放力度。二是延长开放时间，增加夜场服务。在博物馆参观需求旺盛的季节，延长博物馆场馆的开放时间，根据预约情况适当开放夜间参观场次。三是布局开设分馆，分流观展人群。近年来知名博物馆建设分馆成为"时髦"之举，故宫博物院北院区破土动工、苏州博物馆西馆迎新纳客，首都博物馆东馆开馆在即，分馆的建设极大拓展了原有场馆的展示空间，如目前故宫博物院共有文物180万件，而每年故宫本院展览展示的文物数量不足1万件，更大的展示参观空间将吸纳更多参观人群，极大缓解博物馆公共文化服务供给不足的现状。

（三）科技手段破除文博场馆文化传播瓶颈

科技赋能博物馆文化传播，在丰富传播手段、提升观展体验、促进文化交互上作用显著。一是科技丰富传播手段。不同于过去观众到展厅观展的文化体验形式，"线上虚拟展""云观展""云直播"等技术手段日臻成熟，打破了区域时空限制，足不出户便可感受博物馆文化。二是科技提升传播体验。"数字体验展"突破了以往以陈列和展示为主要手段的模式，而是结合最新技术手段，将原来枯燥的陈列式展示变得具有互动性、趣味性和智慧化[②]。2021年12月故宫博物院与腾讯合作的

---

① 赵光迪：《文博事业公共文化服务体系的建设》，《文化产业》2022年第35期，第160—162页。
② 王娟、程红：《挖掘馆藏资源推动博物馆产业发展路径探析——以日照市博物馆为例》，《文物鉴定与鉴赏》2023年第7期，第89—92页。

"'纹'以载道——故宫腾讯沉浸式数字体验展"便是文化科技深度融合,将文物活化利用的典型代表。三是科技打通文化交互。过去博物馆与受众之间的交流渠道颇少,仅有展厅尾部的"观众留言簿"可供利用,而如今智慧景区技术的融入,对参观受众的监测从预约进馆那一刻便已开始,观众的年龄、学历、性别等基础信息可以在参观预约系统上获取,而参观喜好、展厅停留时间可在人工智能技术支持下实现实时监测,获取数据与研究受众对反哺展览策划创作、加强场馆运维能力、提高场馆服务水平将起到不可估量的积极作用。

(四)"博物馆+"提升跨界文化产品供给

如今博物馆传承优秀文化的产品形态不仅局限于展览展示的形式,以博物馆藏资源为内核,以"博物馆+"为载体的跨界融合成为文化传播的新宠。当前博物馆公共文化供给不是场馆馆藏的传统文化资源不够优质,而是传播的方式、供给的渠道、展示的形式不够吸引人,文化传播的趣味性、故事性、体验感不佳。博物馆应跳出固有思维束缚,让馆藏史料资源与影视、舞蹈、出版、设计、演艺、非遗、会展、动漫等产业进行深度合作,跨圈层的"资源嫁接"会结出让人耳目一新的果实。中国共产党早期北京革命活动纪念馆在建党百年与年度热播大戏《觉醒年代》剧组深度互动,邀请剧组导演、编剧,还有张桐、于和伟等演员主创造访北大红楼,在旧址中对戏,再现革命年代伟人选择共产主义道路开展革命实践的英明决断,极大地带动了这个新成立的纪念馆的文化传播。又如2023年5月国家博物馆与中国传媒大学联合出品的原创文物活化舞台剧《盛世欢歌》,精准聚焦传统文物"东汉击鼓说唱陶俑",将汉代文化与现代艺术完美结合,让静谧了两千多年的击鼓说唱陶俑"活"起来。

(五)运用产业手段激发场馆公共文化活力

文化与旅游深度融合的时代背景下,博物馆在文化事业与文化产业领域也应推进深度融合。聚焦市场的产业手段有助于盘活馆藏资源,为博物馆公共文化服务开辟又一片"蓝海"。一是吸纳社会资本参与博物馆公共文化服务。博物馆拥有丰富的文化资源馆藏,是资源方;以企业为代表的社会机构拥有殷实的资本,是资本方,资源+资本的融合会形成"1+1＞2"的效果,博物馆促进了文化的进一步传播,而资本方因产品获得文化赋能获得产值,双方各取所需相得益彰。二是提升博物馆公共文化服务品质。当前博物馆需求持续扩大的背景下,博物馆的资金人力都将捉襟见肘,更好的服务意味着更大的投入,市场化服务理念和产业化运营思路将提升现有博物馆公共文化的服务品质。三是增加博物馆公共文化服务的项目。如前文所述,博物馆的未来演进趋势是变为城市的"文化会客厅",它的职能不再囿于文物史料展示,在博物馆接受文化教育、购物消费、文化娱乐都应被包含其中,而这些板块的设立不依靠财政资金是无法维系的。四是延展馆外资源形成博物馆聚落。不断丰富博物馆的"外延",打造"博物馆聚落""博物馆小镇"等以博物馆群为核心、以文化产业为主导的综合性、一体化文化旅游消费地标，可通过聚合效应提升观众吸引度，促进不同层级、不同属性的博物馆协同发展，拉动周边经济增长[①]。把博物馆打造成文化聚集物和产业吸引物，不断提升场馆的文化内容承载。

结　语

"博物馆热"的出现是我国公共文化服务体系不断完善并趋于成熟的积极现象，值得博物馆人欣喜骄傲，但繁华落尽后，我们更应加强对"热"现象背后的"冷"思考，未来博物馆公共文化服务提升的着眼力点在哪？是在运营理念、内容供给、科技赋能、跨界融合、产业助力，抑或另有其他？也许今日的"冷"思考会成为博物馆未来实现跨越式发展内在动因，也将成为博物馆公共文化服务水平接续提升的不竭动力。

---

① 唐郦薇：《全域旅游视野下激发博物馆发展活力的思考——以南京地区为例》，《东南文化》2022年第5期，第175—182页。

遗址博物馆融入乡村文旅发展的思考

钮珊珊[1]　冯　周[2]　张与东[3]　张立佳[4]
1.达州市巴文化研究院　2.宣汉县文物管理所
3.达州市经济合作和外事局　4.罗家坝遗址管理服务中心

内容提要：遗址博物馆是一个地区重要的文化标志，也是地区经济社会的重要组成部分，与当地经济社会发展不同步已成为制约遗址博物馆建设发展的瓶颈问题。近年来，国内部分地区的遗址博物馆已经开启探索，并积累了不少经验和做法，但仍然存在一些局限。本文在总结典型案例的做法基础上，分析了遗址博物馆融入乡村文旅发展需要注意的问题，阐述了遗址博物馆融入乡村文旅发展的路径。
关键词：遗址博物馆　乡村文旅　典型案例

我国遗址博物馆最早诞生于20世纪50年代末，之后的几十年发展速度十分缓慢，到2010年左右，随着国家对考古工作的重视以及考古工作取得的重大成就，遗址博物馆数量呈爆发式增长。作为一类特殊的博物馆，遗址博物馆不仅是宣传中华文明灿烂成就的重要窗口，更是传承和赓续中华民族五千年文明史的文化圣地；既是当地开展民族文化教育的鲜活材料，更是当地社会经济发展的重要载体。作为一个地区重要的"造血器官"和"输血器官"，遗址博物馆在当地文化传承、社会经济发展中起着举足轻重的作用。大部分遗址博物馆位于城郊或偏远乡村，在国家大力实施乡村振兴战略的背景下，推动遗址博物馆与当地乡村发展趋势相适应，探索出乡村文旅发展的新模式，让遗址博物馆建起来、活起来、火起来，已成为当下遗址博物馆建设和发展必须面对的课题。

一、遗址博物馆融入乡村文旅发展的必然性

首先是文化发展之必然。随着我国经济社会发展和物质生活水平提高，人们对于精神文化的需求更旺盛、质量要求更高。当前，我国已经进入文化消费的新一轮快速增长期。遗址博物馆是历史文化和现代文明相结合的重要窗口，也是丰富文旅资源、促进乡村发展的重要媒介。遗址博物馆融入乡村文旅发展，可以实现从"等待输血"到"自我造血"模式的转变，可以使收藏在博物馆里的历史文化、陈列在大地上的乡村文旅资源与现代社会相适应、相协调，让遗址蕴含

的历史文化价值能够更容易被社会大众认识、了解和接受，从而更好地满足人民群众对美好生活的向往，助力乡村振兴。

其次是时代发展之必然。2023年5月，国家文物局、文化和旅游部、国家发展改革委联合发布《关于开展中国文物主题游径建设工作的通知》，要求串联起历史文化名镇名村、历史文化街区、历史建筑、传统村落、风景名胜区、自然景观、文化场馆、驿站码头等文化和自然资源，打造文化旅游线路，展示地方文化特色，传承中华优秀传统文化，让文化和旅游资源更好活起来[①]。2023年6月，全国文化和旅游赋能乡村振兴工作现场经验交流会在湖南省湘西土家族苗族自治州召开，会议指出，要着眼焕新乡村风貌，更好发挥文化建设培根铸魂作用，将文化元素融入美丽乡村建设。"要着眼培育发展动能，发挥文化赋能优势和旅游带动作用，促进文化产业和乡村旅游高质量发展"[②]。着眼当下，培育乡村文明新风，助推乡村有效治理，遗址博物馆融入乡村文旅发展是赋能乡村振兴的发展之路、富民之路、必由之路。

二、国内典型遗址博物馆融入乡村文旅发展的案例分析和基本经验

遗址博物馆的定义是指"为了就地保存可移动和不可移动的自然或文化遗产而建的博物馆，即博物馆建在该遗产被创造或发现的原地"[③]，遗址博物馆不仅是传承中华优秀传统文化的重要载体，更是文化景观的重要组成部分。20世纪50年代，中国第一座遗址博物馆建立；近年来，随着国家对文博系统的重视，各地遗址类博物馆发展势头尤为迅猛。历经60余年的洗礼和发展沉淀，国内对遗址博物馆的建设和发展已具有相当丰富的实践经验，如金沙遗址博物馆、二里头夏都遗址博物馆、良渚博物院和梁带村芮国遗址博物馆（表1）。

表1 典型遗址博物馆基本情况

名称	位置	建筑面积	开放时间	组成部分	景区
金沙遗址博物馆	成都市青羊区金沙遗址路	3.8万平方米	2007	遗迹馆 陈列馆 文物保护中心 园林区	4A
二里头夏都遗址博物馆	洛阳市偃师翟镇二里头村	3.2万平方米	2019	国家考古遗址公园授牌	

---

① 国家文物局、文化和旅游部、国家发展改革委：《关于开展中国文物主题游径建设工作的通知》（文物保发〔2023〕10号），2023年5月6日，https://www.gov.cn/zhengce/zhengceku/2023-05/07/content_5754484.htm。

② 文化和旅游部：《扎实推进文化和旅游赋能乡村振兴》，新华网，2023年6月7日，http://www.news.cn/travel/20230607/73bc54bb49154bbe9fa91cb3f22a86a6/c.html。

③ 罗晓群：《考古遗址博物馆展览原则的探索——以良渚博物院基本陈列改造为例》，《自然与文化遗产研究》2020年第3期，第91—92页引《考古遗址博物馆》内容。

续　表

名　称	位　置	建筑面积	开放时间	组成部分	景　区
良渚博物院	杭州市余杭区美丽洲公园	1万平方米	2008年 2017年升级改造 2018年再开馆	国家考古遗址公园	
梁带村芮国遗址博物馆	韩城市西庄镇	1.6万平方米	2009年旧馆开放 2018年新馆开放	文物展厅 绿化区 游客服务中心	4A

数据来源：金沙遗址博物馆官网　二里头夏都遗址博物馆官网　良渚博物院官网　梁带村芮国遗址博物馆微信公众号

（一）整合资源综合发展，充分发挥区位优势。部分遗址博物馆位于城区或城郊附近，地理位置优越，配套设施齐全，交通方便快捷，游客出行极为便利，如2022年二里头夏都遗址博物馆总参观人数达250万[1]。有效整合遗址博物馆周边的文化遗产和自然景观、休闲观光农业、种植采摘农业等资源，串点成线、串珠成链，大力实施旅游全域化战略，如良渚博物院附近的瓶窑镇，借助良渚博物院和国家考古遗址公园优势，建立了文旅融合发展联盟和文旅融合产业发展联盟，"组团"发展文旅产业[2]。

（二）激发村民参与建设，提升游客游玩体验。部分遗址博物馆依托自身优势资源，开展各类活动、创新游玩形式，让游客能够"玩好"，并与村民形成了相辅相成、互相补充的紧密联系，充分调动群众参与积极性，助力村民增收致富，带动周边地区发展，有利于助推乡村振兴战略实施，如二里头夏都遗址博物馆地摊经济发达，很多群众在博物馆附近发展了夜市经济[3]，不仅给游客带来了全新的旅游体验，还给当地村民增加了"家门口"就业的机会。

（三）广泛推广强化宣传，提升形象扩大影响。二里头夏都遗址博物馆、良渚博物院和金沙遗址博物馆均有官方网站、微信公众号，并通过微博、微信、抖音、快手等新媒体发布有趣、有价值的内容，吸引大众的关注和互动，从而产生共鸣和认同。同时，三个遗址博物馆官方网站上有周边地区景点简介和交通路线，积极与周边景点互动，互送客源、相互引流，有利于促进双方相互学习，取长补短，提高游客满意度。这些遗址博物馆还与旅行社、酒店等建立合作关系，有利于实现文化和旅游业的优势互补、资源共享、互惠互利、共同发展。

---

① 杨硕、郭姣姣、张东峰：《考古遗址博物馆的探索与实践——以二里头夏都遗址博物馆为例》，《洛阳考古》2022年第2期，第92—93页。

② 刘芳、吕昂：《依托良渚IP助推文旅融合大发展》，国际在线，2020年7月7日，网址：http://travel.cnr.cn/list/20200707/t20200707_525157925.shtml。

③ 李鑫、石牧阳：《遗址类博物馆与当地乡村的融合发展——以二里头夏都遗址博物馆为例》，《文物鉴定与鉴赏》2021年第15期，第99—101页。

三、遗址博物馆融入乡村文旅发展需要注意的问题

遗址博物馆作为一项投入与产出比率低的公益性文化机构[①]，如何实现"活"起来、"火"起来，有助于繁荣彰显当地鲜明文化底蕴，辐射带动当地文化和旅游产业发展。当前，大部分遗址博物馆地处偏远的城郊或乡村，而城郊和乡村恰恰是文化遗址和旅游资源的集中分布区，遗址博物馆的保护和发展离不开当地政府、群众的支持，融入乡村文旅发展方是解决当前发展瓶颈最直接、最有效的手段。从区位和资源优势看，遗址博物馆周边地区文化和旅游资源种类繁多、各具特色，为推动遗址博物馆融入乡村文旅发展提供了先决条件。但是，我们也要清醒地认识到遗址博物馆融入乡村文旅发展的过程并不是简单意义上的拼凑、缝合，笔者认为，在融合发展过程中，必须要注意以下问题和要素：

（一）属地政府统筹规划的问题。遗址博物馆要融入乡村文旅发展，助力乡村振兴提质增效，地方政府的统一规划是至关重要的。遗址博物馆的筹建和运营管理离不开地方政府的财政投入，因此地方政府必须全面掌握辖区内遗址博物馆的基本情况，找准定位、锚定目标、靶向施策，统一规划运营管理，将其纳入整体发展规划和目标考核。目前来看，部分地方政府已经认识到规划先行的重要性，但在统筹规划管理方面仍存在诸多不足。同时，基层乡镇政府的重视同样至关重要。一方面，乡镇政府尚未意识到遗址博物馆融入乡村旅游发展的益处，将二者完全分隔，将遗址博物馆束之高阁，未积极研究讨论将二者融合的可行路径；另一方面，部分基层乡镇政府视野不够开拓，缺乏创新意识，没能在现有资源的基础上将遗址博物馆与碎片式的乡村文旅资源成功串联，未形成彰显当地文旅特色和有一定影响力的品牌，影响了当地丰富文旅资源的社会和经济价值发挥。

（二）遗址博物馆运营管理的问题。运营管理的好坏决定着遗址博物馆是仅为一个地区文化标志的"摆设"，还是拉动一个地区经济增长的"轴承"，因此至关重要。遗址博物馆运营管理内容除了内部的人员管理、队伍建设、藏品管理、公共服务等基本内容外，还包括对外活动、社教活动、市场营销推广等内容，直接影响到遗址博物馆的可持续发展性。如今休闲游、乡村游火热发展，而遗址博物馆大部分位于城郊，这就决定了遗址博物馆必须转变观念、放开视野，创新运营管理模式。目前，部分地区遗址博物馆已发现自身在运营管理方面存在的问题，认识到自身造血功能不足。但是，大部分中小型遗址博物馆仍然没有打破传统思维定势、突破已有经验局限、创新运营管理模式，未能真正将遗址博物馆融入到乡村文旅发展中，给当地带来足够的经济和社会效益。

（三）当地村民思想认识的问题。目前，大部分村民尚未意识到遗址博物馆

---

① 王龙：《浅析陕西考古遗址博物馆的发展模式——以梁带村芮国遗址博物馆为例》，《文物鉴定与鉴赏》2021年第5期，第114—116页。

不仅是宣传教育的场所，更是重要的文化景观和旅游资源，忽略了遗址博物馆的发展对当地经济发展有着重要的推动作用。部分村民不仅没有成为遗址博物馆融入乡村文旅发展的参与者、倡导者，反而成为了旁观者、破坏者，如部分村民在参观遗址博物馆的过程中不注意日常礼仪，存在大喊大叫、醉酒熏天、赤脚上阵等不文明现象，严重影响遗址博物馆所在地的整体形象，影响游客的旅游体验感，促使游客缩短或改变旅行线路、周期，导致游客评价不高，回头的可能性不大，消费欲降低，间接影响当地的经济发展。

四、遗址博物馆发展的路径分析

习近平总书记高度重视文化和旅游融合发展，作出了一系列重要论述和指示，深刻阐述了文化和旅游的相互促进作用，明确指出文化和旅游的融合不只是简单地相加减，而是要发挥自身优势，相辅相成，资源整合，提高效益[①]。遗址博物馆和乡村文旅资源对传承优秀历史文化、展现祖国大美河山具有重要意义。近年来，随着乡村振兴、文旅融合的快速发展，遗址博物馆融入乡村文旅资源发展是社会发展的必然，需要根据自身实际，实现资源共荣共生，探索出一条遗址博物馆融入乡村文旅资源的成功之路。

（一）积极履行职能职责

俗话说"合抱之木，生于毫末；九层之台，起于垒土"，要将遗址博物馆真正融入乡村文旅资源发展的浪潮中，既要有地方县级政府的宏观规划，又要有乡镇政府的微观落实，因此，有关单位（部门）要立足职能定位，全面履职尽责。一是制定专项发展规划。各县级地方政府应制定遗址博物馆近期发展和长远发展的专项规划，将规划落实执行情况纳入目标考核；并根据遗址博物馆及其沿线乡村文旅资源的特点，制定遗址博物馆融入乡村文旅发展的片区规划和详细规划，形成以点带面、以点画线的特色旅游发展环线。二是加强统筹凝聚合力。县级文化旅游部门作为主管部门，对遗址博物馆和乡村文旅资源具有监督和管理职能，要进一步做好横向协作、纵向联动、各司其职，有条不紊地合力推动遗址博物馆融入乡村文旅发展战略实施。

（二）改进运营管理模式

一个好的运营模式，是可持续性的基础[②]。遗址博物馆融入乡村文旅资源，将自身和乡村文旅资源带活、带火，必须要加强自身的运营管理和市场营销。一是持续加强传统宣传力度。例如在遗址博物馆内部摆放宣传手册，走进社区、学校、企业开展公众讲座，与旅行社、高等院校、中小学校以及企事业单位建立联盟组织、相互推介和宣传等。二是积极开展新媒体

---

① 周玲、左健：《文旅融合背景下如何借助博物馆旅游推动文化旅游的发展——以云南省博物馆为例》，《中国集体经济》2022年第33期，第113页。
② 谢友宁：《浅议乡村博物馆建设的几个问题——兼论乡村振兴中的文化资本》，《中国博物馆协会博物馆学专业委员会2022年"提升中小博物馆质量　盘活基层博物馆资源"学术研讨会论文集》，2022年，第16页。

宣传。例如建立官方网站、微信公众号、微博、抖音、快手等新媒体账号，制作或拍摄短视频、动画等方式介绍宣传遗址博物馆及周边旅游资源，扩展遗址博物馆和乡村文旅资源的影响力和知名度；与新浪、腾讯、网易等主流网络媒体合作开辟宣传专栏，与淘宝、京东、拼多多等电商平台签订合作协议，为遗址博物馆量身打造融入乡村文旅资源的电商文创产品。三是不断强化自身建设。例如举办"公众日开放"活动，开通"半小时"车程观光车，借助中国文化遗产日、中国旅游日、国庆和春节等重要节假日打造富有自身特色的文创产品等，以提高遗址博物馆对游客的吸引力，调动游客的参与热情，提高游客的参与性、体验性和认同度。

（三）引导村民积极参与

村民既是遗址博物馆融入乡村文旅资源发展的主要参与者，也是主要受益者。在乡村振兴、文旅融合、文脉传承中，遗址博物馆融入乡村文旅资源发展，不仅需要有文化载体、村民参与，更需要有服务于文化传播的配套内容，如餐饮、住宿、交通等。一是做好宣传引导。属地街道（乡镇）政府及村民委员会要切实做好遗址博物馆建设发展的宣传工作，让村民充分认识到遗址博物馆建设发展对当地经济社会发展、农民增收的重要性。二是鼓励发展产业。支持当地村民积极参与遗址博物馆融入乡村文旅资源建设，鼓励村民利用自身优势形成团队，在自家门口寻找就业或创业机会。大力发展第三产业，如发展民宿、开农家乐、特色农家小院等，或者根据自身专长，在相关部门允许的条件下，运营旅游观光车，一方面通过产业发展增加附加值，另一方面也方便游客参观遗址博物馆和游览其他乡村文旅资源。

结 语

遗址博物馆不仅要实现"富脑袋"，满足人们的精神文化需求，而且要"富口袋"，融入乡村文旅发展，让文化反哺乡村建设，利用文化资源获得切实的社会和经济效益。遗址博物馆融入乡村文旅资源发展，不仅能够改善当地人们的文化生活，赋予乡村旅游发展新内涵，焕发乡村新活力，同时，对发展乡村有着较强的现实意义，对拉动当地经济和社会有巨大的推动作用。当前，遗址博物馆融入乡村文旅资源仍存在一定局限和不足，可以通过加强地方政府的宏观规划、乡镇政府的微观落实、遗址博物馆的运营管理、村民的参与和配套产业的发展、媒体宣传和市场营销相结合等措施实现遗址博物馆融入乡村文旅发展。本文对遗址博物馆融入乡村文旅发展需要注意的问题和路径进行了浅显分析，可能有一定的局限性，尚待进一步研究和探索。

关于探索博物馆课程研发的新思考
——以旅顺博物馆为例

麻丽楠

旅顺博物馆

内容提要：近年来，越来越多的人对博物馆提供的教育服务产生浓厚兴趣，业余时间更愿意走进博物馆获取良好的教育体验。为了提高博物馆的教育水平、完善博物馆的教育功能，各博物馆不断加大投入研发设计相关课程。文章结合旅顺博物馆的工作实践经验，对目前博物馆教育课程实施取得的成效进行总结，对存在的问题加以讨论，试对博物馆教育课程的进一步发展提出新思路。

关键词：博物馆教育　课程　设计　观众

2022年8月24日，国际博物馆协会（ICOM）官网正式公布博物馆的新定义。新定义为："博物馆是为社会服务的非营利性常设机构，它研究、收藏、保护、阐释和展示物质与非物质遗产。向公众开放，具有可及性和包容性，博物馆促进多样性和可持续性。博物馆以符合道德且专业的方式进行运营和交流，并在社区的参与下，为教育、欣赏、深思和知识共享提供多种体验。"新定义在"教育、欣赏"的基础上补充"深思和知识共享"，对社会公众来说，无疑是可以从博物馆获得更专业、更丰富的知识内容。近年随着"博物馆热"的兴起和人们日益增长的精神文化生活需要，越来越多人走进博物馆，渴望接受博物馆教育。为了使教育手段更具有专业性、系统性、针对性、趣味性，研发和完善博物馆教育课程成为当前博物馆面临的重要课题。2022年8月，中共中央办公厅、国务院办公厅印发《"十四五"文化发展规划》指出："必须把文化建设放在全局工作的突出位置，更加自觉地用文化引领风尚、教育人民、服务社会、推动发展。"[①]博物馆作为提供文化服务的常设机构，应充分利用优势馆藏资源，切实提升博物馆服务质量水平以完成这一历史任务。在此背景

---

① 新华网：《中共中央办公厅　国务院办公厅印发〈"十四五"文化发展规划〉》，2022年8月16日，http://www.news.cn/politics/2022-08/16/c_1128920613.htm。

下,文博行业愈发重视品牌教育课程的建设。本文结合日常工作的实践经验,探讨如何让博物馆教育课程更好地发展。

一、目前博物馆课程设计中存在的问题和困境

(一)课程目标对象有局限性

博物馆教育较学校教育最明显的区别在于受众没有年龄限制,而现在多数博物馆的课程目标人群局限于青少年群体,内容围绕"馆校合作""研学旅行"等进行,成年观众仅能通过参观展览的方式参与到博物馆的教育活动中。过去因公众对博物馆缺少了解,成年观众对博物馆教育活动的参与度不高,但近几年博物馆的热度不断上升,人们对传统文化的兴趣不断加深,从旅顺博物馆组织的教育活动中可以明显地发现,成年观众参与的热情愈发高涨,对博物馆教育内容的广度和深度更有较高的需求。为满足当前广大群体的学习愿望,博物馆在课程研发时应该考虑更多年龄层的观众。

(二)课程内容单一,简单化

由于目前课程面向的人群大多数是未成年人,所以内容偏重结合校本教材,对其他年龄、职业、知识层次的观众缺少相应的内容设计。内容单一,缺少更新变化,甚至有的课程开设数年未经改善和升级,长此以往,博物馆教育课程逐渐失去活力和持续性。部分课程主题欠缺升华,陷于"凭物讲物",对文物的基本特征介绍得足够详细,但对文物历史背景和文化内涵的延伸不够充分,观众只知其然而不知其所以然,教育效果大打折扣,这要求课程设计人员在课程研发前有充足的知识储备和深厚的学术功底,授课时能够通过灵活的方式与学员进行流畅的沟通和交流。

(三)教育力量不足,缺乏稳定的课程研发团队

博物馆的教育课程主要由宣教人员设计实施完成,由于博物馆管理等方面原因,宣教岗位的人员流动性很强,而课程设计需要从业人员拥有丰富的业务经验、熟络的工作状态,整个流程需要长时间的筹备,一个稳定的设计团队才能有利于确保课程顺利有序开展。定期更换的展览主题对博物馆讲解员来说是不小的挑战,特别是在课程中还要将展览讲细、讲得有趣,因而仅仅依靠讲解员是不够的,还需要有综合素质强的教育人员和专业研究人员,显然当前多数博物馆不具备这种条件,在专业教育人员的培养方面仍有许多工作待做。

二、旅顺博物馆教育课程的有益探索

自2007年博物馆定义首次将"教育"确定为首要功能,在不到二十年的时间里,中国博物馆教育事业取得了蓬勃的发展,各种主题的教育活动遍地开花,得到观众的热烈反馈。近些年旅顺博物馆大力发挥教育职能,教育课程活动也取得了良好的效果,在课程设计和实施的细节中探索创新,为以后的工作积累了一些经验。

(一)针对不同人群设计课程内容(图1—3)

不同年龄段人群的知识水平、兴趣爱

图1　按图索"迹"知识竞答

图2　博物馆上美术课

图3　线上课堂画"荷"

好、学习方式各不相同，旅顺博物馆根据教育对象设计多种课程内容和形式。例如书画展览类，针对学龄前儿童设计的"画家笔下的动物们"从幼儿视角欣赏绘画作品，搭配手工制作，侧重培养孩子的审美意识和观察力；针对中小学生结合校本教材进行名家作品赏析，设计知识竞赛，扩展课外知识；针对艺术学生设置"来博物馆上美术课"，加强技巧训练、提高艺术鉴赏力；针对成年书画爱好者则设计策展人互动讲解、线上课堂演示绘画技巧等课程，使不同人群都能从展览中获得自己所需的学习体验。

（二）多角度挖掘文物内涵、充分利用文物资源（图4）

一个展览传达的信息量很多，一件文物也有不同的阐释角度，观众难以在短期的课程中消化全部内容。旅顺博物馆课程设计将展览抽丝剥茧，分期多角度地解读文物和历史文化。例如"古韵茶香——镇江博物馆藏历代茶具精品展"，从古代的饮茶方式、茶文化角度设计"体验宋代点茶"课程，观众通过课程清晰了解历代饮茶方式的演变、中国茶文化的起源和发展，感受传统文化的源远流长；从古代茶具的工艺制作和装饰艺术角度设计"彩绘创意茶盏"课程，以茶盏

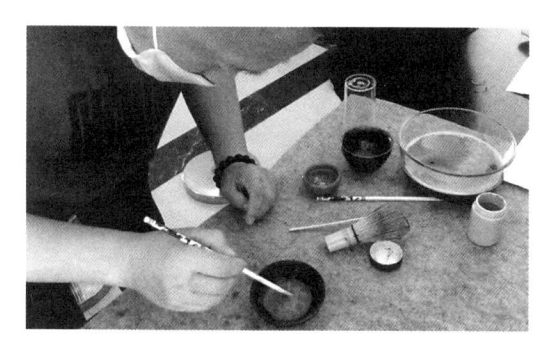

图4 观众正在学习"点茶"技艺

为切入点讲解瓷器的釉彩知识，引导观众领略中国古代工艺的艺术创造力，从而激发艺术想象力和创新意识。课程内容的细化可以让观众慢慢体会展览内容、品味历史文化内涵、体验休闲娱乐的文化生活。对博物馆来说，也可以促进文物研究工作、充分宣传阐释文物，"让文物活起来"。

（三）课程系统化（图5—6）

博物馆展出的文物数量多、类别多，观众在日常参观时容易眼花缭乱、走马观花，难以形成深刻印象。制定一个课程主题，将文物"分分类、排排队"，通过一条线索将文物串联起来，使观众对文物知识有清楚的理解，对文物内涵有独立的思考。2022年寒假期间，旅顺博物馆针对青少年开设"探秘青铜"系列课程，与过去讲解几件重点文物不同，此次课程按照青铜器的类别分成四个课时，对青铜器的定义、器型、用途、历史背景、文化内涵做系统的介绍，即大学入门课程的少儿版。课程以青铜器的类别为主题，以容易引起好奇心的问题作导线，循序渐进，使学生们对青铜器逐渐熟悉并获得较为全面的认知。课程搭配各种体验活动，例如：触摸模型、观摩青铜器修复、挖掘"考古盲盒"、给器物建藏品档案、亲自动手使用青铜器等等，"听、看、做"相融合，知行合一，让学生在系统的、沉浸式的学习模式中学有所得、学有所乐。（表1）

表1 "探秘青铜"系列研学课程表

日　　期	时　　间	内容安排	地　　点
Day1 2月18日 13:00—15:30	13:00—13:10	开营仪式	活动教室
	13:10—13:50	课程1：初识青铜	青铜展厅
	13:50—14:20	课程2：探访文物修复室	旅博文物修复中心
	14:20—15:10	拓展训练："青铜出土记"	活动教室
	15:10—15:30	活动小结	活动教室
Day2 2月19日 9:30—15:30	9:30—11:00	课程3：青铜兵器、乐器	活动教室
	11:00—12:30	午间休息	
	12:30—13:00	课程4：青铜水器、杂器	青铜展厅
	13:00—14:00	拓展活动	活动教室
	14:00—15:00	结营考试"青铜大闯关"	青铜展厅
	15:00—15:30	结营仪式、颁发证书	活动教室

图5 体验"发掘青铜器"

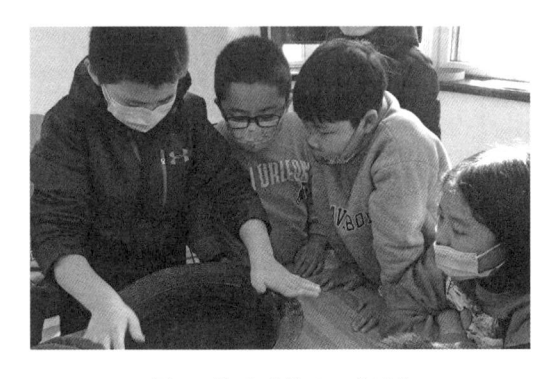

图6 体验手搓"双龙洗"

（四）形式多样化

课程兼用线上线下两种渠道打破时空限制，让更多的人了解旅顺博物馆丰富的馆藏文物。例如"文物微课堂""旅顺博物馆对你说"以图文结合、音频视频的形式在微信公众号定期推送，详细讲解文物知识；重点展览、重大节日在微信、微博、抖音等线上平台直播互动；传统节日、寒暑假期在微信公众号、场馆内举办热闹多彩的课程活动。此外，旅顺博物馆长期与学校、社区、企业等单位合作，以"流动博物馆"的形式将课程活动传播到社会各界。课程组织的具体形式也接连不断地创新，让长期参与的观众每次也都有新颖的体验。

当然，旅顺博物馆课程研发仍存在场地受限、教育人员短缺、教材和材料包配备不足等问题，需在日后的工作中加以改善。

三、完善教育课程的建议

"相较于其他类型教育，博物馆教育拥有实物性、非正式性、空间性与终身性等显著特征"[①]，课程的研发也应围绕这些特征展开，突出博物馆的优势特色。结合目前存在的问题和实践经验，笔者认为应从以下几方面着手推进博物馆教育课程的发展。

（一）课程面向全体观众

前期通过发放调查问卷、收集参观反馈等方式掌握不同观众的学习需求，包括观众的文化水平、兴趣爱好、业余时间分配等情况，针对不同人群设计相应的课程内容。同一主题课程可以根据受众的接受能力灵活调整内容的难度和形式。达到内容丰满、形式精彩，所有的观众都有机会学习博物馆课程，实现社会面普及化、大众化。

（二）重视学习者的主体地位

学习者的学习行为和效果源于内驱力，博物馆以辅助者的身份帮助观众调动积极性、提升内驱力，增强学习效果。课程主张观众在轻松休闲的氛围中自主学习

---

① 周婧景、马梦媛:《博物馆教育理论及其发展初探：内涵、发展和未来》,《博物院》2021年第4期,第40页。

和探究，博物馆应发挥好启发和指导的作用并尽可能提供教育资源。

（三）打破空间限制

博物馆内通常设有专门的"教室"开展课程活动，或者在展厅内进行实地教学，除此之外，博物馆还可以向馆外拓展，如：与其他博物馆联动弥补馆藏资源的不足，探访红色教育基地、考古遗址公园、文化馆、历史建筑群等。用沉浸式的自觉探索体验替代传统的灌输式课堂教育。

（四）建立稳定的课程设计团队

培养专业性强、综合素质强的教育人员，尤其是复合型人才。加强业务培训、提高工资待遇、优化工作环境。积极吸纳社会力量、寻求与其他文化单位的协作共建。设计团队不仅包含本馆的工作人员，也要有专家学者顾问做专业保障。最终做到独立研发和实施"专家式讲解+创意性互动体验"相融合的优秀课程。

（五）课程体系化

首先是内容体系化。由文博单位牵头或多座博物馆合作，编制一套适用于全国同类博物馆的课程教材，各博物馆可以结合自己的馆藏特色加以补充；梳理本馆藏品资源，设计主题鲜明、脉络清晰完整的课程；坚持爱国主义精神和地方历史文化的长期宣传教育。

其次是运营体系化。课程内容的编写和讲解、体验环节的组织、形象的包装、课程材料的设计和制作、文创产品的开发、课程后续的效果评估和改进等，都要求研发团队分工明确、全面有序开展。在可控范围内，博物馆可以和民间文化教育团体合作，将博物馆教育课程商品化、规模化。

结　语

一个博物馆就是一所大学校。人们在这所学校里汲取知识，陶冶情操，提高文化素养，增强爱国主义精神和民族自信心。研发设计专业的、系统的、丰富的、受广大群众认可的优秀教育课程是社会赋予博物馆的使命。继续探索、整合资源、追求课程品牌化，旅顺博物馆将努力为观众奉献更优质的教育服务。

《旅顺博物馆学苑》征稿启事

《旅顺博物馆学苑》是由旅顺博物馆编辑出版的学术性书籍。本书以突出学术性和特色性为宗旨，常设地方历史与考古研究、典藏研究、近代学术与文物收藏研究、西域文物与历史研究、文物科技保护、博物馆工作与研究、学术动态与博览等篇章。其中"西域文物与历史研究"以丝绸之路探险史及其收集品为研究方向，"近代学术与文物收藏研究"则涉及中国近代的学人学术及文物流散收藏，对于这两类稿件本书优先采用。

来稿注意事项如下：

1. 来稿要求有深度、有新意，字数以4000—10000为宜。请提供200字左右的内容提要和5个以内的关键词。注释均采用页下注形（书籍标明书名、出版社、出版年月及页码，刊物标明刊名、刊号及页码）。

2. 来稿请发至lsbwgxueyuan@163.com，文中插图请以图片形式另行发送。来稿请注明作者姓名、单位、职称、研究方向及电话、电子邮箱等信息，以便联系。审稿期为三个月，如果逾期未收到用稿通知，作者可对稿件另行处理。

3. 作者保证所投作品为原创，不存在侵犯第三人著作权的情形，否则产生的后果由作者承担。请勿一稿多投。

4. 本书已许可中国知网以数字化方式复制、汇编、发行、信息网络传播本书全文。如有异议，请在投稿时说明，本书将按作者说明处理。

5. 稿件一经采用，即赠送同期刊物两本，并按有关规定支付相应稿酬。截稿日期为每年9月末。

编辑部地址及联系方式：
地址：辽宁省大连市旅顺口区列宁街42号
邮编：116041
联系人：刘立丽
投稿信箱：lsbwgxueyuan@163.com